L'ESPAGNE

GIBRALTAR.

L'ESPAGNE

MŒURS ET PAYSAGES

HISTOIRE ET MONUMENTS

PAR

M. L'ABBÉ LÉON GODARD

PROFESSEUR D'HISTOIRE ET D'ARCHÉOLOGIE AU GRAND SÉMINAIRE DE LANGRES
CHANOINE HONORAIRE D'ALGER

ORNÉ DE QUATRE GRAVURES
D'APRÈS M. GUSTAVE DORÉ

TOURS

A^d MAME ET Cie, IMPRIMEURS-LIBRAIRES

1862

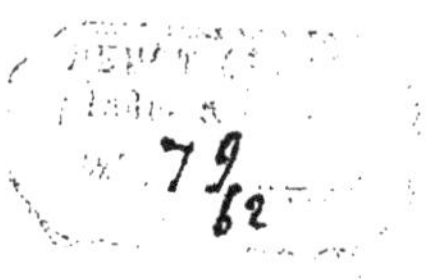

Ce livre n'est pas un itinéraire destiné à conduire le lecteur, d'étape en étape, d'un bout à l'autre de l'Espagne.

C'est plutôt un recueil de notes et de souvenirs de voyage où se trouvent mêlés, non suivant l'art des transitions, mais selon les incidents de la route, le grave au doux et même un peu le plaisant au sévère : les impressions se succèdent ainsi pour le voyageur. Si je ne me trompe, le contraste et l'imprévu les rendent à la fois plus vives et moins fatigantes.

En crayonnant cette esquisse de l'Espagne, j'ai cependant rattaché les grandes périodes de son histoire à quelques villes où elles se reflètent avec plus d'éclat. En présence de ses plus beaux monuments et de ses meilleures collections artistiques, j'ai réuni de même les idées générales qui me semblent les plus exactes sur le caractère et le développement de l'art dans son sein.

J'ai voulu être vrai dans les tableaux de mœurs et les paysages; mais surtout j'ai pris à tâche en toute occasion de dissiper, autant qu'il m'était possible, les erreurs et les préjugés divers qui trop souvent dénaturent l'histoire et voilent aux yeux de l'étranger la noble physionomie de la catholique Espagne.

L'ESPAGNE

CHAPITRE I

ENTRÉE EN ESPAGNE. — CONSEILS AUX VOYAGEURS. — D'IRUN A BURGOS. — LES BASQUES. — BURGOS. — LE CID.

Placée à une extrémité de l'Europe et séparée d'elle par la mer et par la chaîne des Pyrénées, moins bien pourvue que les autres pays d'Occident des moyens qui facilitent les communications, l'Espagne est une contrée peu visitée par les touristes, peu connue et cependant bien digne de l'être. Son histoire est pleine de grandeur comme son climat de séduction ; la richesse de ses monuments égale celle de son territoire, et son isolement a eu du moins pour avantage de lui conserver ses croyances, ses mœurs et ses vertus antiques. Elle offre à l'observateur d'autant plus d'intérêt qu'elle ne s'est pas aplatie sous le niveau de la civilisation matérialiste, qui rend souvent les voyages en d'autres parties de l'Europe aussi fastidieux qu'ils sont uniformes.

C'est le fond de la conversation que j'engageai dans la berline de la diligence de Bayonne à Madrid, avec mon ami William Rose, Anglais jeune encore et passionné pour les voyages, comme tant d'autres hommes de son pays. Nous avions visité l'un et l'autre la France, l'Italie et la côte d'Afrique, de l'Égypte au Maroc; mais de plus il connaissait l'Inde, et il avait reçu le baptême de la ligne. La multitude de ses observations chez des peuples divers lui permettait ces comparaisons, ces rapprochements qui jettent tant de lumière sur les objets soumis aux appréciations du voyageur. L'Espagne n'était pas pour moi un pays totalement étranger; de mon côté, donc, je pouvais initier mon ami à l'étude de la Péninsule que nous voulions visiter ensemble.

Nos relations étaient déjà anciennes. A leur début, je n'avais pas tardé à sentir, sous les apparences d'une glace bientôt brisée, un caractère sympathique. William, vers la fin de ses premières études, était venu à Rome; il y avait examiné l'Église romaine, sa doctrine et ses œuvres, sans prévention; et Dieu avait récompensé la pureté de ses vues en l'amenant au bercail du vrai Pasteur, à la religion de sa mère. Son esprit était donc dégagé de ces préjugés étroits qui empêchent souvent les Anglais protestants de rien comprendre aux usages, aux arts, aux traditions des peuples catholiques. Muni de son *Handbook* ou Manuel de voyage (*Handbook for travellers in Spain*), il me montrait en souriant les passages où l'auteur, M. Ford, tourne en dérision les Espagnols et leurs coutumes religieuses, qu'il interprète à sa façon; ceux aussi où le même écrivain se moque des Français ou les injurie, lorsqu'il les rencontre par hasard sur son chemin.

— « Les voyages, disais-je, devraient avoir pour résultat de dissiper les préjugés et d'affaiblir ce que l'orgueil et l'égoïsme national ont d'exagéré. Mais ils produisent fréquemment un effet tout contraire pour celui qui, au lieu d'envisager les hommes et les choses d'un point de vue élevé, les ramène juste à la mesure de son propre pays, à la mesure de ses opinions et de ses impressions personnelles, comme si son pays était sous tous rapports le type de la perfection, comme si tous les hommes et tous les peuples devaient être coulés dans le même moule. Il serait beaucoup plus raisonnable d'admettre, sur les points qui n'ont rien d'opposé à la morale ni à la vérité démontrée, la divergence des opinions, des goûts, des traditions, des besoins et des habitudes.

— Il ne sied pas, en effet, continuait mon compagnon, au protestant qui visite, par exemple, la catholique Espagne, de juger les mœurs et les pratiques religieuses des Espagnols, sans connaître ou sans accepter les explications qu'eux-mêmes nous en donnent. Il taxera d'idolâtrie ou de grossières superstitions des choses fort sensées et parfaitement légitimes; il condamnera des usages qui, n'étant pas réellement mauvais en eux-mêmes, peuvent être tolérés ou qui doivent l'être parce que leur suppression ferait du mal; il tiendra pour insupportables telles habitudes dont la convenance ou l'inconvenance varie suivant les peuples, parce qu'elles sont de pure convention. »

La diligence s'arrêta à Irun; et, en attendant que l'on eût changé d'attelage, nous entrâmes au café de la *Iberia* pour y prendre quelque rafraîchissement, tout en poursuivant le sujet de notre conversation.

— « Il est donc nécessaire, repris-je, que le touriste, avant de visiter un pays, se dépouille des préjugés de race ou de nationalité, autant que possible, et qu'il se dispose à ne point blâmer ce qui n'est pas mauvais en soi, ce qui ne cause aucun mal, tout en réservant son approbation et son admiration pour les choses qui en sont dignes.

— Il y a plus, ajouta William : le voyageur doit se défier des impressions du moment, qui peuvent altérer d'une manière sensible les jugements qu'il porte. S'il est fatigué, s'il a mal dormi ou mal dîné, s'il pleut, si on l'a rançonné, il est disposé à prendre tout en mauvaise part; il conclut précipitamment du particulier au général, et, pour quelques personnes de bas étage dont il peut avoir à se plaindre, il applique à toute une nation des épithètes injurieuses.

— Votre observation est très-exacte; j'ai entendu, par exemple, des Français parler fort mal des Romains et les traiter avec mépris parce qu'ils les jugeaient d'après quelques employés subalternes ou de misérables *facchini* (portefaix), qui s'étaient montrés envers eux impolis ou cupides. Cela est d'autant moins juste qu'en général les individus qui offrent leurs services aux voyageurs ne sont pas la fleur de la nation; ils forment comme une classe à part et dont les procédés envers les étrangers ne diffèrent pas beaucoup d'un pays à un autre. Du reste, en Espagne, les portefaix ou *hombres de cordel,* ainsi nommés parce qu'ils portent ordinairement sur l'épaule les cordes qui servent à leur métier, les domestiques et autres gens de service ont quelque chose de la retenue et de la dignité espagnoles, là du moins où le contact par trop fréquent des étrangers ne leur a pas encore nui. Leurs manières et leur langage n'ont rien de servile; ils ne traitent pas, comme les valets italiens, le premier venu d'*eccellenza*, et on leur reprocherait plutôt le peu d'empressement qu'une basse souplesse à deviner et à exécuter les ordres qu'on leur donne.

— Dans tous les grands ports de l'Europe, il y a une lie composée d'individus que leur aspect dénonce, et qui guettent et assaillent le voyageur comme une proie. Si l'on ne peut se passer de ces gens, il faut toujours régler d'avance avec eux le prix de leurs services et tenir ferme ensuite, sans dire une parole, sans entrer jamais dans une discussion. Les Anglais sont fidèles à ce principe.

— Une source d'ennuis et d'erreurs de toute espèce pour le voyageur, c'est l'ignorance complète de la langue des peuples qu'il visite. On ne trouve pas des interprètes partout; l'économie d'ailleurs oblige souvent à s'en priver. Le voyage est alors semé des plus fâcheux incidents. On se trompe et l'on est trompé; on croit l'être quand on ne l'est pas; on se regarde comme victime d'un fripon, quand on n'est déçu que par une erreur de bonne foi; on ne s'entend pas; on bat, comme nous disons, dans deux granges; on est pressé, et l'on ne peut conclure; on s'imagine que les gens auxquels on a affaire ourdissent des trames, s'ils parlent bas; se mettent-ils à rire, on croit qu'ils se moquent. Ces regrettables méprises se produisent assez fréquemment en Espagne, où l'on ne parle pas beaucoup les langues étrangères. Cependant le français commence à se répandre par suite des travaux de chemins de fer, qui ont attiré de tous côtés mes compatriotes; je ne dis rien de Barcelone, qui est une ville demi-française. L'anglais se parle dans les hôtels des villes du littoral, et vous êtes assez bien pourvus d'interprètes. Gibraltar, place hispano-anglaise, en est une pépinière.

— Depuis longtemps je me suis promis de ne jamais visiter un pays sans en avoir quelque peu étudié la langue.

— Avec cent cinquante à deux cents mots, aidé au besoin de la pantomime naturelle, on peut se tirer d'embarras et faire face à peu près à toutes les difficultés. En France, l'étude des langues vivantes est excessivement négligée, et très-souvent les voyageurs français n'ont pas même ce léger bagage philologique dont la nécessité pourtant se fait vivement sentir.

— Oh ! vous confessez là, interrompit William, une faute qui vient peut-être plus de l'orgueil que de la paresse. Les Français savent que nous autres étrangers nous étudions leur langue, et ils ne se donnent pas la peine d'apprendre les nôtres; ils s'étonnent lorsqu'on ignore la leur et qu'on ne les comprend pas. Dans une grande partie de l'Europe, ils peuvent se fier sans doute à la diffusion extrême de la connaissance du français, qui est un complément de l'éducation parfaite; mais ils poussent cette confiance trop loin, et ils devraient savoir qu'en dehors d'un certain rayon elle serait mal placée. Ce n'est pas avec le français, mais avec l'anglais et l'espagnol qu'on peut faire le tour du monde : cela s'explique par la proportion relative de l'émigration des familles européennes sur les différents points du globe. L'italien ne s'est propagé que dans la partie orientale du bassin de la Méditerranée; le français, l'allemand n'ont en dehors de l'Europe et de la société lettrée que des conquêtes fort restreintes. L'Angleterre, elle, a posé son pied sur les plus magnifiques stations maritimes et commerciales de la terre. Regardez la mappemonde, un planisphère : vous la trouvez partout : dans l'Amérique du Nord, dans les îlots perdus du grand Océan; dans l'Inde, dans l'extrême Orient, au Cap, en Australie. La race espagnole partage avec la nôtre l'Amérique; la Havane et les Philippines sont d'admirables joyaux de la couronne de Castille; et l'on parle l'espagnol et le portugais, qui en est un dialecte, sur les côtes occidentales de l'Afrique et de l'Inde. »

Le postillon sonnait du cor, et rappelait en ce moment les voyageurs à leurs places respectives. Nous reprîmes la nôtre, et bientôt la *diligencia del norte y mediodia de Espana* (diligence du nord et du midi de l'Espagne), entraînée par douze mules vigoureuses, fit voler en tourbillons la poussière du chemin.

Cette voiture ressemble aux grandes diligences que nous avons encore sur quelques routes, et que nous possédions partout en France avant que le réseau des chemins de fer se fût développé dans tous les sens. Elle se compose de trois compartiments et de l'impériale. Mais, en Espagne, l'impériale se nomme *coupé*, et le coupé *berlina;* de là parfois des erreurs fort désagréables pour les voyageurs français, qui ont cru demander la meilleure place et n'ont que la plus élevée. La *berlina* coûte fort cher. J'ai remarqué que le conducteur nous appelait simplement *hombres* à la rotonde, *senores* ou *caballeros*, lorsque nous étions à l'intérieur; à la berline, il nous saluait volontiers du titre d'*hidalgos*. *Hombre* veut dire homme; *senor* équivaut à Monsieur; *caballero* signifie proprement chevalier, ou tout au moins cavalier : c'est un terme de courtoisie et de patriotisme qui, sur cette terre classique de la chevalerie, rappelle les preux d'autrefois toujours à cheval pour guerroyer contre les Maures; on le prodigue à tous les individus, militaires, civils, ecclésiastiques même, et nous lui trouvions un parfum essentiellement espagnol. Le nom d'*hidalgo* est un titre de noblesse qui se décompose soit en ces mots : *hijo de algo*, enfant de quelque chose ou possédant quelque héritage ; soit en ceux-ci : *hijo de los Godos,* enfant des Goths ou descendant des anciennes familles wisigothes, qui ont reconquis le pays sur les Maures. L'*hidalgo* est donc, à certain degré, noble et gentilhomme. Nous nous laissions donner de l'*hidalgo,* malgré notre roture ; cette expression ne nous semblait pas ridicule et servile comme l'*eccellenza* de Naples ou de Florence.

Les diligences espagnoles diffèrent sensiblement des nôtres pour l'attelage et la manière dont elles sont conduites. On y attelle deux à deux une douzaine de mules, ou bien des chevaux et des mules plus vigoureuses, aussi rapides et plus infatigables que les chevaux. Les colliers de grelots, les panaches, les pompons de laine verte, jaune et rouge, anciennes couleurs aimées des Maures, donnent à cette longue file de mules une physionomie fort curieuse. Le postillon monte à cheval en tête de l'attelage ; il y reste de grandes heures à un trot des plus fatigants, et qui semblerait devoir briser les constitutions les plus robustes. Trop éloigné du char pour atteindre de son fouet toutes les mules qu'il frappe en se retournant sur la selle, il est aidé par le *zagal;* celui-ci est un jeune homme qui s'assoit près du conducteur, mais qui descend de son siége et y remonte avec une rapidité et une adresse prestigieuses, alors même que la diligence est lancée à fond de train. Il distribue, avec une violence trop souvent révoltante, les coups de fouet et de manche de fouet aux mules paresseuses ou rétives ; car il en est de l'Espagnol comme de l'Arabe; l'un et l'autre sont à la fois très-durs et très-bons dans la manière de traiter les animaux. L'Arabe aime son cheval et se priverait pour lui du nécessaire; il se plaît à le parer de riches harnois, d'une selle de velours brodée d'or; mais il ne lui épargne pas l'effort ni la fatigue, et il se glorifie de tracer de la pointe de l'éperon un sillon sanglant qui commence au milieu du ventre et remonte sur les flancs jusqu'à l'épine dorsale. L'Espagnol n'a point assez de plumets, de pompons, de clochettes pour ses mules; il les excite en les flattant des beaux noms de *coronela! capitana!* ce qui ne l'empêche point de leur rompre les os. Le zagal exerce un métier fort pénible; il ne prend pas de repos, et quand il ne stimule pas l'attelage à tour de bras, c'est à force de paroles et de cris, qui fatiguent le voyageur assoupi dans la berline et ressemblent au bruit que font plusieurs hommes qui se disputent. Quant au *mayoral* ou conducteur, il garde la haute direction de l'équipage, et lui seul est en rapport avec les voyageurs. On n'est point obsédé de demandes de pourboire. Le pourboire, le *drink-money*, le *trink-geld,* sont connus dans le Nord; mais en Italie, c'est la *buona mano;* chez les Arabes d'Orient, le *batchich;* en Espagne on ne réclame rien. On voit par là que si l'Italien est mendiant, il n'est pas ivrogne, et que l'Espagnol n'est ni l'un ni l'autre.

On se tromperait beaucoup si l'on comptait parcourir toute l'Espagne dans une diligence comme celle qui nous emportait à travers les champs de maïs de la vallée de la Bidassoa. Cette voiture est une importation française, non pas un véhicule national. On va le voir.

Les Maures voyageaient et voyagent encore à cheval. Ils ont négligé les voies romaines qui sillonnaient la Péninsule, où l'on en comptait vingt-neuf de première classe. Les Espagnols du moyen âge chevauchaient à la façon des Maures, et ils s'accoutumèrent à se passer de grandes routes. Les transports de marchandises se firent à dos de mules. Cependant le clergé, les moines construisirent des chemins commodes pour mener aux lieux de pèlerinages les plus célèbres, au Mont-Serrat, par exemple, et aux couvents du premier ordre. Les rois ont agi de même en faveur de leurs châteaux de plaisance et de leurs résidences d'été ; mais ils n'ont pas compris l'importance des routes spacieuses pour le commerce, l'agriculture et tous les intérêts de la nation. Toutefois les descendants espagnols de Louis XIV héritèrent, jusqu'à un certain point, du sentiment qu'avait ce monarque des résultats féconds attachés aux travaux publics de ce genre, et ils relièrent à Madrid les principales villes du royaume. Bien qu'assez mal entretenus jusqu'à ces derniers temps, les *caminos reales* étaient un grand progrès sur les sentiers souvent impraticables qui rendent encore plusieurs parties de l'Espagne presque inaccessibles à l'étranger.

Le règne d'Isabelle II marque l'ère nouvelle des chemins de fer, qui se construisent en Espagne avec une remarquable activité, et dont les actions, recherchées sur les marchés publics, prouveraient à elles seules combien grandes sont les richesses du pays et les espérances qu'il fait naître pour l'avenir. Quelques années de paix ont suffi pour produire en Espagne un élan qui réalise des projets dont les Anglais surtout s'étaient beaucoup moqués. Ils rappelaient avec ironie le dicton populaire : *En Espana, se empieza tarde, se concluie nunca.* « En Espagne, on commence tard, on ne finit jamais. » Et voici que les lignes de fer se déroulent comme par enchantement à travers les montagnes, les plaines et les plateaux même dépeuplés. Encore un peu, et les grands traits du réseau péninsulaire seront dessinés. Madrid communique avec Tolède, Valence et Alicante. Un embranchement pousse vers le sud et tend à rejoindre, à travers la Sierra-Morena, la ligne terminée de Cordoue à Cadix. De Madrid part encore un puissant rameau qui doit rejoindre à Saragosse la ligne de Bilbao à Barcelone. Bientôt enfin se rencontreront à Valladolid, sur la voie ferrée de cette ville à Santander, les travailleurs qui poursuivent, du nord au midi et du midi au nord, la ligne de Madrid à Bayonne, c'est-à-dire la ligne de Cadix à Paris, à Vienne, à Trieste, à Varsovie, à Saint-Pétersbourg.

Le peuple espagnol, loin de voir avec peine ces grandes entreprises, s'en réjouit et il en est fier. Nous constations, William et moi, la niaiserie des préjugés dont M. Ford a saturé son *Handbook*. Selon cet écrivain, le peuple espagnol, qui haïrait le mouvement à l'égal des Turcs, devait s'ameuter contre les étrangers et les hérétiques employés à la construction des voies ferrées; les muletiers dépossédés allaient s'insurger pour empêcher les richesses du pays de passer par d'autres mains que les leurs. Mais, au contraire, les hommes de toute classe se montrent reconnaissants envers les étrangers, envers les Français surtout, qui ont contribué à doter la Péninsule de ces utiles et magnifiques ouvrages. Seulement ils aspirent, par un amour-propre des plus louables, au jour où l'Espagne aura formé un assez grand nombre d'ingénieurs, de mécaniciens et de bons ouvriers, pour se suffire à elle-même.

L'Espagne, on pourra le dire, aura eu ses chemins de fer avant d'avoir des routes; les véhicules primitifs les plus grossiers se croisent dans ses provinces avec les somptueux wagons de première classe. Elle passe en un instant des moyens de transport dans l'état d'enfance aux perfectionnements les plus avancés. Si l'on s'écarte un peu des huit à dix grandes routes, *carreteras generales*, parcourues par la malle-poste, *silla correo*, et les diligences, on est réduit aux *coches*, lourds carrosses qui font quarante kilomètres par jour; aux *galeras*, énormes chariots à quatre roues, qui ressemblent aux voitures de roulage des anciennes routes de France; aux *calesas* et *tartanas*, plus petites, mais assises immédiatement sur l'essieu; aux *carritos*, légères charrettes non suspendues, tapissées d'*esteras* ou de nattes de paille, et couvertes par des nattes semblables, disposées en berceau au-dessus des voyageurs. Même dans les diligences du premier ordre, on est très-durement assis; quant aux *carritos*, attelés ordinairement de deux mules en flèche, ils volent plutôt qu'ils ne courent à travers les chemins coupés de ravins ou hérissés de pierres. Les secousses que j'y ai endurées m'ont fait plus d'une fois cracher le sang; c'est en vain que je demandais grâce aux conducteurs; ils ne s'inquiètent pas de touristes si douillets; et pourvu, comme on dit, qu'ils arrivent eux-mêmes avec le devant de la voiture, peu leur importe ce qui se passe par derrière.

Tout n'est pas rose dans un voyage en Espagne. Mais quelles compensations surabondantes aux piqûres de quelques épines !

De splendides paysages se déployaient à nos regards. C'était Fontarabie, la ville pittoresque, morte aujourd'hui, et dont les fortifications demi-ruinées attestent ce que lui coûtent les beaux titres de *muy noble, muy leal, muy valerosa, siempre muy fiel*, très-noble, très-loyale, très-vaillante, toujours très-fidèle, qu'elle a reçus de ses rois reconnaissants. Ces nobles épithètes ou d'autres du même genre appartiennent, par concession du souverain, à grand nombre de villes d'Espagne, qui s'en montrent jalouses et les gardent comme la devise d'honneur de leurs armoiries.

Bilbao est *invicta*, invincible, *muy noble y muy leal,* pour l'énergie avec laquelle elle est restée attachée au parti d'Isabelle II dans les récentes guerres civiles; Santander, *muy noble, siempre leal y decidida;* Astorga, *noble y leal, bene merita de la patria;* Madrid, *muy noble y muy leal, imperial y coronada;* et Ferdinand VII ajoutait récemment *muy heroica.*

De la vallée de la Bidassoa, nous arrivons à celle de l'Oyarzun; la diligence côtoie l'immense bassin du Passage, qu'envahit la marée montante; sur ses eaux vertes, les hommes et les femmes de San-Juan et de San-Pedro, bourgs qui s'élèvent au fond de la rade, manient l'aviron avec une égale habileté. Le château de Sainte-Isabelle, dont les canons défendent le port, disparaît derrière nous; et bientôt Saint-Sébastien étale, au pied du mont Orgullo, ses fortifications à la Vauban et ses rues en damier.

Saint-Sébastien a été reconstruit depuis que les Anglais, alliés de l'Espagne, l'ont pillé, ruiné, incendié en 1813, par une de ces trahisons monstrueuses que suggère à ce peuple mercantile la soif du lucre, la jalousie égoïste qui ne supporte pas de rivaux dans la carrière du commerce. Ils arrivèrent en face de cette ville, occupée par les Français; les habitants les attendaient comme des libérateurs; mais, bien que les Français se fussent retirés dans la citadelle, ces prétendus amis firent jouer leur artillerie contre les maisons, y allumèrent l'incendie, et empêchèrent les habitants de l'éteindre. La soldatesque, pénétrant dans la ville, s'y livra au pillage, et commit des crimes et des atrocités que des ennemis barbares ne se seraient pas permis dans une place emportée d'assaut. Les généraux anglais ne mirent pas le moindre obstacle à des excès prémédités et autorisés pour l'anéantissement d'une ville que l'Angleterre voyait d'un mauvais œil à cause de son commerce et de son industrie, et parce qu'elle était en rapport avec les riches colonies espagnoles comme avec la France. Quinze cents familles se trouvèrent sans asile et sans pain, et le tiers succomba aux souffrances de la plus profonde misère, alors que l'Angleterre, alliée de l'Espagne, s'applaudissait d'un forfait qui lui rapportait un peu d'or.

On le conçoit, je n'insistai pas sur un tel souvenir auprès de mon compagnon William; mais tandis qu'il remarquait l'activité des usines qui animent les vallées basques, je ne pus m'empêcher de lui rappeler la stratégie singulière et suspecte suivie par Wellington, à l'époque où les Anglais s'étaient unis aux Espagnols pour repousser Napoléon de la Péninsule. A côté du drame horrible de Saint-Sébastien se placent, en effet, des scènes de ruine moins éclatantes, mais dues aux mêmes causes et ménagées par l'Angleterre en vue de tarir les sources de l'industrie espagnole. Les Anglais voyaient-ils s'élever une fabrique, une manufacture de quelque importance sur les routes qu'ils parcouraient, ils la renversaient sous prétexte que les Français ne manqueraient pas de s'en emparer comme d'un point stratégique, et de s'y retrancher. Cet odieux système s'est révélé depuis à la loyauté des Espagnols, et ils apprécient généralement l'alliance anglaise comme elle le mérite.

Nous étions en plein pays basque, et la diligence suivait le cours de l'Oria, dont les eaux font tourner des roues sans nombre et retentir à chaque pas le marteau des usines.

Nous saluons Villafranca, postée en vedette sur une hauteur, qui a vu naître Urdaneta, ce moine trop oublié, ce marin vêtu du froc, auquel l'Espagne doit les Philippines, une des plus belles colonies du globe. Sur le soir, nous gravissions les pentes rapides du col des Salinas, où le sel blanchit le territoire, et des couples de bœufs venaient en aide à l'attelage de la diligence. La malle-poste elle-même recourt à ces lents mais vigoureux auxiliaires. Nous arrivâmes ainsi au port d'Arlaban, point culminant de la chaîne des Pyrénées cantabriques, entre les deux provinces du Guipuzcoa et de l'Alava, qui forment, avec la Biscaye, le pays des Basques, *Vascongados*.

En Espagne, on donne le nom de *port* aux maisons de refuge établies sur le haut des montagnes, entre deux versants, ou à la partie supérieure d'un col que suit la grande route; il s'applique aussi, croyons-nous, aux anciens postes des douanes, sur les frontières des royaumes aujourd'hui réunis sous le sceptre de Castille.

A chaque instant nous rencontrions des gens du pays en costume national; des paysans qui cheminaient avec leur inséparable compagnon, le *magila*, bâton de néflier, retenu au poignet par une tresse de cuir et garni au bout d'un anneau de fer plombé. Mais à peine si la vitesse des mules nous laissait le temps de les entrevoir; et c'est seulement à Vittoria, chef-lieu de la province d'Alava, qu'il nous fut possible d'étudier un peu cette race intéressante. C'était un jour de marché, circonstance toujours favorable aux observations du voyageur, parce qu'elle réunit au peuple des villes celui des campagnes, et que les populations s'y montrent sans apprêt lorsqu'elles viennent y apporter les produits du pays.

En considérant ces descendants des anciens Cantabres, nous nous rappelions ce que l'histoire raconte de leurs ancêtres. Les Cantabres, laborieux, agiles et robustes, braves et passionnés pour l'indépendance, ont pu être subjugués, mais jamais domptés, par les aigles romaines, qu'ils firent bien des fois reculer; les femmes partageaient leurs plus durs travaux et les servaient dans les combats, préférant souvent plonger le poignard dans le sein de leurs enfants à les laisser vivre sous le joug étranger. Quelque chose de cette fierté apparaît encore dans cette belle race. Les femmes du peuple et les villageoises, vêtues de la *bayeta* ou du jupon rayé et d'un corset de couleur, se distinguent surtout par leurs cheveux tressés en deux nattes, ornées de rubans et tombant sur les épaules. Les jeunes filles ont la tête nue; mais les femmes mariées portent sur la tête un mouchoir de batiste ou de mousseline noire, dont les pointes retombent par derrière. Elles chaussent les *abarcas*, ou sandales de cuir. Les hommes, en culotte de toile, en gilet rouge, en capote de drap, et coiffés du béret bleu ou rouge, ont, comme les femmes, un maintien remarquablement digne. Ce n'est pourtant pas que leur corps ne soit voué aux fatigues, qui donnent aux paysans de la plupart des provinces de France une allure si lourde et une physionomie si vulgaire; car les Alavais travaillent beaucoup et cultivent les pentes les plus rapides jusqu'au sommet de leurs montagnes. Je regarderais comme une des causes qui contribuent à l'entretien des qualités physiques que je signale le jeu de paume, le jeu de boule, les danses primitives, *zorcicos*, exécutées à pas vifs, quoique sans attitudes, au son du tambourin et de la *chirola*, ou flûte à trois trous. Ces exercices, éminemment populaires, en harmonie avec la simplicité des mœurs, sont très-propres à maintenir la santé du corps et l'agilité de ses mouvements; d'où vient en France le proverbe : « Courir et sauter comme un Basque. »

Le voisinage de la Nouvelle-Castille répand déjà dans le peuple l'usage du castillan; mais nous y avons entendu aussi l'idiome basque, cette langue étrange, sans analogie avec les dialectes modernes ni avec ceux de la Péninsule. Son originalité encore inexpliquée constitue un mystère historique, et en rend l'étude très-difficile. Rien ne facilite, en effet, la connaissance des langues comme les ressemblances, les rapprochements, les points de comparaison, qui permettent d'aller du connu à l'inconnu, et de rattacher l'inconnu au connu : mais en vain sauriez-vous le grec, le latin, le français, l'allemand, l'anglais, l'espagnol, l'arabe, autrefois parlé en Espagne, et dont viennent tant de mots castillans; vous ne seriez pas moins complétement déroutés par le basque ou *euskara*, comme l'appellent les nationaux; par une langue dont les noms et les adjectifs n'ont qu'un genre; dont les nombreux articles varient, selon que le sujet est actif ou passif, et la phrase affirmative ou négative; dont les verbes sont masculins ou féminins, et qui, rejetant l'article après le nom, interpose encore entre eux l'adjectif : Exemple : l'homme bon; *guizon-on-a;* homme-bon-le. Ajoutez à cela les racines des mots dont le type est aussi inconnu que la formation des phrases est compliquée. Si l'on observe quelques emprunts, ce sera peut-être dans les mots de religion, ainsi qu'il arrive, par exemple, pour le dialecte maltais, où l'arabe domine, mais auquel l'italien ou le latin ont fourni des termes de morale et de piété. Les Basques disent ainsi le premier verset du *Te Deum : Iaungoicoà zu zaitùgu, bihotz ozoz laudatzen.* Ce dernier mot rappelle le *laudamus* du latin.

Après un déjeuner qui faisait honneur à l'hôtel des Postes, *Parador de Postas,* nous reprîmes le chemin de Burgos. En arrivant à *Miranda de Ebro,* la première ville de la Nouvelle-Castille, nous franchîmes l'Èbre, ce fleuve dont le cours est d'environ six cents kilomètres et qui formerait entre l'Espagne et la France une belle frontière naturelle, à défaut des Pyrénées. Ce fut la limite de l'empire de Charlemagne au IXe siècle; et l'on rencontre en Espagne quelques bonnes gens qui supposent à l'ambition de la France des vues étendues jusque-là. Mais qu'on se rassure : les rives de l'Èbre ne sont pas celles du Rhin.

La Sierra de Ona et les gorges sauvages de Pancorbo, toutes retentissantes du bruit des torrents, abrégèrent les heures qui nous séparaient de Burgos, la capitale de la Vieille-Castille. Nous découvrons de loin les flèches de la gigantesque métropole, qui devait être l'objet de notre première visite.

Comme les églises du premier ordre, et qui sont la gloire de l'art chrétien, la cathédrale de Burgos est un vaste poëme qu'il faudrait étudier dans tous ses détails. Pris dans son ensemble, il fait éclater du moins la puissance du siècle de foi qui l'a vu naître, et il reflète la grandeur de l'Espagne aux deux plus belles époques de son histoire.

C'est au commencement du XIIIe siècle que furent jetés les fondements de ce portail, qui élève ses deux clochers gothiques à cent mètres au-dessus du sol. Toutes ces flèches, tous ces cônes dentelés dont se hérisse le vaisseau colossal, sont comme un symbole de la vie sociale qui rayonna dans la Péninsule depuis le temps où saint Ferdinand, roi de Léon et de Castille, battait les musulmans et les chassait de Séville, de Cordoue et de Cadix, jusqu'au temps de Charles-Quint et de Philippe II, où le soleil ne se couchait plus sur les terres de Castille. Ces clochers, ces tourelles, ces gerbes de grêles colonnettes, ces dentelles de la façade, cette rosace et ces deux fenêtres d'un style si pur, qui s'ouvrent au-dessus d'elle, ces statues et ces ornements sculptés, n'est-ce pas le réveil d'un grand peuple, l'ardente action de grâces qu'il offre au Ciel pour l'affranchissement du sol de la patrie et la conquête d'un monde?

Lorsque les galions chargés d'or sillonnent les mers

pour apporter à Charles-Quint, à Philippe II, les riches tributs de leurs possessions lointaines, n'est-il pas juste que des strophes nouvelles s'ajoutent à ces hymnes de pierre? L'architecture, la sculpture, la peinture, l'orfévrerie ne seront-elles pas conviées à traduire la reconnaissance et tous les pieux sentiments de la catholique Espagne? Ainsi fut construite la porte de la *Pellejeria*, où les statues et les figurines se mêlent aux sculptures de fantaisie qui caractérisent la renaissance espagnole, et forment le genre d'ornements nommé *plateresco* par les artistes de la Péninsule; ainsi s'éleva sur sa tour octogone le dôme hardi et somptueux auquel travailla Philippe de Bourgogne, et que Philippe II proclamait l'œuvre des anges plutôt que l'ouvrage de l'homme.

Grâce au vandalisme de la révolution française, nos plus belles églises de France ont non-seulement souffert dans leurs murailles abandonnées au marteau des démolisseurs et à toutes les causes de destruction, mais elles ont été saccagées, pillées, dépouillées de leurs richesses intérieures, des monuments d'art et des trésors historiques qui les remplissaient. En Espagne, les révolutions et les guerres civiles ont assurément fait bien du mal et causé des pertes irréparables, surtout aux églises des monastères; mais ces désordres et ces calamités publiques n'ont pas eu au même degré qu'en France le caractère impie et iconoclaste. Il en résulte qne les basiliques espagnoles conservent encore de précieux souvenirs et des œuvres qui leur donnent l'aspect de musées nationaux. Sans doute l'impression profonde qu'on ressent à la contemplation des grandes cathédrales gothiques surtout est due à leurs magnifiques proportions, à leur jour mystérieux, aux merveilleuses sculptures qui les couvrent et dont l'ensemble éblouit le regard et l'imagination; mais combien cette impression est plus saisissante encore lorsque le monument s'anime et palpite en quelque sorte comme la nation dont il est l'orgueil, et dont il rappelle les grands noms et les gloires! Notre-Dame de Paris, Saint-Pierre de Rome, vénérables et somptueuses basiliques de la ville éternelle, Notre-Dame de Reims, dôme de Milan, cathédrale de Cologne, Santa-Croce de Florence, Superga de Turin, églises de Saint-Denis et de Cracovie, Notre-Dame de Burgos, de Cordoue, de Séville, ce qui ravit l'âme en face de vous et dans vos nefs grandioses, ce n'est pas seulement votre beauté matérielle, c'est la voix des siècles et de l'histoire, la voix des souverains, des saints, des hommes illustres, celle d'un peuple entier qui s'échappent de vos pierres, des sépultures que vous abritez et des chefs-d'œuvre que vous conservez!

Mais, entre tous les noms célèbres que rappellent la ville de Burgos et sa cathédrale, il n'en est pas de plus populaire que celui du *Cid Campeador*. Nous sortions de la salle capitulaire, tout émus encore de la vue du fameux christ connu sous le nom de *Christ de Burgos*, un chef-d'œuvre du Greco; on nous arrêta dans le vestibule, en face d'un vieux coffre vermoulu et tout brisé : « Voilà, dit avec respect notre guide, voilà le *coffre du Cid*, celui qui renfermait son trésor à la guerre. » Peu après, nous visitions le *Solar del Cid*, ou la maison du grand capitaine, son tombeau à l'hôtel de ville, et d'autres lieux remplis de sa mémoire.

J'avouerai pourtant que nulle part cette grave figure ne m'a plus imposé qu'au milieu des statues dont la belle porte Santa-Maria est admirablement décorée; porte digne de la cité qui fut, jusqu'à Charles-Quint (1516), le séjour des rois d'Espagne et qui dispute à Tolède le titre de première ville de Castille. Une teinte dorée par le temps, la plus belle que j'aie jamais vue sur aucun monument, forme comme un fond de mosaïque byzantine aux statues des hauts personnages qui semblent s'être avancés jusque-là pour recevoir le voyageur étranger. C'est Ferdinand Gonzalve, premier comte souverain de Castille; c'est Charles-Quint, accompagné d'une inscription par trop orgueilleuse, où il reçoit les titres d'empereur, romain, auguste, germanique, africain, gallique, à la façon des empereurs de l'antique Rome, qui avaient remporté des victoires en Germanie, en Afrique et dans les Gaules; c'est le Cid, enfin, debout, à la physionomie grave et homérique, et portant l'épée droite :

CIDO
MAURORUM PAVORI
TERRORIQUE.

Au Cid, la terreur et l'effroi des Maures.

Tandis que je copiais les inscriptions de cette porte et que mon ami William en crayonnait l'esquisse, les enfants, les femmes, les jeunes filles du peuple faisaient autour de nous un cercle fort étroit; les visages curieux s'avançaient sur nos épaules et jusque sur notre papier. Naïveté d'un peuple qui garde encore sa simplicité antique! indiscrétion qui nous faisait sourire!

William s'avisa de demander à un garçon déjà grand, vêtu de crasse, de lambeaux indescriptibles, d'un rayon de soleil et d'un scapulaire, quel était ce personnage, en indiquant du doigt la statue du Cid. Avait-il affaire à un de ces jeunes ciceroni en guenilles qui, sans être membres d'aucune académie, débitent pourtant aux voyageurs de longues bribes de légendes et d'histoire? Je ne sais; mais celui-ci nous récita d'un air sérieux plusieurs faits et gestes du héros. Don Quichotte est une satire du peuple espagnol; il en est la charge, la caricature; il représente cet esprit chevaleresque, exagéré, boursouflé par la haute opinion de soi-même, qui respire encore dans le patriotisme espagnol; mais la légende du Cid est le type historique de la nation, vue du côté le plus favorable, le type de l'honneur, de la fidélité et du dévouement, du courage et de l'attachement à la foi.

Le soir, William nous raconta lui-même cette légende, après avoir étudié son héros dans le *Romancero general*, recueil des anciens chants populaires des troubadours ou *joglares* espagnols. Ces poëtes chantaient en vers de huit syllabes les exploits des hommes en qui la nation se personnifiait, qui reflétaient ses passions, ses idées, ses vertus, qui vivaient et s'immolaient pour elle. Leurs chants les plus anciens ne nous sont pas parvenus dans leur forme primitive; conservés par la tradition orale, ils se sont modifiés à la naissance de la langue castillane; mais on y sent un parfum des âges écoulés et les battements du cœur de tout un peuple.

Rodrigue ou Ruy Diaz de Bivar, né à Burgos vers l'an 1040, fut armé chevalier à vingt ans par Ferdinand Ier, roi de Léon et de Castille. Pendant quarante ans il guerroya contre les Maures, et contribua puissamment à la formation des royaumes chrétiens d'Espagne. Par ses services, sa bravoure, sa loyauté, ses souffrances, ses victoires, il est devenu le modèle des chevaliers chrétiens dans l'imagination du peuple espagnol, qui chargea peu à peu son histoire d'ornements romanesques.

Sans cesse en campagne, il reçut le surnom de *Campeador;* et celui de *Cid* lui vient du mot arabe *sidi,* monseigneur, parce que les prisonniers faits sur les Maures et les députés de cette nation lui donnaient ce titre d'honneur. Il conquit, pour Ferdinand Ier, le royaume de Saragosse sur l'émir El-Moktader; et sa redoutable épée continua de flamboyer dans les batailles, sous le règne de Sanche, fils de Ferdinand. Sanche fut assassiné au siége de Zamora, et l'on soupçonna son frère, Alphonse VI, d'avoir trempé dans ce crime. Les *ricos-hombres* ou riches-hommes, c'est ainsi qu'on appelait les anciens seigneurs castillans, n'osaient lui demander de s'en laver par un serment, comme il le fallait pour l'honneur de la couronne; mais le Cid l'exigea du prince, avant de lui rendre hommage.

« Je le veux bien ; demain je jurerai, dit Alphonse ; mais aujourd'hui je désire savoir qui a pensé à m'imposer un tel serment ?

— Moi, répond le Cid.

— Vous, don Rodrigue ! ne songez-vous donc pas que demain vous devez être mon sujet ?

— Je ne le suis pas encore aujourd'hui, et j'y songerai quand vous serez roi. »

Le serment fut prononcé dans l'église Santa-Agueda, que nous avions visitée le matin.

« Dans Sainte-Gadée de Burgos, dit le *Romancero*, où les gentilshommes prêtent hommage lige, là Rodrigue exige le serment du nouveau roi de Castille.

« Serment si terrible, qu'il imprimait la terreur à tous. Il se prêtait sur un épieu de fer et une arbalète de bois.

« Que des vilains te tuent, Alphonse ! des vilains, et non des chevaliers ; que des Asturiens d'Oviedo te tuent, non des Castillans !

« Qu'ils te tuent avec des épieux, non avec des lances ou avec des dards ; avec des couteaux à manche de corne, non avec des poignards dorés ;

« Qu'ils portent des chaussures de corde, non des brodequins lacés ; des manteaux de laine grossière, non des étoffes de brocart ;

« Des chemises d'étoupe, non de toile de Hollande ; qu'ils soient montés sur des ânes, non sur des mules et sur des coursiers ;

« Qu'ils aient en main des liens de corde, non des

brides de cuir doré; qu'ils t'égorgent dans un sillon, non dans une ville ou dans une bourgade;

« Enfin qu'ils t'arrachent le cœur du côté gauche, si tu ne dis pas la vérité sur ce que nous te demandons: As-tu contribué ou consenti à la mort de ton frère? »

— O poésie populaire, interrompis-je, comme tu révèles un peuple! L'action du Cid, c'est le sentiment de l'honneur espagnol si exalté; mais la formule du serment trahit bien aussi l'amour exagéré de la noblesse, du luxe et du faste, le mépris de l'agriculture, et cet orgueil provincial qui porte le Castillan à jeter le dédain à l'homme de peine, au paysan et à l'ouvrier d'Asturie.

— Alphonse, continua William, dissimula le ressentiment qu'il gardait contre le Cid, et il dut à la vaillance de ce fier mais fidèle sujet de nouvelles conquêtes et la prise de Tolède. Croyant n'avoir plus besoin de ses services, il l'exila; mais le Cid suivi de sa famille et de ses vassaux continua de faire la guerre aux Maures, et il leur imposa le tribut au nom du roi de Castille, dont il n'eut pas même la pensée de se venger. Il accourut même auprès d'Alphonse, qui avait vu pâlir son étoile à la bataille de Zalaca; et le monarque touché d'une pareille grandeur d'âme lui donna à titre héréditaire tout le territoire qu'il pourrait ravir aux musulmans. A la tête de neuf mille vassaux et guerriers castillans, le Cid fait des prodiges; mais deux fois encore il est victime de l'ingratitude d'Alphonse, et deux fois sa fidélité inébranlable à son souverain ne répond à ces noirceurs que par un accroissement de bravoure et de dévouement. Il a conquis et possède enfin Valence, dont Alphonse lui fait présent.

« Vois là-bas, continue le *Romancero*, vois venir le Maure, courant sur la route, cavalier armé à la légère, monté sur une jument brune.

« Il a des bottines de maroquin, des éperons d'or aux talons, un bouclier échancré devant sa poitrine, une zagaie à la main.

« Il s'arrête à contempler Valence, Valence ceinte de hautes murailles : O Valence, Valence! puisse le feu de l'enfer te dévorer!

« N'étais-tu pas aux miens avant d'être vaincue par les chrétiens? Mais, si ma lance ne me fait défaut, tu seras rendue aux Maures. »

Le Cid, épuisé par des travaux surhumains, doit bientôt mourir ; il voit apparaître près de sa couche une lumière éblouissante. Il aperçoit près de lui un homme au front serein, aux noirs cheveux bouclés; il était assis, et avait le front ceint d'une auréole céleste.

« Dors-tu, ami Rodrigue? Allons, console-toi!

« — Qui es-tu, répond le capitaine, toi qui me parles ainsi dans mes veilles?

« — Je suis l'apôtre Pierre, celui dont le temple t'est cher. Envoyé d'en haut pour calmer tes soucis, je viens t'annoncer que, sous trente jours, Dieu t'appellera dans l'autre monde : ce monde où t'attendent tous tes amis, tous les saints. Ne reste pas en crainte pour Ximena ton épouse, ni pour tous ceux que tu laisses ici-bas. Mon cousin saint Jacques aura soin de leur victoire; apprête-toi donc au voyage, et mets ordre à ta maison. »

Le Cid expira !...

« Bannières antiques et affligées, qui souvent avez accompagné le Cid dans les batailles et en êtes revenues victorieuses avec lui, vous frémissez tristement dans l'air, car vous n'avez pas de voix pour gémir, vous n'avez pas de larmes. Ses yeux se ferment, et il vous regarde pour la dernière fois. Adieu, riantes montagnes de Teruel et d'Albarrazin, immortels témoins de sa gloire, de ses travaux et de son courage ! Adieu, collines attrayantes, et toi, vaste mer répandue au-dessous d'elles ! Hélas ! la mort nous enlève tout; la mort nous dépouille comme l'épervier. C'en est fait, ses yeux s'éteignent; ils voient pour la dernière fois. Qu'a dit le vaillant Cid? Il gît étendu sur son lit. Qu'est devenue sa voix de fer? A peine peut-on entendre qu'il demande encore son cheval fidèle, Bibieca. »

La poésie espagnole n'a point d'épopée; elle n'a pas d'*Iliade* ni d'*Énéide*, ni *Divine Comédie*, ni *Jérusalem délivrée*, ni *Paradis perdu*, ni *Lusiades*, ni *Messiade*, ni *Henriade*; le *Romancero* lui en tient lieu; elle y retrouve ses souvenirs nationaux les plus vivaces, avec les noms et les exploits du Cid, de Bernard del Carpio, de Fernand Gonzalès, des sept infants de Lara, fils de Gonzalès Gustios, seigneurs de Lara, qui, attirés dans une embuscade par leur oncle pour être livrés au gouverneur de Cordoue, Almanzor, se battirent comme des lions, près du pic de Moncayo, et laissèrent un mémorable exemple des proportions surhumaines des héros espagnols.

« Voilà, d'après une excellente traduction, quelques traits du Cid et du *Romancero*, dit William en terminant. Le Cid avait eu un fils, qui fut tué jeune dans un combat. Ses deux filles, dona Elvire et dona Sol, épousèrent des princes de Navarre.

— C'est vrai, ajoutai-je; et il se trouve, par une longue suite d'alliances, que les filles du Cid sont les aïeules des Bourbons, qui règnent encore en Espagne. »

CHAPITRE II

VALLADOLID. — LES CHANTS POPULAIRES. — LES ORDRES RELIGIEUX. — LA STATUAIRE ESPAGNOLE. — DISPOSITION DES ÉGLISES EN ESPAGNE. — UN PÈLERIN DE SAINT-JACQUES. — LA GALICE.

Après l'excursion obligée de Burgos à la *cartuja* ou chartreuse de Miraflores, où l'on voit les tombeaux d'albâtre de Juan II et de sa femme Isabelle, si finement sculptés en gothique fleuri par le ciseau de Juan de Colonia (1488), nous poussâmes notre pèlerinage jusqu'à l'antique monastère bénédictin de San-Pedro de Cardena, un des sanctuaires où se conserva, depuis le VIIe siècle, à travers les âges troublés par les guerres contre les Sarrasins, la flamme sacrée de la science et de la foi, flamme allumée au flambeau des saint Léandre et des saint Isidore de Séville. Parmi les sépultures royales d'Aragon et de Navarre se trouvent des tombeaux de la famille du Cid et celui même du héros; mais ses restes mortels n'y sont plus.

Le lendemain, nous volions emportés par des mules

endiablées sur la route de Burgos à Valladolid. Le paysage s'en allait du reste sans nous laisser de regrets. Une fois l'été venu, la plaine riche naguère et verdoyante revêt une teinte grise ou jaune d'une monotonie désespérante; les villages sans verdure et sans jardins s'endorment sous les feux du soleil et sous une couche de poussière; on ne se douterait point qu'ils sont habités, tant ils paraissent tristes et silencieux. Sauf le mouvement qui se fait pour le relais à la porte de la posada, sauf l'apparition de quelque tête d'enfant attirée par la curiosité et qui se montre encadrée dans une étroite fenêtre sans vittrail, rien n'indique la présence d'habitants au sein de ces misérables maisons. L'église du village les domine quelquefois de sa tour carrée, terminée par un toit de forme écrasée et à quatre égouts; mais souvent elle n'a pas de tour, et l'on distingue à peine le pignon surélevé de sa façade, percé de baies où les cloches sont suspendues. L'usage n'est pas de balancer les cloches; on leur fait faire le tour entier sur elles-mêmes. Et si le clocher offre peut d'intérêt à la vue, la cloche ne flatte guère mieux l'oreille; on la dirait de fer plutôt que de cuivre mêlé d'étain.

Au sortir des bourgades, en cette saison, même aspect morne et désert. Seulement vous apercevez tout d'abord les aires établies en plein vent et les gerbes posées en monceaux un peu plus jaunes que le sol. On foule le grain au moyen d'un traîneau, garni par dessous de pierres arrondies ou de galets polis, comme il s'en trouve dans le lit des torrents. Le paysan est assis sur le traîneau, et de là il dirige le cheval qu'il fait tourner et galoper dans tous les sens sur les épis répandus.

De loin en loin vous rencontrez quelque voiture de roulage, traînée lentement par des mulets attelés en flèche, ou quelque grave Castillan à cheval sur sa mule, enveloppé dans son manteau d'amadou qui le pare du soleil; un large sombrero abrite son visage maigre; il trompe l'ennui du chemin par les charmes de la cigarette; sa carabine est posée en travers devant lui, comme au temps des bandits; et à l'éclair que vous lance en passant son œil noir et farouche, vous sentiriez le besoin d'être armé vous-même si vous le rencontriez seul sur le chemin.

Aux approches des centres de population plus importants, les chevaux, les mules, les ânes défilent plus nombreux, et l'on voit le paysan avec sa femme assise en croupe sur la même monture : ainsi voyageaient nos pères, il y a moins d'un siècle.

A Duenas, une de nos mules s'étant déferrée, la diligence, à mon étonnement, s'arrêta devant une maison qui portait pour enseigne cette inscription flanquée de deux fers à cheval : DON EUSEBIO DE ALDAMA, *profesor veterinario*. Monsieur le professeur apparut sur le seuil, en costume bourgeois, et ferra la mule comme un simple maréchal ferrant. L'enseigne m'avait semblé bien emphatique; mais le cheval a conservé en Espagne, comme chez les Arabes, une noblesse et un rôle qu'il n'a plus en France, en dehors de l'armée et du sport. Il s'ensuit que ceux qui s'en occupent, au titre même le moins élevé, ne s'abaissent pas autant que parmi nous.

En Espagne comme en Italie, il est d'ailleurs certains métiers qui ne sont pas encore dédoublés, et où l'art et la science continuent à se confondre avec l'œuvre servile, l'instrument avec l'outil. Si Figaro pince la guitare par forme de passe-temps, il cumule les fonctions de saigneur ou phlébotomiste et de barbier : *barbero y sangrador :* témoin ce pied (car on pratique souvent encore en Espagne la saignée du pied), témoin ce pied, ce bras peints sur son enseigne, et d'où s'élance un jet superbe de sang vermeil. Mon compagnon William trouvait barbare une représentation si crue. Je pris la défense des Espagnols, en lui rappelant les mâchoires de squelettes, les dentiers monstrueux qui décorent les portes d'autres artistes, à Paris et à Londres.

L'aspect de Valladolid ramena des pensées plus sérieuses. Voici encore une ville de prédilection des anciens rois de Castille, jusqu'au commencement du XVIIe siècle où la cour fixa sa résidence à Madrid. Le caractère flottant des capitales castillanes eut du moins cet heureux résultat, d'enrichir plusieurs villes des monuments et des institutions qui naissent comme naturellement à l'ombre des trônes. Valladolid a 20,000 habitants; mais, sans parler de l'activité commerciale qu'elle doit à sa situation, à son canal, aux cours d'eau de son territoire, et que les chemins de fer du nord de l'Espagne vont accroître chaque jour, voyez quels nombreux clochers s'élancent d'entre ses habitations.

C'est bon signe, quand même la pyramide quadrangulaire, noircie et prosaïque des hautes cheminées de l'industrie s'élèverait à côté de la flèche gothique. Lorsque, à l'approche d'une ville, tant de silhouettes d'édifices se découpent sur l'horizon, vous pouvez dire : Il y a ici de l'histoire, de la science, des arts, de la vie. Et Valladolid, en effet, quoique déchue, compte encore une multitude d'étudiants dans ses écoles; elle a des académies, des palais, un musée, un théâtre, de belles promenades, de belles places, comme la *plaza Mayor*, entourée de galeries soutenues par quatre cents colonnes de granit, et le *Campo grande*, où se déployait autrefois la pompe des tournois et des fêtes royales. Les villes du nord de l'Espagne, comme les vieilles villes du nord de l'Italie, présentent un certain nombre de places et de rues à galeries, dont le système a été inspiré par les exigences du climat. Il est bon que l'on y puisse circuler sans s'exposer aux ardeurs du soleil. Dans les villes du midi de l'Espagne, les Maures ont recherché le même avantage par l'étroitesse des rues, qui ne sont plus que des ruelles, où le soleil ne pénètre guère et dans lesquelles règne habituellement un peu de fraîcheur. Enfin, là où rien ne préserve de la chaleur torride, on cède à son influence par l'inaction et la sieste.

On comprend de même pourquoi l'Espagne a de si belles promenades, *prados, espolones, alamedas* ou allées plantées d'arbres; c'est que nulle part on ne s'enivre plus agréablement de la fraîcheur du soir; elle est plus délicieuse après les chaudes journées de cette latitude, surtout sur les plateaux nus de Castille, où le vent sec et brûlant ne rencontre ni forêt ni feuillage.

A Valladolid, toute la population élégante se promenait au coucher du soleil. On se promène en rond comme dans les séminaires de France. Les dames ne donnent point le bras aux messieurs; et il en est de même dans l'intérieur des villes. C'est l'usage; mais il en résulte au premier coup d'œil un aspect décontenancé, dont l'étranger ne remarque pas d'abord la cause et dont il ne peut se rendre compte qu'après un instant d'observation.

En rentrant du prado de la Magdalena, nous vîmes que si la population des quartiers moins aisés ne va pas à la promenade, elle est tout entière dans la rue et assise au seuil des habitations. L'on dansait au violon, au clair de la lune, et les castagnettes retentissaient dans les carrefours. Ailleurs le violon, la guitare, le pandero ou tambour de basque formaient avec les castagnettes un orchestre complet. Un chant simple, rêveur, toujours le même, dit d'une voix dolente et un peu nasillarde, comme il convient dans un pays de moines, revenait par intervalle, et le fron-fron de la guitare y ajoutait un accompagnement monotone, aussi simple que le chant. William trouvait à cet air un charme indéfinissable et je ne sais quoi de rêveur. Il essaya vainement de le répéter et d'en saisir les modulations et le rhythme. Je lui expliquai le mystère. La musique de ces chants populaires qu'on entend d'un bout à l'autre de l'Espagne est ancienne et n'appartient pas à la gamme de la musique moderne. Elle rentre dans celle du plain-chant, et la plupart de ces airs, très-peu variés du reste, se rapportent aux troisième et quatrième modes grégoriens, qui ont pour finale la note *mi*. De là cette physionomie rêveuse et un peu triste, qui a quelque analogie avec le ton mineur de la musique moderne, mais qui garde néanmoins un cachet fort étrange. Le rhythme est presque insaisissable, et il n'est pas étonnant que mon compagnon ait échoué en essayant de le reproduire. Les notes d'agrément y jouent un grand rôle, à peu près comme dans les chants arabes et dans le chant grégorien tel qu'il s'exécutait autrefois. Nul doute que plusieurs de ces mélodies ne soient un héritage des Maures d'Espagne, qui les ont transportées sur les rives africaines. Ils les tenaient peut-être eux-mêmes d'une plus haute antiquité. Dans la suite, William et moi nous fîmes de vaines recherches pour en trouver un recueil imprimé. Elles se conservent par tradition; et, comme nous demandions à un éditeur de Madrid si personne n'avait songé à rassembler ces curieuses mélodies : « Oh! nous répondit-il, nous attendons pour cela, comme pour tant d'autres choses, qu'un étranger daigne le faire. » Du reste, un grand nombre seraient difficiles à écrire avec les seuls signes de notre notation musicale.

Il m'est échappé tout à l'heure un mot qui est gros de réflexions et qui, vrai il y a peu de temps encore, manque malheureusement de justesse aujourd'hui. J'ai parlé d'un pays de moines.

Nous étions parvenus déjà au cœur de l'Espagne. Quoi de plus espagnol que Burgos et Valladolid? William se saturait de couleur locale; il la cherchait partout, et quand il la rencontrait à forte dose, c'était une ivresse, une extase artistique. Moi, j'admirais cette sensibilité, cette nature si impressionnable encore après tant de voyages; car il est bien vrai que le touriste est vite blasé, ou du moins que le sens de l'admiration s'émousse en lui à la suite des premières pérégrinations. Il voit encore les choses nouvelles avec plaisir; mais il les regarde avec la raison plutôt qu'avec l'imagination; il les aime et les admire à froid : il a vu ailleurs mieux que cela, et il est usé par les déceptions qu'il a éprouvées mille fois en considérant la réalité après les descriptions trompeuses et poétiques des gens de lettres.

« Eh bien! William, disais-je à mon ami en traversant la place de San-Benito el Viejo pour nous rendre au fameux couvent dominicain de San-Pablo, eh bien! n'êtes-vous pas déjà rassasié d'Espagne? Regardez cette foule, ces mantilles noires, ces taciturnes Castillans au manteau brun, ces muchachos, ces gamins qui ne rient pas, ces mendiants qui pincent de la guitare et se drapent dans leurs guenilles plus fièrement qu'un sénateur romain dans sa toge...

— Oui, c'est bien cela : un vrai tableau; pourtant il y manque quelque chose, je ne sais quoi; mais je sens qu'il y manque un trait essentiel. Ce n'est pas tout à fait ainsi que j'ai vu l'Espagne dans mes rêves. »

En ce moment, deux petits enfants accouraient à

moi, l'un de lui-même, l'autre envoyé par sa mère : *Padre! Padre! la mano!* Et ils cherchaient à prendre mes mains, que je leur donnai à baiser quand je les eus compris.

« Oh! s'écria William, voilà ce qui me fait défaut; ce sont les moines. Je crois bien! une Espagne sans moines, ce n'est pas l'Espagne. Ce qui manque au tableau, ce qui me restait au fond de l'âme, ce sont les têtes rasées, les longues barbes, les pieds déchaux, les scapulaires, les tuniques, les capuchons noirs, gris, blancs, la corde aux reins, les crucifix de cuivre à la ceinture et les grands rosaires à têtes de mort sculptées en os.

— C'est vrai, lui dis-je; tant que les ordres religieux ne seront pas rétablis et libres en Espagne, il n'y aura pas d'Espagne pour les artistes; il n'y aura qu'une Espagne bâtarde, écornée, décolorée. Mais vous voyez la chose au point de vue de l'art, et dans cette question, c'est le côté le moins sérieux.

« Il y a une trentaine d'années que la révolution détruisit en Espagne les ordres religieux, au mépris de la justice et de la liberté. Il en est résulté pour le pays un mal incalculable. Je ne parle pas seulement des monastères tombés en ruines, odieusement mutilés pour devenir casernes, prisons, magasins à fourrages; ce triste spectacle s'offre de tous côtés à nos regards dans la Péninsule... »

A cet instant même, nous arrivions en face des restes de San-Pablo, dont la façade gothique, décorée d'une profusion de sculptures inouïe nous tint quelques minutes dans une contemplation muette.

« Voilà, repris-je, ce que devient un monastère qui fut une des gloires de l'Espagne, un monument historique fondé par les ducs de Lerma et dans lequel se sont assemblés les conciles et les cortès; on y a logé des forçats; on en a démoli les murs pour avoir la pierre de taille. Mais si ce vandalisme fait mal à tout homme de cœur, combien plus faut-il déplorer les ruines morales que les persécuteurs de l'Église ont accumulées! L'anéantissement des ordres monastiques a porté un coup fatal à l'instruction publique, qui, malgré le mérite de quelques écoles, laisse énormément à désirer dans le royaume; on a vu grandir l'ignorance et les préjugés de la pire espèce, ceux qui inclinent à l'irréligion et préparent les révolutions politiques. Sans doute la foi n'a pas cessé de régner en Espagne; mais la piété profonde, éclairée a beaucoup diminué. Remarquez : la communion fréquente n'est pas aussi commune en Espagne qu'en France, et cependant l'on n'y manque pas autant que parmi nous à l'observance des préceptes rigoureux de l'Église. L'absence de personnes vouées à la pratique de la perfection chrétienne par les vœux monastiques, la cessation des exemples publics de vie contemplative, le silence imposé à ces milliers de voix autrefois consacrées à la prédication de la morale évangélique expliquent assez une telle décadence. Il est temps que l'Espagne le comprenne, et qu'elle laisse refleurir dans son sein les ordres religieux qui ont si puissamment contribué à l'éclat des plus beaux siècles de son histoire.

— Mais, demanda William, les ordres religieux sont-ils donc proscrits dans un pays si catholique?

— Par une contradiction flagrante et l'on peut dire honteuse, si le cardinal Ximenès, une des gloires les plus pures de l'Espagne, peut-être le plus grand de ses grands hommes, si Ximenès reparaissait dans Tolède ou Madrid avec son froc monacal, il serait appréhendé par les alguazils au nom de la loi, condamné à l'amende et à la prison! L'habit religieux est donc proscrit. Les moines espagnols le portent librement en Syrie, au Maroc même, ce pays par excellence de l'intolérance, du fanatisme, de la barbarie; et ces moines n'ont pas le droit de le revêtir dans leur patrie.

— C'est le comble de l'ignominie et du ridicule pour un gouvernement catholique et soi-disant libéral.

— Cependant il y a des religieuses, mais cloîtrées; elles peuvent porter leur habit, mais derrière les grilles. Les ordres ou les congrégations qu'elles représentent sont nombreux. Les religieux ne sont pas en aussi grand nombre. On a compris qu'il fallait recourir à eux pour relever les études, et l'on a laissé les Pères des Écoles pies de saint Joseph Calasanz, surnommés *Escolapios*, diriger des colléges. Ils sont à Madrid, à Gétafé, à Valence, à Grenade, à Saragosse, à Calatayud et ailleurs encore. Mais il y a peu d'autres moines. Sauf une maison de saint Philippe de Néri, à Séville, pour les missions du royaume et non pour l'enseignement;

sauf quelques jésuites épars et isolés dans quelques villes, on ne compte plus que les rares monastères destinés à fournir au gouvernement des missionnaires pour ses colonies : des Augustins à Valladolid, des Dominicains à Ocana sont conservés pour les Philippines, et ils vont dans les missions de l'extrême Orient; les Franciscains de Priego sont destinés au Maroc et à la Syrie; les Jésuites ont un collége à la Havane et ils sont exclusivement chargés de Fernando-Po.

— Le dévouement des ordres religieux, dit William, est plus fort que les préjugés de ceux qui voudraient les anéantir. Ceux-là même sont heureux d'avoir des moines à leur service pour les œuvres de dévouement extraordinaire. Il est à croire que ces monastères que vous venez de signaler seront des germes féconds pour l'avenir. Le grand arbre de la vie religieuse déploiera de nouveau sur la Péninsule ses rameaux verdoyants et propices à une multitude d'âmes éprouvées par les misères morales.

— Oh! je n'en doute pas; il en sera pour l'Espagne comme pour la France, où le vieux tronc impossible à déraciner pousse dans tous les sens des rejetons vigoureux. On nous a même emprunté des greffes pour les transporter en Espagne, où elles s'épanouissent avec une rapidité qui témoigne à la fois et des rosées du ciel qui les vivifient et du caractère expansif de la France qui les a produites. Quand se fait-il un appel au dévouement, où y a-t-il des âmes à sauver, des plaies à guérir sans que la France accoure sur les ailes de la religion? Bordeaux envoie ses dames de Lorette, de l'Espérance, de Saint-

Joseph à Madrid, à Valence, à Barcelone, à Pinto; les servantes de Marie de Notre-Dame-d'Anglet, près Bayonne, nos sœurs de la Charité ont également franchi les Pyrénées, et elles rencontrent partout les sympathies les plus ardentes. Les servantes de Marie ont les premières bravé les sots préjugés qui interdisaient en public l'habit religieux, et les autres sœurs françaises ont suivi leur exemple. Les libéraux espagnols n'ont pas eu le courage de réclamer contre des femmes, contre des Françaises qui, se dévouant au bien de ces étrangers comme à des frères, ne demandent en échange que la liberté de s'habiller comme il leur plaît, ou mieux selon les règles approuvées de l'Église. Espérons donc, William; le temps n'est pas loin où vous ne regretterez plus ce qui manque, selon nous, à la physionomie des villes d'Espagne. »

Mon compagnon ne répondit que par quelques mots plaisants sur le chapeau des ecclésiastiques espagnols. Le fait est que cette coiffure frappe d'étonnement et provoque invinciblement à la première vue le sourire de l'étranger; elle est à larges ailes, relevées ou repliées en volute sur les côtés, et n'a guère moins de soixante centimètres d'une extrémité à l'autre. Il faut la voir un peu de temps pour n'en pas trouver les proportions excessivement bizarres. On s'y accoutume, et je suis porté à croire que le clergé espagnol doit quelque chose de la dignité de sa tenue au développement exorbitant de ce couvre-chef, qui lui impose un pas grave et mesuré.

Nous en restâmes là sur l'absence des costumes monastiques en Espagne; mais depuis j'eus souvent l'occasion de constater que le peuple les reverrait avec plaisir; car cent fois les enfants, à la vue de ma longue barbe et de mon costume de prêtre algérien, ample soutane et mosette, me prirent pour un religieux et vinrent, comme ceux de Valladolid, me baiser la main. On leur avait donc inspiré envers les moines des sentiments particuliers de vénération. Il est possible que les haines, excitées autrefois contre les religieux, ne soient pas éteintes dans tous les cœurs; mais les passions soulevées à tort finissent par se calmer, et la raison reprend l'empire qu'elle n'aurait jamais dû perdre.

Notre conversation nous conduisit jusqu'au *collegio mayor* de Santa-Cruz, fondé, en 1494, par le cardinal Mendoza. Il avait une dévotion particulière à la sainte Croix, et il dédia en son honneur le magnifique établissement dont il voulut doter Valladolid, tandis qu'il était archevêque de Tolède. On le voit, au portail, agenouillé devant l'image de la Vierge. Le musée renfermé dans l'édifice contient la plus remarquable collection de sculptures qui soit en Espagne, et c'est ici qu'il convient d'étudier la statuaire castillane, si peu connue et si digne de l'être.

L'Espagne s'est développée en tout ce qui touche à la civilisation par un mouvement propre et assez indépendant de l'influence des nations étrangères. Sans doute cette indépendance n'est pas absolue; il était moralement impossible que la Péninsule restât dans un isolement complet, quand même le sceptre de Castille ne se fût pas étendu en dehors de ses limites actuelles; car les barrières dans lesquelles est circonscrite l'unité politique n'arrêtent pas là communication des idées et du génie entre les peuples. Mais ce sceptre a gouverné simultanément l'Espagne et l'empire d'Allemagne sous Charles-Quint, la Sicile, la Sardaigne, le royaume de Naples, la Franche-Comté, les Pays-Bas, le Milanais. Les artistes espagnols ne pouvaient donc manquer de subir à un certain degré l'influence des écoles étrangères, soit parce que ces agglomérations transitoires de divers États et nationalités les mettaient facilement en contact avec la plus grande partie de l'Europe, soit parce que les chefs-d'œuvre et les modèles achetés ou acquis par les rois d'Espagne ou les artistes étrangers attirés par eux affluaient dans la Péninsule et proposaient des types infiniment variés à l'imitation des artistes indigènes. Enfin, la plus vaste unité politique de l'Espagne coïncide précisément avec le grand mouvement de la renaissance, qui tendait à affaiblir dans l'Europe entière les traits caractéristiques de l'art chez les diverses nations, et à introduire partout le goût et l'imitation de l'antiquité grecque et des maîtres italiens.

L'Espagne donc ne pouvait pas se soustraire à cette influence; mais ce que je veux dire, c'est qu'elle l'a subie sans perdre une certaine indépendance qui marque en général les œuvres de ses artistes d'un cachet particulier. Pour ne parler ici que de la sculpture, et en réservant pour d'autres circonstances nos observations sur la peinture, je signalerai dans la statuaire espagnole un réalisme propre à l'Espagne, et dont il est difficile de se faire une idée sans avoir vu les églises et les musées où elle se produit.

Le réalisme dans l'art c'est la nature, le fait matériel adéquatement représenté; c'est la vérité crue, dépourvue de l'idéal qui voile ce qu'elle a de choquant pour les nerfs ou pour la susceptibilité morale. C'est la nature vraie, non pas le type adouci ou relevé par la convention. En Espagne, les scènes du Calvaire, de la Flagellation, du Martyre, de l'Extase dans la souffrance sont sculptées littéralement; le sang, la boue mêlée de sang, les plaies profondes et tuméfiées, les lambeaux de peau qui pendent à demi arrachés, les meurtrissures violacées, tout est représenté au naturel; tous ces corps saignent comme dans un amphithéâtre de médecine; la douleur se révèle dans les contorsions de la face, et les statues des morts sont des cadavres. Elles offrent à l'œil trompé tous les signes du *facies* hippocratique et du travail des vers qui commence.

William fut saisi comme moi d'horripilation, à mesure que nos yeux, d'abord aveuglés en passant de la vive lumière du ciel d'Espagne au demi-jour du salon de Valladolid, découvraient dans l'ombre ces groupes de grandeur naturelle qui figurent la Passion du Sauveur. Il nous fut permis le soir de revoir ce musée aux flambeaux, comme nous avions vu la galerie des statues antiques au Vatican. A ces nouveaux jeux d'ombre et de lumière, des frissons glacés reparcoururent nos veines, et nous abrégeâmes la durée d'un spectacle par trop violent. Je comprends le culte ardent des Espagnols pour les saintes images; il est en harmonie avec l'énergie même de leur caractère; de plus, il était autrefois une réaction nationale contre la religion des musulmans, dominateurs iconoclastes de la Péninsule, et il est encore par sa vivacité même une réaction contre le protestantisme, repoussé de l'Espagne avec une aversion aussi profonde que légitime.

Pourquoi les Espagnols ont-ils tant d'inclination pour les sujets douloureux, pour les scènes de souffrance physique et de mort, de pénitence et de morgue, pour les écorchés, pour l'ascétisme qui creuse les joues et les orbites des yeux? Je ne sais; tout est violent dans ce peuple, et je sens comme de mystérieux rapports entre l'art tel qu'il l'a compris et sa belliqueuse histoire, entre sa statuaire, son inquisition, ses guerres civiles, ses courses de taureaux, son mépris de la douleur et de la mort.

Mais ici prenons garde à une erreur qui serait une criante injustice. L'art espagnol est réaliste, il n'est pas matérialiste; il a quelque chose de brutal quand il représente la sensation, ce qui frappe les sens; mais il ne laisse pas s'échapper l'âme; il la retient et la fait reluire à travers cet appareil physique destiné, ce semble, à la mettre elle-même en relief par le contraste. L'âme est réfugiée dans l'œil; elle brille dans le regard; le divin Crucifié n'est point un Adonis; le ciseau du sculpteur en a fait ce qu'en fait l'art oratoire sur les lèvres de tous les prédicateurs; il a été plus loin que l'Évangile, qui ne peint pas les détails et les laisse seulement imaginer; il est sorti de la discrétion gardée par l'antique, par les classiques qui en sont les imitateurs; mais il n'a pas oublié que le corps dont il est écrit : *A planta pedis usque ad verticem non est in eo sanitas,* est celui d'un Dieu, et la divinité apparaît toujours dans le calme des traits de Notre-Seigneur après son dernier soupir. La face de saint Barthélemy se contorsionne sous le couteau de l'écorcheur; mais son regard ardemment tendu vers le ciel prouve de la manière la plus saisissante que le martyr a l'âme fixée sur la palme éternelle, sur Dieu qui lui envoie la force, la résignation et l'amour. Là, selon moi, là est le secret, là est la grandeur de l'art espagnol dans ses plus puissantes manifestations : elle est dans l'étroite alliance qu'on jugerait impossible de la nature rigoureusement copiée, de la sensation à son paroxysme avec le surnaturel et le mysticisme porté au comble et à l'extase.

En Espagne, on ne comprend pas bien la statue qui n'est pas peinte, la statuaire séparée de la peinture. L'image sculptée de pierre, de marbre, de bois ne parle pas assez; l'illusion n'est pas complète par la plastique et le dessin; à la ligne il faut ajouter la couleur, et alors c'est la nature, la réalité palpitante. Au-dessus des admirables bas-reliefs de bois et de bronze qui foisonnent dans les églises, le génie espagnol place donc la statuaire polychrôme, les têtes, le nu de haut-relief et de ronde bosse peints d'après nature. Il est loin de l'antique et de la renaissance, qui ont si bien séparé les deux arts.

Pour le peuple espagnol, ce n'est pas assez de la peinture comme complément de la sculpture; la couleur étendue au pinceau est encore trop morte; elle ne donne pas la transparence de l'œil, par exemple, et les statues peintes regardent sans voir. On a donc recours à l'émail. Les yeux en émail sont fréquemment employés, et l'on sait qu'ils simulent la vie à faire mal au spectateur. Un jour, à l'institut de Cordoue, je revêtis, dans la sacristie, les ornements liturgiques pour la célébration de la messe, puis je levai la tête, cherchant le crucifix à saluer avant de marcher à l'autel; mon regard rencontra un buste qui sortait du mur, et qui me regardait lui-même avec ses yeux d'émail; le rayon visuel était un peu louche, mais très-peu. Je reculai, surpris et presque effrayé; le regard des prunelles vivantes resta fixé sur moi tout le temps du saint sacrifice; mes efforts pour m'en débarrasser furent inutiles, et il vint encore la nuit suivante retarder et troubler mon sommeil. Je m'en plaignis à l'un des directeurs du collége.

« C'est le portrait authentique de saint Ignace, me répondit-il; un chef-d'œuvre. On nous en a offert son poids d'or. »

La couleur et l'émail ne suffisent pas au goût réaliste de ce peuple étrange. Il met aux statues des cheveux naturels, des perruques. On rencontre en Espagne des crucifix d'un mètre cinquante centimètres à deux mètres de haut, qui ont de vrais cheveux. Cela nous répugnait, à nous autres étrangers, d'autant plus que ces chevelures ne sont l'objet d'aucun soin. La poussière s'y ramasse, et l'effet, je vous assure, n'est plus guère artistique. William fit plusieurs fois cette observation dans le cours de notre voyage; et il se montrait également choqué à la vue des chevelures de femmes appendues à la muraille dans certains sanctuaires dédiés à quelque madone particulièrement vénérée. C'est un genre d'ex-voto que les femmes espagnoles apprécient beaucoup, et dont elles ont propagé l'usage hors de leur pays, comme on peut le voir à la chapelle de Santa-Cruz, à Oran.

« Moi aussi, disais-je à William, je n'ai vu longtemps ces chevelures si près de l'autel qu'avec un sentiment d'improbation. Cependant, quand je pense à l'étendue du sacrifice qu'elles supposent, je me sens porté à la tolérance.

— Il est vrai, me répondit-il enfin, il faut rapprocher l'objet matériel de l'acte moral qui en explique la présence. Cet acte est peut-être héroïque; peut-être est-il dicté par la piété filiale, par une sainte affection comme par une foi sans bornes. Et puis les femmes, les jeunes filles espagnoles doivent, plus que nulles autres, tenir à leur chevelure : elle est si noire et si belle! et d'ailleurs, sous ce climat brûlant, ne compose-t-elle pas leur seule coiffure? Combien il faut craindre les jugements trop sévères et précipités sur les mœurs étrangères! On s'expose à méconnaître et à condamner le bien, pour sauver des convenances qui reposent uniquement sur des appréciations arbitraires. »

Le réalisme espagnol n'est point arrivé à sa plus haute expression en donnant des perruques aux images. Il supprime le corps de la statue, dont il ne conserve que la tête et les extrémités, et il met à la place un mannequin habillé. En Espagne les statues de ce genre sont les plus nombreuses. Il ne s'agit pas ordinairement de ces vêtements d'étoffes précieuses, orientales, rehaussées d'or et de broderies, comme il s'en conserve encore partout; de ces anciennes madones, les plus vénérées qui soient en Europe, dont les robes tissues d'or et d'argent forment un cône solide et d'une richesse éblouissante, surmonté d'une tête plus ou moins artistement sculptée; non; la plupart des statues espagnoles habillées portent les vêtements vulgaires que le saint ou la sainte ont portés, et qui sont encore usités dans la classe de la société ou dans la congrégation religieuse à laquelle ils ont appartenu. Le saint, s'il était simple prêtre, apparaît dans la niche ou au retable au-dessus de l'autel, habillé de la soutane et du surplis; la barrette à quatre pointes aiguës est dans ses mains ou sur sa tête garnie de filasse ou d'une chevelure postiche. S'agit-il d'une sainte, de Notre-Dame elle-même? elle se conformera quelquefois aux modes actuelles; elle aura les cheveux frisés, les robes renflées et à la main le mouchoir brodé. Notons encore les gracieuses images du *Nino Jesus*, de l'enfant Jésus, de *Jesus perdido*, ou Jésus perdu par ses parents sans doute, un sujet qui nous a semblé de prédilection pour les Espagnols comme le *Gesù Bambino* pour les Italiens. Il nous a paru assez fréquemment exécuté en cire et avec la taille d'un enfant de huit ans. Il n'est pas nécessaire de chercher ces exemples au fond des provinces et des vallées inconnues, dans les églises obscures; ils se présentent dans les temples des villes, au milieu d'une architecture somptueuse. On pourra même remarquer que les statues où le réalisme est poussé plus loin sont précisément celles que la dévotion populaire entoure avec le plus d'empressement et qui reçoivent le plus d'ex-voto.

On comprend maintenant que les Espagnols, dans leurs fêtes religieuses, aient conservé quelque chose des représentations dramatiques du moyen âge, et que les poses vivantes fassent partie du programme des grandes solennités liturgiques. Car les statues ont beau simuler la vie, elles ne valent pas sous ce rapport les acteurs en chair et en os, appelés à figurer, surtout les jours de Noël et de Pâques, les personnages de l'ancien et du nouveau Testament.

Malgré la multitude de statues habillées qui peuplent les églises d'Espagne, notre statuaire commune, alliée ou non à la peinture, tient encore une large place. Je suis porté à croire que celle-ci a été influencée par les statues habillées, qui ont dû porter le sculpteur à fouiller profondément ses ouvrages et à rechercher le mouvement et l'ampleur des draperies.

Il y a lieu de s'étonner de la fécondité prodigieuse dont ce pays a fait preuve durant un siècle et demi que l'art y a été florissant. Aucun peuple n'a surpassé ni peut-être égalé les Espagnols quant à l'habileté à sculpter le bois et à tailler le bronze pour l'ornementation. C'est dans les sacristies, si pauvres en France, mais surtout aux immenses retables du sanctuaire, aux stalles et aux clôtures du chœur, qui prennent un développement inconnu ailleurs, qu'il faut vérifier notre assertion; c'est aux grilles qui ferment le sanctuaire, le chœur, les chapelles, qu'il faut voir le fer et le bronze se tordre avec la mollesse de la cire et la précision des ouvrages d'orfévrerie pour reproduire les plus nobles et les plus harmonieux dessins : telle est celle de Cristoval de Andino, surmontée de l'image de saint Jacques, à la chapelle *del Condestable* de la cathédrale de Burgos. On compterait par centaines les petites villes d'Espagne, dont les richesses en ouvrages de ce genre rendraient jalouses nos cathédrales les mieux dotées!

Aux XIVe et XVe siècles, la sculpture espagnole naissait sous la seule influence du génie national. Les sculpteurs ne possédaient pas de modèles antiques; le temps et les révolutions de la Péninsule n'avaient point épargné les ouvrages du ciseau romain; les Arabes iconoclastes et auxquels le Coran interdit la représentation de la figure humaine, n'avaient pas légué à leurs vainqueurs de types à copier, qui eussent d'ailleurs été dédaignés, comme le fut leur architecture.

En 1376, Jayme Castayls de Barcelone sculptait les apôtres et les prophètes du portail gothique de la cathédrale de Tarragone, où Pedro Juan et Guillen de la Mota élevèrent, au siècle suivant, le magnifique retable d'albâtre ou de marbre de Catalogne qui représente des mystères de la vie de Notre-Seigneur et le martyre de sainte Thècle, patronne de la ville. A la fin du XIVe siècle, Anrique travaillait au tombeau de Henri II, qu'on voit dans la chapelle de *los Reyes Nuevos*, fondée par ce monarque à la cathédrale de Tolède, et Fernan Gonzalez à celui de Don Pedro Tenorio, dans le même édifice. Cette basilique, d'une richesse inouïe, fut le théâtre où s'exercèrent, dans la première moitié du XVe siècle, les sculpteurs Miguel Ruiz, Alvar Martinez et Alvar Gomez; vers 1477, l'architecte Juan Guas, à la tête de douze cent vingt-six maîtres tailleurs de pierres et imagiers, improvisait, pour ainsi dire, à Tolède encore, la célèbre église de San-Juan de los Reyes, dont le chevet et le transsept sont couverts d'une décoration aussi originale que merveilleusement sculptée, de statuettes, de guirlandes, d'écussons, de têtes d'anges et d'arabesques.

A Dieu ne plaise que nous méconnaissions, par un engouement déraisonnable du gothique et du moyen âge, le mérite des œuvres de la renaissance et les heureux progrès qui se réalisèrent à cette dernière époque dans les arts du dessin et dans l'imitation de la nature; mais nous regretterons toujours, pour l'Espagne et pour les diverses contrées où la renaissance et l'art classique ont triomphé, l'obstacle apporté par ce triomphe au développement de la statuaire et de la peinture selon le caractère, les traditions et le génie des peuples. Ainsi, quoique l'Espagne ait gardé plus d'indépendance que d'autres pays où les maîtres italiens ont prévalu, ces derniers donnèrent des leçons à Alonzo Berruguete, à

Diego de Siloe, à Gaspar Becerra, dont nous n'avons nulle envie de diminuer la gloire. Mais nous eussions mieux aimé que ces artistes espagnols continuassent à s'avancer dans la voie de Juan Martinez Montanez, l'auteur du *Christ agonisant* de San-Pedro de Vergara; dans la voie de l'Aragonais Juan de la Huerta, qui, en 1450, venait sculpter à la chartreuse de Dijon le tombeau de Jean sans Peur, que la France admire et où l'art païen n'a rien à revendiquer.

Alonzo Berruguete, dont le touriste en Espagne rencontre les œuvres à chaque pas, était, comme Gaspar Becerra et les principaux représentants de la renaissance espagnole, peintre, sculpteur et architecte. Ces deux élèves de Michel-Ange reflétaient le talent multiple de leur maître; et ce talent rencontrait en Espagne un théâtre qui en demandait l'application complète.

En effet, les églises de la Péninsule, la plupart des églises collégiales et conventuelles, présentent une disposition intérieure toute particulière; elles renferment, pour ainsi dire, sous leur voûte, un second édifice divisé en deux parties : le sanctuaire et le chœur. Lors donc que vous entrez dans la grande nef, au lieu de voir, comme en France ou en Italie, le vaisseau largement ouvert devant vous jusqu'au chevet ou du moins jusqu'au transsept, votre regard est arrêté, au delà d'une ou deux travées, par la haute muraille du chœur, *coro*, dont l'enceinte comprend les travées jusqu'au transsept. Cette muraille qui regarde l'entrée de l'église se nomme le *trascoro* ou arrière-chœur, et souvent elle est décorée d'autels, de statues et de peintures. A l'intérieur du chœur se déploie la *silleria* ou série de stalles, simple ou sur deux rangs; elles sont fréquemment surmontées de dais isolés ou contigus et réunis par une corniche. Les bas-reliefs et les ornements de toute espèce sont ici prodigués autant et plus qu'en aucun pays du monde catholique. Au-dessus du baldaquin des stalles, à droite ou à gauche, et souvent des deux côtés, s'étale la montre brillante des jeux d'orgue, dont plusieurs tuyaux, placés d'ordinaire horizontalement, rappellent la trompette des anges du jugement. On y monte par des escaliers ménagés derrière la silleria, entre les arcades latérales comprises dans l'enceinte du coro. Le lutrin gigantesque, et parfois richement ouvragé, s'élève au centre du chœur et porte d'énormes in-folio de vélin ou de parchemin, manuscrits à miniatures et à initiales enluminées.

Le chœur n'est pas uni au sanctuaire; il se termine au transsept, dont il est séparé par une grille où il n'est pas rare que la serrurerie s'élève à la hauteur de l'art.

Une allée dessinée par une balustrade, qui se ferme à l'heure de l'office et qui alors ne permet pas de passer d'un croisillon de l'église à l'autre, conduit du chœur au sanctuaire. Le sanctuaire s'ouvre lui-même sur le transsept par une grille dans le même goût que celle du chœur qui s'élève en face. Il comprend une ou deux travées, et forme une clôture qui monte jusqu'aux voûtes. Le maître-autel est dressé au fond; il est souvent porté sur des voûtes au-dessous desquelles règne une crypte, une chapelle obscure et souterraine. Il se relie à un retable qui tapisse tout le sanctuaire, et qui va lui-même se perdre dans les hauteurs du chevet. Derrière le retable, sur l'autre face du mur circulaire qui clôt le sanctuaire et regarde la chapelle absidale, la sculpture répand encore ses richesses, du moins en quelques églises.

Ainsi le sanctuaire et le coro sont séparés par le transsept, où les fidèles se réunissent et se trouvent ainsi placés entre les chantres et l'officiant à l'autel.

Il en résulte que le vaisseau des églises espagnoles est encombré, et qu'on ne peut d'aucun point de vue en saisir l'ensemble et les proportions. C'est donc une disposition très-regrettable pour l'architecture. Mais ce petit édifice intérieur offrait un beau champ au sculpteur, au peintre, à l'architecte même ; et l'artiste qu'un talent multiple rendait digne de porter ces titres divers pouvait se donner carrière dans un simple retable. C'est là, en effet, que les Berruguete, les Becerra, les Gregorio Hernandez se sont immortalisés par les créations d'œuvres complexes, où le compas, le pinceau et le ciseau rivalisent d'inspirations et d'habileté.

Berruguete est né vers 1475, près Valladolid, à Paredès de Nava, et il eut pour premier maître son père Pedro Berruguete, peintre gothique, attaché au roi Philippe Ier, père de Charles-Quint. Jeune encore, il alla en Italie où il fut élève de Michel-Ange, et se lia d'amitié avec André del Sarto et d'autres artistes. Rentré en Espagne et devenu gentilhomme de la chambre de Charles-Quint, il s'appliqua au travail avec ardeur, jusqu'à la fin de sa longue carrière. C'est ce qui explique le grand nombre d'ouvrages dont il a doté sa patrie. Son fils, Berruguete *el Mozo* ou le Jeune, l'aida dans ses derniers travaux. Parmi ceux qui l'ont rendu célèbre, on distingue les soixante stalles du chœur de la cathédrale de Tolède, qu'il sculpta en commun avec Felipe Vigarni ou Philippe de Bourgogne, et celle de l'archevêque, qu'il fit seul et rehaussa d'une Assomption en marbre; plusieurs statues et statuettes du musée de Valladolid; les riches décorations du palais de Charles-Quint maintenant en ruines à l'Alhambra de Grenade; le retable de la chapelle de l'Arzobispo à Salamanque, etc.

Gaspar Becerra de Baeza, en Andalousie, continua la mission de Berruguete, qui avait introduit le goût et les études de la renaissance en Espagne; comme lui, il alla se former en Italie, la terre classique des beaux-arts, à l'école de Michel-Ange et de ses élèves. Revenu en Espagne en 1556, il fut nommé sculpteur et peintre de Philippe II. Il se signala par ses travaux à l'Alcazar de Madrid, vieux palais qu'un incendie a détruit en 1735. Mais il s'est illustré spécialement par le grand retable de la cathédrale d'Astorga, où il représenta des mystères de la vie de Notre-Seigneur et le couronnement de la sainte Vierge, gracieux sujet trop négligé des modernes. Son chef-d'œuvre, enfin, est la statue de *Nuestra Senora de la Soledad* ou Notre-Dame de la Solitude, qu'il fit à la demande de la reine dona Isabel de la Paz, épouse de Philippe II. Becerra avait échoué deux fois en offrant à la reine des statues qui ne lui convinrent pas. Mais, si l'on en croit le moine Fray Antonio de Arcos, la Vierge, touchée de l'anxiété et des efforts du sculpteur, lui apparut une nuit et lui dit de retirer la bûche qui brûlait au foyer de sa cheminée et d'en faire la statue. Il obéit, et fit le chef-d'œuvre de tendresse, de douleur et de résignation, qui vint orner la chapelle du couvent des Minimes à Madrid.

Après notre visite nocturne au musée de sculpture de Valladolid, nous retournâmes au logis. A l'entrée de la *fonda* se tenait un pauvre vieux pèlerin, portant le costume traditionnel que je n'avais jamais vu qu'en image, dans les représentations de saint Jacques ou de saint Roch. Ce brave homme avait une barbe blanche; sur les épaules une pèlerine brune, comme le manteau des Castillans, et ornée de deux coquillages; un long bâton à nœuds faits au tour; un large sombrero avec l'*enseigne* ou médaille de plomb du pèlerinage; la gourde, enfin, suspendue à la ceinture de cuir. Nous lui donnâmes quelques *cuartos* (ce sont les sous espagnols), et il nous tendit un petit livret qui renfermait la légende de saint Jacques le Majeur, *Santiago*, patron et apôtre de l'Espagne, et la liste des reliques qu'on vénère dans la cathédrale de Santiago ou Compostelle. Voici la teneur de la légende bien connue des Espagnols, qui y attachent une foi entière. Elle nous fera connaître les origines du christianisme dans leur pays.

Après la mort de saint Étienne, saint Jacques le Majeur, frère de saint Jean, prêcha quelque temps aux Juifs en Palestine, puis il s'embarqua pour venir en Espagne. Au départ, il alla demander la bénédiction de la bienheureuse Vierge Marie. Et la Vierge lui dit : « Va, mon fils ; accomplis l'ordre de ton Maître, et souviens-toi que dans celle des villes d'Espagne où tu convertiras le plus grand nombre d'hommes à la foi, tu élèveras une église en mon nom. » Il prêcha en diverses provinces de l'Espagne, et ce fut à Saragosse qu'il bâtit une église en l'honneur de la sainte Vierge. Revenu à Jérusalem, il y souffrit le martyre. Ses disciples prirent son corps pendant la nuit, de crainte que les Juifs ne vinssent à le maltraiter, et ils l'apportèrent à Joppé, maintenant Jaffa. Là, ils le déposèrent à bord d'un navire, priant le Seigneur de les diriger vers le lieu où il lui plairait que le corps de son serviteur fût enterré. D'autres disent que l'apôtre leur avait demandé lui-même de lui donner la sépulture en Espagne. Quoi qu'il en soit, le navire fut poussé vers les côtes qui unissent la Catalogne à la France ; mais aucun signe n'annonça qu'il dût s'y arrêter, non plus que le long des rivages jusqu'au détroit de Gibraltar, au delà duquel il fut conduit. L'ange du Seigneur qui apparaissait en avant du vaisseau ne s'arrêta qu'à Iria, maintenant El Padron, en Galice, où l'apôtre avait auparavant séjourné plus longtemps que sur tout autre point de l'Espagne. On voit à El Padron les lieux qu'il habita, marqués par des croix et des oratoires ; et les genoux des pèlerins ont usé les marches des escaliers qui y conduisent.

Mais le corps fut transporté un peu à l'intérieur du pays, sans doute pour n'être pas autant exposé à être enlevé qu'au bord de la mer. On l'enterra dans l'endroit où est la ville qui porte à présent le nom de l'apôtre. L'arche ou coffre de marbre qui le renferme se creusa instantanément et de lui-même, au moment où le corps était posé sur le bloc massif.

Durant les persécutions romaines, le précieux dépôt fut caché par des chrétiens. Plus tard on ne put le retrouver, et il était oublié quand, par un miracle, la Providence le révéla.

C'était en 835. Un bois épais avait crû sur l'endroit où les restes sacrés de l'apôtre étaient ensevelis, et qui est maintenant la chapelle souterraine sous la *capilla mayor* ou sanctuaire de la cathédrale de Compostelle. Au IXe siècle donc, il y avait là, sur la colline, un bois inhabité. Il arriva que pendant la nuit plusieurs personnes de marque y aperçurent un météore, une étoile extraordinaire; et quand elles voulurent s'approcher, pour se rendre compte du phénomène, elles furent frappées par la vue d'apparitions célestes. Alors elles avertirent l'évêque d'Iria, le saint homme Théodomir, qui prescrivit des fouilles au lieu précis où brillait l'étoile, et qui à cause de cela fut nommé *campus stellæ* ou Compostelle. Ces fouilles amenèrent promptement la découverte de la crypte qui contenait le cercueil de marbre avec le corps de l'apôtre. Théodomir le fit annoncer au roi don Alphonse le Chaste, qui ordonna d'élever sans retard une chapelle au-dessus du sépulcre. Cette révélation des reliques de saint Jacques fit grand bruit dans la chrétienté; les fidèles accoururent de toutes parts en pèlerinage; les habitations se multiplièrent autour du tombeau, et le pape Léon III autorisa l'évêque d'Iria à y transférer son siége épiscopal.

Quand, en 997, le calife El Mansour, ou le Victorieux, s'empara de Compostelle, nommée aussi Santiago ou Saint-Jacques, et la pilla, il rasa la cathédrale, mais fit respecter le tombeau sur lequel il avait trouvé, après la fuite de tous les habitants, un vieux moine tranquillement assis. Bientôt le roi Bermude rentra dans la ville et en répara les ruines. La cathédrale actuelle a été commencée en 1082 par l'évêque Diego Pelaez; mais toutes les richesses qu'elle renferme, toute sa beauté, s'éclipsent devant la crypte où est le tombeau de l'apôtre. Sur un autel de jaspe et de marbre, incrusté d'argent, on voit sa statue assise; elle porte sur les épaules une pèlerine éblouissante d'or, d'argent, de pierreries, que les pèlerins viennent baiser à la file. Quatre statues de rois soutiennent, derrière celle-ci, une autre image de saint Jacques, avec une auréole de rubis et d'émeraudes. Plus haut, une pyramide représente une apparition du saint dans une bataille où il mit les Maures en déroute. Quatre anges, enfin, assis sur les chapiteaux de quatre colonnes, soutiennent sur leurs épaules le cercueil de l'apôtre surmonté d'une étoile d'or, qui rappelle le météore miraculeux du IXe siècle.

Si les Espagnols se sont montrés dévots à saint Jacques, il a répondu à leurs sentiments par une protection des plus éclatantes. Ils disent qu'on entendait à son tombeau un cliquetis d'armes, lorsque l'Espagne était menacée de quelque grand malheur. Souvent il apparut aux princes et aux rois chrétiens de la Péninsule, dans les circonstances les plus difficiles, pour les secourir, et il ne s'est guère livré de grandes et décisives batailles contre les Maures sans que l'armée catholique ait aperçu l'apôtre monté sur un cheval blanc et frappant les ennemis de terreur : de là le surnom de saint Jacques *Matamoros*, le Tueur de Maures. Ce fut ainsi, en 1040, quand Ferdinand Ier, dit le Grand, s'empara de Coïmbre; et en mémoire du miracle il institua l'ordre militaire des chevaliers de Saint-Jacques-de-l'Épée, qui, avec ceux de Calatrava (1158) et d'Alcantara (1214), contribua puissamment à chasser les musulmans de la Péninsule et à les rejeter en Afrique. Les chevaliers de Saint-Jacques devaient être non-seulement nobles de deux races, mais descendants des *christianos viejos*, c'est-à-dire que leur sang ne devait jamais avoir été mêlé avec celui des Maures ou des Juifs convertis. Sur leur écu le roi plaça l'épée de gueulés en champ d'or, avec la devise :

Rubet ensis sanguine Arabum.

Le sang des Arabes rougit cette épée.

Il leur avait aussi donné la mission spéciale d'assurer la sécurité des chemins qui conduisent les pèlerins à Santiago. La *voie de France* fut entretenue avec un soin particulier. Elle était très-fréquentée. Les Français avaient à la cathédrale de Compostelle une chapelle entretenue par nos rois; Louis le Jeune et des rois de Navarre et d'Aragon sont venus par piété s'y confondre avec les plus obscurs pèlerins.

La légende de saint Jacques n'empêche pas qu'on ne regarde aussi saint Paul comme un des apôtres de l'Espagne, car il a sans doute exécuté le voyage dont il parle dans son Épître aux Romains. Il dit : « *Cum in Hispaniam proficisci cœpero,* quand je serai en route pour l'Espagne; *per vos proficiscar in Hispaniam :* je passerai par Rome en allant en Espagne. » Mais c'est à saint Jacques et à ses disciples, au nombre de neuf, que les Espagnols se regardent principalement comme redevables de l'Évangile : Pierre fut évêque d'Évora, en Portugal; Cecilius, d'Elvire, qui s'élevait non loin de Grenade; Euphrasius, d'Avila; Indalecius, d'Urci, aujourd'hui Verga, aux confins de la Navarre; Torquatus, à Cadix; Hesichius, à Carthesa, non loin d'Astorga; Athanase et Théodore restèrent à la garde du tombeau de saint Jacques, et ils ont maintenant leur sépulture auprès de la sienne, dans la même crypte. Plusieurs donnent encore à l'apôtre pour disciple Thésiphon, évêque de Bergita, qui était voisine d'Almeria.

Toutes les traditions que je rapporte sont en Espagne l'objet d'un respect universel, même de la part des hommes les plus instruits. Car ce pays a eu le bonheur d'être préservé de l'école des critiques outrés, qui, dans la crainte de laisser subsister une légende, une tradition à peine douteuse, démolissent des monuments historiques et des croyances très-vénérables. A mon sens, la critique large et tolérante en pareille matière est infiniment préférable à la critique exigeante qui, en France, nous a fait tant de mal. J'admirais et j'enviais cette facilité de croire dont les savants espagnols nous ont à différentes reprises donné des exemples. Chez ce peuple, le patriotisme s'exalte et se nourrit aux sources vives de la tradition, et jamais nous n'avons remarqué que la saine raison ou la rectitude du jugement en fût affectée. Cet effet résulte bien plutôt de notre manque de respect pour les traditions et de nos exigences excessives en fait de preuves et de témoignages.

Nous disions tout à l'heure que l'apôtre saint Jacques avait bâti à Saragosse une église en l'honneur de la sainte Vierge. Voici sur ce point l'antique tradition si chère aux Espagnols.

Les disciples que saint Jacques avait amenés à Jésus-Christ sortaient de la ville chaque nuit, et venaient au bord de l'Èbre. Là, après un court sommeil, ils priaient et méditaient. Ils avaient passé quelques nuits de cette manière, et l'apôtre se trouvait avec eux, lorsqu'à minuit ils entendirent tous des voix d'anges qui chantaient : *Ave, Maria.*

La sainte Vierge apparut, et ils se prosternèrent. Elle était sur un pilier de jaspe ou de marbre blanc, environnée d'une multitude d'anges.

La glorieuse Vierge appela l'apôtre et lui dit : « C'est ici, mon fils, la place même où il faut bâtir une église en mon honneur. Prends ce pilier que mon Fils, ton Maître, a envoyé, afin qu'il reste ici jusqu'à la fin du monde, et qu'en ce lieu de merveilleuses choses soient accomplies par la vertu de mon Fils. »

Les anges avaient préparé une image de la Vierge,

et ils la placèrent sur le pilier où elle demeure depuis ce temps. L'apôtre éleva une chapelle qui abrita la statue et son piédestal. Le sanctuaire a été plusieurs fois reconstruit, avant l'érection de l'immense basilique qui le remplace aujourd'hui et qui a été commencée en 1681.

Mais l'image de *Nuestra Senora del Pilar* et le pilier lui-même ont été pieusement conservés, et ils sont le but d'un pèlerinage que les Espagnols placent en cinquième ligne, c'est-à-dire après ceux de Jérusalem, de Rome, de Saint-Jacques et de Lorette.

Il nous eût été fort agréable, à William et à moi, de prendre, en quittant Valladolid, la route de Léon, des Asturies et de la Galice. Nous eussions vu les magnifiques pâturages, les montagnes boisées et les grands troupeaux du Léon, les *Maragatos* ou montagnards d'Astorga, qui portent la fraise autour du cou; les Maragatas, leurs femmes, qui y ajoutent les grandes boucles d'oreilles, comme les anneaux des Mauresques, et les lourds colliers d'or, d'argent et de corail, garnis de médailles d'argent et de figures de saints; la cathédrale de Léon, ce chef-d'œuvre de l'art gothique, élevé au XIIIe siècle par l'évêque don Manrique, et qui surpasse peut-être tous les monuments du moyen âge pour la délicatesse de l'ouvrage et la finesse des ornements, selon le dicton populaire : « *Sevilla en grandeza, Toledo en riqueza, Compostela en fortaleza, esta en sotileza.* La cathédrale de Séville l'emporte par la grandeur, celle de Tolède par la richesse, celle de Compostelle par la solidité, celle de Léon par la perfection et la délicatesse du travail. »

Nous eussions vu, dans les Asturies, berceau du peuple espagnol qui reconquit la Péninsule sur les Maures, le vieux monastère et les gorges de Cavadonga où Pélage, protégé par Notre-Dame des Batailles, anéantit, en 718, cent mille hommes de l'émir de Cordoue et arrêta pour jamais les progrès de la conquête musulmane; les montagnes aux sommets coniques et couverts de neige, aux flancs décorés de cascades bruyantes, de lacs tranquilles, de grasses métairies et de bois de chênes et de châtaigniers; les vastes plaines plantées de pommiers comme les plaines de Normandie, qui leur envient d'ailleurs les orangers et les citronniers.

En Galice, nous eussions visité la Corogne avec sa tour d'Hercule, et le Ferrol, ce port militaire inexpugnable derrière son goulet de quatre kilomètres de longueur garni de batteries; nous eussions fait notre pèlerinage à Santiago et ramassé des coquilles à El Padron, au bord de l'Ulla; étudié les mœurs patriarcales des *Gallegos;* c'est le nom qu'on donne aux habitants de la Galice. Mais le temps nous faisait défaut, et notre itinéraire courait droit sur Madrid. Du reste, à l'intérieur de la Péninsule, nous devions retrouver éparse toute une émigration des gens de la Galice. Les Gallegos sont les Auvergnats et les Limousins de l'Espagne; ils vont dans les autres provinces en été pour faire la moisson; ils sont ouvriers et portefaix, *mozos de cordel;* ils réjouissent du son de la musette et des castagnettes les rues des cités, comme le font en France les orgues de Barbarie; et les Gallegas, nourrices et bonnes d'enfants à Madrid, comme les Normandes à Paris, font l'ornement des promenades publiques à certaines heures, et rehaussent de leur bonne mine et de leur costume pittoresque le faste des grandes maisons. L'orgueilleux Castillan maltraite les Gallegos : « *He sido tratado,* dit le proverbe, *como si fuera un Gallego;* on m'a traité comme si j'étais un Galicien. » Et nous avons entendu le roi don Alphonse, prêtant le serment demandé par le Cid, consentir, s'il était parjure, à mourir de la main d'un Asturien d'Oviedo. Pourquoi les Castillans oublient-ils que les Asturies furent le berceau de leur indépendance, que les Gallegos comptent parmi leurs meilleurs soldats, et que le Léon eut vingt-quatre rois avant que la Castille, affranchie des Maures par Alphonse le Catholique, au milieu du VIIIe siècle, eût à elle une législation :

Tuvo veinte y cuatro reyes
Antes que Castilla leyes?

CHAPITRE III

LE PLATEAU DE CASTILLE. — TOLÈDE. — LA MORT EN ESPAGNE.

La route de Valladolid à Madrid, par Guadarrama, ne nous offrit d'abord qu'un faible intérêt. Nous retrouvâmes les grandes plaines nues, grises et jaunes, les tourbillons de poussière soulevés par la diligence, les *ventas* où nous attendait une cuisine à l'huile non purifiée. Il fallait nous contenter de l'eau fraîche, de petits pains, frais aussi, blancs et légers; du chocolat broyé dans la cafetière par un pilon muni d'un manche que la servante d'auberge fait pivoter en le roulant entre ses deux mains. Dépouillée de ses moissons, la campagne laissait voir les sillons disposés en chevrons ou en feuille de fougère; et les villages bâtis en pisé, en petits blocs de terre séchée au soleil, paraissaient presque sans relief au-dessus du sol.

Pour bien comprendre le caractère et l'aspect des plateaux de la Vieille et de la Nouvelle-Castille, considérez que ces plateaux forment le centre de la Péninsule et sont fort élevés au-dessus du niveau de la mer. Parmi ceux qui occupent en Europe une grande étendue, il n'en est pas de plus hauts, en Suisse même, ni en Écosse. La hauteur moyenne est de six cents mètres. Madrid est plus élevé que Langres, le froid rocher sur lequel je revois ces lignes, et Madrid, pourtant, est au pied des chaînes de Guadarrama. De tous côtés il faut monter beaucoup depuis le littoral pour arriver à ces plateaux du centre; et, quoiqu'ils soient dominés eux-mêmes par des sierras couvertes de neige une partie de l'année, leur élévation entraîne de fâcheuses conséquences. Ainsi, les rivières y sont rares, et l'aridité du sol augmentée par la force de l'évaporation : l'on rencontre à côté des champs fertiles, surtout en blé, les *parameras* désolées, vastes plaines sans habitants. Si les Castillans avaient seulement lutté contre la sécheresse du territoire, en ménageant les arbres et en les propageant! Mais on assure, au contraire, qu'ils les ont systématiquement déracinés, par ce préjugé, que les arbres attirent les oiseaux destructeurs des graines confiées à la terre; et le regard parcourt maintenant d'immenses horizons sans pouvoir se reposer, je ne dis pas sur un bouquet de bois, mais même sur un seul arbre. La bruyère et le genêt, la multitude des plantes sauvages et odoriférantes qui recouvrent ces espaces d'un tapis verdoyant quelques mois de l'année, n'empêchent pas de regretter une autre végétation. Quelles que soient les causes qui ont déboisé la Castille, que ce soit l'ignorance ou les longues guerres de razzia entre les Maures et les chrétiens, il est certain que ce déboisement est un incalculable dommage. Nous posons en principe qu'on ne peut pas faire un plus grand mal à un pays méridional et constitué géologiquement comme l'Espagne. De là, en effet, tant de sommets arides et qui ne retiennent plus les nuages; de là ces flancs durcis des montagnes qui laissent glisser les pluies dont se forment, non plus des sources constantes et fécondes, non plus des rivières paisibles, au cours régulier, mais des torrents qui creusent des ravins, ou qui se font de larges lits presque sans eau, semés de rochers, coupés de barres et de gués, impropres à la navigation; de là cette rareté des ponts et leur insuffisante largeur, qui ne dépasse pas quatre mètres dans les ponts anciens, tandis que tout le développement de la construction se porte sur les culées, les piles et les éperons; de là cette atmosphère sèche et brûlante, qui favorise les fièvres intermittentes, ce fléau des climats du midi; de là ces ouragans, ces coups de vent que rien n'arrête, le *gallego* impétueux qui souffle du nord-est, le *solano* qui semble apporter jusqu'à Burgos et aux flancs des chaînes septentrionales l'air embrasé de l'Afrique.

Ce qui sauve les plateaux de la Castille, c'est que l'eau y séjourne à peu de profondeur et rend le sous-sol humide. La charrue légère enfonce peu dans la terre, et semble avoir pour but d'enlever les mauvaises herbes plutôt que de retourner puissamment la glèbe. La fraîcheur du sous-sol gagne aisément la racine des céréales, et remédie à la sécheresse atmosphérique.

Les bêtes à laine, aux fines toisons, errent en hiver et au printemps dans les steppes de la Castille; l'été, elles gagnent les montagnes; car le soleil, après les moissons faites, dessèche et dévore les herbes de la plaine.

Voilà les renseignements que nous recueillions pour abréger les heures si longues de Villacastin au port de Guadarrama, qui sépare les deux Castilles. Nous gravîmes à pied les rampes de ce célèbre passage, et nous arrivâmes au point culminant, où un grand lion de pierre, tenant deux globes sous sa patte, se dresse et semble contempler d'un regard dominateur les royaumes qui se déroulent au pied des deux versants de la sierra. Je crois vraiment que le patriotisme inspire les sculpteurs espagnols toutes les fois que leur ciseau travaille aux sujets héraldiques. Ils savent admirablement cambrer le lion; ils donnent à l'écu des airs de noblesse, tant ils dessinent habilement les supports, les lambrequins, les cartouches qui les encadrent. A voir ce lion de Guadarrama, vous diriez Sanche le Grand, conquérant et fondateur du royaume de Castille, prêt à fondre sur les Maures, dont il regarde les étendards flotter au loin, du côté de Tolède.

Aidé de sa longue-vue, mon ami William sondait les profondeurs infinies de l'horizon; à travers l'espace et la brume transparente, au milieu des accidents de la montagne et du terrain mouvementé des plateaux qu'elle couronne, il cherchait les ruines de ces innombrables châteaux forts, qui ont fait donner à cette région le nom de *Castille*, et qui figurent dans les armoiries du royaume.

Bientôt nous descendîmes les pentes rapides qui mènent au village de Guadarrama; à droite, nous laissions l'Escurial, dont les toitures grises luisaient sur le flanc dénudé de la sierra. A Las Rosas, notre attelage, composé de mules choisies et moins escoriées qu'aux relais obscurs du fond de la province, nous annonça le voisinage de la capitale, où il convient de faire une entrée plus éclatante. Il fallait voir l'entrain du postillon, l'agilité du zagal, la fierté des mules dont les longues oreilles se dressaient sur deux files, et leurs grands plumets à rendre jaloux les gardes nationaux piémontais!

Mais des affaires urgentes m'appelaient à Tolède, et je ne pouvais d'abord que traverser Madrid pour aller prendre le chemin de fer qui conduit de la nouvelle capitale de l'Espagne à celle des rois wisigoths. Rien en cela, disait William, ne contrariait l'itinéraire d'un touriste intelligent. Se rendre à Tolède pour revenir à Madrid, c'est suivre l'ordre chronologique de l'histoire.

Nous franchissons le pont du Manzanarès ou la Rivière aux Pommiers, entre les statues de Ferdinand et d'Isabelle; car, en Espagne, les ponts de quelque importance sont fréquemment ornés des images des saints ou des grands hommes qui ont honoré le pays: excellente décoration, trop négligée en France aujourd'hui; le pont le plus monumental reste froid, sans poésie, sans aucune signification. Nous galopons entre les arbres qui bordent la route, entre la rivière et les jardins royaux; voici le

Champ du Maure et les terrasses au-dessus desquelles le *Real Palacio,* le plus beau monument de Madrid, déploie sa moderne mais imposante façade.

On pénètre à Madrid par une montée difficile et des abords qui ne préviennent point en faveur de la capitale. Enfin nous traversons la Plaza-Mayor, entourée de ses hautes galeries, la Puerta del Sol, encombrée de matériaux de constructions, et nous mettons pied à terre au seuil de la *Fonda peninsular,* à l'entrée de la rue d'Alcala. Après deux heures d'un repos bien nécessaire et une confortable réfection, l'express de Madrid à Valence nous emportait vers Aranjuez et la station de Castillejo, d'où se détache un embranchement sur Tolède.

Remarquez-vous les détails d'un changement à vue? Le chemin de fer ici, c'est un nouveau monde, qui jure avec tout ce qui l'environne. Rien de plus exotique; la langue de l'administration, la ponctualité du service, l'activité fiévreuse des voyageurs, la fumée du charbon de terre, le sifflet des locomotives, la prééminence des machines, tout est contraste, tout sent l'importation. La physionomie même des mécaniciens est française ou anglaise; elle trahit l'emprunt fait à l'étranger. La langue de sainte Thérèse, de Cervantès et de Luis de Grenade ne peut s'assouplir à ces bizarres créations: *caminos de hierro, ferro carril, wagon, convoy;* il faut que l'Espagnol fasse violence à l'idiome national ou jette sa langue aux chiens, pour emprunter la nôtre.

Madrid s'est enfui derrière nous, et le train court dans

un pays découvert et presque inhabité. En étendant nos membres fatigués, nous sentions, William et moi, que le chemin de fer est partout une bénédiction. Ce qui surtout nous parut tel, et ce dont nous rendîmes au Ciel de sincères actions de grâces, ce fut la verdure, la fraîcheur, les eaux et les grands arbres d'Aranjuez. En y arrivant, nous éprouvâmes ce bien-être et ce repos de l'âme que nous avions goûtés dans les oasis d'Égypte et d'Algérie, après de longues étapes sur le sable brûlant, sans autre végétation que le diss grisâtre et l'halfa desséché. Que c'est beau, un grand arbre, pour celui qui vient de traverser les Castilles! Comme nos yeux, depuis si longtemps demi-clos ou cliguotants sous l'influence d'une lumière trop vive et d'une réverbération gênante, se reposèrent grands ouverts sous les feuillages profonds et sur les rideaux de frênes et de bouleaux, d'ormes et de trembles; sur ces pelouses veloutées; sur ces pommiers qui inclinaient leurs branches toutes chargées de fruits mûrs! William rêvait aux cottages et aux parcs des bords de la Tamise; et moi, aux forêts ombreuses et aux simples vergers de mon pays natal.

Je l'avouerai, sans doute à notre honte, le jardin de *Las Estatuas*, le palais rouge et blanc de pierres et de briques, les richesses artistiques de cette royale résidence eurent pour nous bien moins de charmes que l'Aranjuez du bon Dieu, les bosquets, les cascades formées par le Tage, l'avenue de la Reine; et je fermai mon Guide en lisant à la première ligne qu'Aranjuez vient d'*Ara Jovis*, autel de Jupiter. Il fallut trop tôt quitter ces bois touffus, ces sites enchanteurs, où mon compagnon soupirait la romance :

> Fleuve du Tage,
> Je fuis tes bords heureux.

Le chemin de fer, bordé d'arbres au sortir d'Aranjuez, traverse ensuite un pays de chasse; les lièvres, épouvantés, détalaient à droite et à gauche à l'approche du convoi, et on les voyait s'enfuir à toutes gigues à travers les broussailles. Le Tage, dont les arbres dessinent le cours, se promène sur la rive droite du chemin de fer, dans la vega ou verte campagne qu'il fertilise de ses eaux limoneuses; le paysan de Castille, très-entendu à la culture des jardins, garnit ses bords de melons et de pastèques.

Tolède se découvre, et son premier aspect ne dément pas ce que nous attendions de cette antique et noble cité. La voilà, fièrement campée sur un monticule de facile défense au moyen âge. Elle a conservé ses remparts crénelés, ses portes monumentales et flanquées de tours du temps des Maures. Le Tage vient tourner à ses pieds; il l'embrasse de trois côtés, en rugissant au fond d'une crevasse profonde et sombre, hérissée de rochers granitiques. L'abîme n'est pas aussi à pic, aussi insondable que celui du Rummel à Constantine; mais il a des analogies avec ce dernier, et il n'est pas moins sinistre. A Tolède, comme à Constantine, on franchit le gouffre sur le pont d'Alcantara, dont l'arche du milieu est d'une hardiesse effrayante. C'est l'œuvre d'Alphonse, l'Astronome ou le Savant, *el Sabio*, fils de Ferdinand III et de Béatrix. Il le fit construire après qu'un débordement du fleuve eut renversé, en 1258, celui qu'avait élevé Alef-ben-Mohammed, caïd (on dirait aujourd'hui alcade) de Tolède, en 387 de l'hégire, 997 de Jésus-Christ. De l'ancien ouvrage il ne reste que le nom d'Al-Cantara, mot qui, en arabe, signifie le pont.

A Tolède commencent les fortes empreintes de la domination musulmane, le trait d'union qui se poursuit jusqu'au détroit de Gibraltar et rattache l'Occident à l'Orient, la civilisation éphémère, superficielle et trompeuse des Arabes à la civilisation véritable et indestructible du christianisme. Tolède, le paradis terrestre des romantiques et des antiquaires, des amoureux du bric-à-brac et des vieilles ferrures, des sculptures cachées sous le sol ou le badigeon, des ruelles étroites et tortueuses, des rampes où l'on grimpe plutôt que l'on n'y marche, des pans de murs inconnus, des styles d'architecture enchevêtrés comme les siècles dans des constructions inextricables. Conquise par Alphonse VI en 1085, Tolède est encore toute remplie de la mémoire des califes de Cordoue et du règne de ses propres émirs. Le plein cintre et l'entablement de la renaissance s'y mêlent à l'ogive chrétienne et à l'arc mauresque en fer à cheval. Les inscriptions de ses monuments, tour à tour castillanes, latines, arabes, hébraïques, proclament, comme l'a dit un écrivain patriote, que c'est ici une vaste archive de souvenirs, un panthéon des gloires et des célébrités de l'Espagne. Aussi n'est-il guère aisé de tout voir. William, désespéré en face de tant de trésors, eut la bizarre idée, pour que ses amis d'Angleterre jugeassent des richesses archéologiques de Tolède, de recueillir seulement sur son album les types variés des têtes de clous de fer ou de bronze, souvent énormes, qui arment les portes des maisons, même vulgaires. Il en dessina plus de cent soixante modèles, et cessa par découragement.

Ce fut une bonne fortune pour nous de rencontrer dans M. le marquis de ***, auquel nous étions adressés, un vieillard épris de sa ville natale, dont il connaissait à fond les ruines, les monuments et l'histoire. L'idée de faire valoir son pays rend l'Espagnol, qui a de l'éducation, sympathique aux étrangers. Il sait que l'Espagne est mal connue, mal jugée au dehors; qu'on n'apprécie pas bien les grandeurs de son passé, les richesses qu'elle recèle, les signes d'un progrès qui doit la replacer dans quelque temps au rang des premières puissances de l'Europe. Eh bien, il profite de toutes les occasions pour plaider sa cause; il parle de son pays avec enthousiasme, peut-être même le vante-t-il avec exagération; et nous avons entendu des touristes étrangers soutenir, à cause de cela sans doute, qu'en général les Espagnols sont plus ou moins atteints de donquichottisme. Je ne prendrai point parti dans le débat, car on nous accuse aussi, nous autres Français, d'un ridicule orgueil; et, d'après mon expérience personnelle, je trouve que les Espagnols ne l'emportent guère, en fait d'amour-propre et de vanteries, sur nos autres voisins : l'orgueil de l'Italien n'est pas moins déclamatoire; celui des Anglais, moins dédaigneux et boursoufflé; celui des Allemands, moins provocateur et outrecuidant. Que chaque peuple fasse donc son examen de conscience, en partant de ce principe posé par les maîtres de la vie spirituelle et qui peut s'appliquer aux nations comme aux individus, savoir, que la connaissance de soi-même et le sentiment de ses propres défauts est une condition essentielle de conversion et de perfectionnement.

Le vénérable marquis était de ces hommes sages dont le cœur et l'imagination s'échauffent, sans que leur esprit perde rien de sa rectitude ni de sa modération. Il fut notre bienveillant et docte cicerone à la cathédrale, à l'Alcazar, à Santa-Maria-Blanca, à l'hôpital de Santa-Cruz, à San-Juan-de-los-Reyes, monuments qui offrent tous un intérêt de premier ordre; enfin, par un beau soir, il nous convia dans sa villa située sur une colline voisine de la cité, sur la rive gauche du Tage, en face de la Vega et de l'emplacement où s'élevait la basilique wisigothe de Sainte-Léocadie, dans laquelle furent tenus les fameux conciles de Tolède, premières cortès ou états généraux du royaume. Mais un mot d'abord des monuments.

La cathédrale, un des plus remarquables et des plus riches monuments de l'Europe, est encore une création du XIIIe siècle, cette grande époque de la civilisation chrétienne, des grandes églises gothiques, des croisades, de saint Thomas et de saint Louis. Durant cinquante ans, l'architecte Pedro Perez en dirigea la construction. Ses huit portes sont peuplées de statues et de statuettes, traduction en pierre des deux Testaments; et deux tours, dont l'une haute de cent huit mètres, s'élancent de la façade principale. Nous y montâmes pour jouir du panorama de la ville et du paysage. De là nous pûmes suivre les replis du Tage et admirer l'exubérante fertilité de la Vega, qui contraste avec l'aspect noir et désolé des Monts de Tolède. La ville se présentait à nous comme une agglomération étrange de maisons et d'églises entassées les unes sur les autres; les places trop petites, le réseau des ruelles, car il n'y a pas de rues, n'indiquaient aucun moyen de circulation. Ce n'est point seulement le système de construction mauresque qui se trahit ainsi, mais l'insuffisance des mamelons sur lesquels s'est assise Tolède, pressée par la ceinture de ses remparts.

La tour de la cathédrale contient une cloche énorme, mais fendue dans une partie de sa hauteur; sur le battant de bronze, ciselé et ornementé, on lit cette inscription :

PESO 1543 ARROBAS;

Je pèse 35,600 *livres.*

J'ai cru lire aussi 1637 comme date de la fonte de ce morceau.

Nous entrâmes dans l'église par le beau cloître gothique qui règne sur le flanc du nord et qui abrite de grandes peintures murales. L'une des plus populaires représente au vif un enfant de la physionomie la plus touchante, mis en croix par les Juifs : de telles scènes ne doivent pas peu contribuer à entretenir l'aversion séculaire qui a banni les Juifs de la Péninsule. A cause des dispositions du coro et du sanctuaire ou capilla mayor, qui, nous l'avons vu, obstruent l'intérieur des grandes églises d'Espagne, c'est en y pénétrant par les portes latérales du transsept qu'on peut le mieux juger de leur ensemble. Ainsi se développèrent, suffisamment pour nous causer le religieux saisissement de l'âme, effet propre de l'architecture gothique, les cinq nefs de la cathédrale, longue de cent treize mètres cinquante centimètres, haute de cinquante sous les clefs des voûtes centrales, et éclairée par sept cent cinquante verrières de couleur, qui représentent le Nouveau Testament.

Déjà, en parlant de la statuaire espagnole, nous avons mentionné le travail de Berruguete et de Jean de Bourgogne à la *silleria,* ou rangées des stalles du chœur, rehaussées de colonnes de jaspe, de médaillons d'albâtre, mais dont les bas-reliefs de bois figurent les scènes du Nouveau Testament et l'histoire de la prise de Grenade. Il faudrait noter aussi la merveilleuse grille du sanctuaire et son crucifix, œuvre de Francisco de Villalpand; derrière le sanctuaire, l'étrange retable de marbres blancs et de bronze doré, de nuages et de rayons de marbre qui s'élève jusqu'à la voûte, et dont les lignes, projetées avec une hardiesse folle et sans goût, éblouissent le regard; les magnifiques tombeaux qui peuplent les chapelles, grandes comme des églises, ajoutées à la basilique, et dans lesquelles reposent, à côté de rois et d'infants ou fils puînés des rois d'Espagne, les Mendoça, les Albornoz, espagnols illustres, taillés comme hommes sur le patron des héros antiques, mais d'ailleurs rudes chrétiens et souvent dignes de l'auréole des saints.

Que dirais-je de la sacristie, qui, à Tolède comme dans les grandes églises d'Espagne et d'Italie, le dispute pour la richesse artistique au temple lui-même? « La voûte, peinte par Luca Giordano, représente la Descente de la Vierge apportant à saint Ildefonse une chasuble en toile du ciel. » C'est une des œuvres les plus remarquables de cet éminent artiste. Les murs latéraux sont couverts de tableaux remarquables. A droite est le vestiaire, où se trouvent d'autres peintures dues à des maîtres célèbres, et au delà une petite salle où l'on conserve les merveilles du trésor de la cathédrale. C'est d'abord la grande *custodia*, où l'on place le saint Sacrement à la procession de la Fête-Dieu. Elle est en argent doré, de cinq mètres cinquante centimètres de hauteur, de forme pyramidale, composée de trois corps, d'une richesse inouïe d'ornements et de ciselures. Les diamants y sont semés en profusion et aussi les émaux les plus précieux. Toutes les pièces de cette immense machine sont assemblées par quatre-vingts mille viroles, et il a fallu rédiger un livre tout entier pour indiquer comment elle se démonte et comment s'en classent toutes les parties. La fabrication, qui a duré cent ans, est l'œuvre de trois générations d'artistes allemands, Henri de Arph, son fils et son petit-fils. On n'admire pas moins le manteau de la *Vierge du sanctuaire*, brodé en 1762, et sur lequel ont été accumulés huit kilogrammes de semence de perles, quatre-vingt-cinq mille perles, un nombre immense de diamants, de rubis, d'améthystes et d'autres pierres précieuses. Le vêtement de l'Enfant-Dieu, la couronne et les bracelets sont aussi merveilleux que cet ornement sans pareil. » Citons enfin les statues en argent massif des quatre parties du monde, puis l'épée d'Alphonse VI (qui enleva Tolède aux Maures en 1085), une urne dans laquelle sont renfermés les ossements des rois goths Wamba et Recesuinte.

« De la sacristie on passe dans la chapelle du *Sagrario,* qui fut construite sur l'emplacement même où, lors de la conquête de Tolède par les Sarrasins, on avait enfoui la sainte image de la Vierge. Cette chapelle est divisée en plusieurs parties, dont la plus intéressante est l'*ochavo,* ainsi nommée en raison de sa forme octogone. L'ochavo est une espèce de monument digne d'être cité parmi les plus remarquables monuments chrétiens. Les bronzes et les marbres s'y disputent la place. Des arcs, pratiqués entre les croisées et partagés en plusieurs compartiments, recèlent un nombre infini de saintes reliques et les corps de sainte Léocadie et de saint Eugène, dans des cercueils d'argent, couverts de ciselures et de reliefs; puis, de tous côtés, des bustes, des statues de pierre, d'argent et d'ivoire, des croix, des reliquaires d'un grand prix, et enfin une petite statue de l'enfant Jésus en or et fort vénérée. »

J'ai voulu, par cette citation, donner du moins une faible idée des richesses qui figureraient dans un inventaire complet. Les custodes qui reçoivent l'ostensoir pour la procession du *Corpus Christi* ont fréquemment, en Espagne, de grandes proportions comme la custode de Tolède. Ce sont des édifices en miniature. Et il faut se rappeler que les rois de Castille ont autrefois possédé le Mexique et le Pérou, les sources les plus abondantes des richesses du globe en métaux précieux, pour comprendre la profusion de l'or, de l'argent et des pierreries consacrées à la gloire de la sainte Eucharistie et à l'ornement des images des saints. La Vierge de Tolède, miraculeusement préservée depuis la conquête des Maures, est noire, comme les plus vénérées qui soient en Europe. L'Écriture dit de la Vierge, selon l'interprétation de l'Église : « *Nigra sum, sed formosa*, je suis noire, mais je suis belle; *nolite considerare quod fusca sim, quia decoloravit me sol;* ne considérez point que je suis devenue noire, c'est le soleil qui m'a ôté ma couleur. » Ces paroles, au sens mystique, s'entendent des souffrances de la sainte Vierge, qui l'environnent de deuil et de tristesse, mais qui rendent la sainteté de son âme plus éclatante aux yeux du Seigneur. De là, sans doute, le teint noir des madones les plus anciennes et les plus miraculeuses.

Comme la basilique du Vatican a son atelier de mosaïque, celle de Tolède conserve sa fabrique de *guamasiles*, tapis et tentures de cuir imprimé et doré, vieille et célèbre industrie qui n'est plus maintenant, croyons-nous, qu'au service de l'église de Tolède. On voit de ses produits sur les tables et les crédences de la sacristie.

A l'intérieur du même édifice nous remarquâmes, au déambulatoire, un arc *angrelado* ou *de ondas,* c'est-à-dire formé de lobes multiples, qui caractérise l'architecture mauresque; mais ici, sauf ce détail, l'art est chrétien, tout à fait indépendant, et les monuments arabes d'Espagne sont bien petits et bien mesquins auprès de celui-là : n'en déplaise aux Arabomanes.

Près du bénitier, à l'entrée du nord, contre un pilier de la première nef, il y a un lit en cuir pour les enfants exposés; une inscription recommande de mettre avec eux un billet, afin qu'on sache s'ils ont reçu le baptême.

A un autre pilier de la nef principale est figurée l'apparition de la Vierge à saint Ildefonse; nous touchâmes du doigt, pour le baiser ensuite, comme le faisaient au même instant d'autres pèlerins, la pierre blanche enfermée sous une grille, et sur laquelle la Vierge a posé son pied : circonstance qui explique la légende empruntée au psaume et placée au-dessus de la pierre consacrée :

Adorabimus in loco ubi steterunt pedes ejus.

« Nous lui rendrons nos hommages là où ses pieds se sont reposés. »

Saint Ildefonse, disciple de saint Isidore de Séville, devint archevêque de Tolède, au milieu du VIIe siècle, et il écrivit un livre intitulé : *De laudibus Virginis Mariæ*, ou Des louanges de la Vierge Marie : ce livre respire la tendre piété dont l'auteur était animé envers elle et qui lui a mérité le surnom de *Chapelain de la*

Vierge. Saint Ildefonse en fut récompensé par une insigne faveur. Vers la fête de l'Assomption, s'étant disposé par trois jours de jeûne à cette solennité, il s'en alla de grand matin à l'église, selon sa coutume, assisté seulement d'un diacre et d'un sous-diacre; et, dès l'entrée, il aperçut la très-sainte Mère de Dieu, assise sur le trône épiscopal, entourée d'une troupe de vierges qui chantaient d'une voix ravissante. Alors la divine Marie, l'envisageant d'un regard souverainement aimable, lui dit ces paroles : « Approchez, serviteur de Dieu très-fidèle; recevez ce présent de ma main : je vous l'ai apporté du trésor de mon Fils. » C'était une très-riche chasuble dont elle le revêtit, lui ordonnant de s'en servir seulement aux jours de fête qui seraient célébrés en son honneur. Tel est le miracle cent fois reproduit par les peintres et les sculpteurs, dans la ville et spécialement à la cathédrale de Tolède.

On y rend aussi un grand honneur à sainte Léocadie, qui reçut la couronne du martyre sous Dioclétien. Un jour, saint Ildefonse était en prière auprès de son tombeau avec le roi Recesuinte, dans la basilique élevée en son nom au bord du Tage, où est maintenant le cimetière des chanoines. La sainte sortit du sépulcre, dont le couvercle se leva de lui-même : il était pourtant si lourd que plusieurs hommes à peine auraient pu le remuer. Prenant par la main l'archevêque, devant toute l'assistance, elle dit : « O Ildefonse, par vous la vie de Notre-Dame a été maintenue; » ce qui signifiait qu'il avait victorieusement défendu l'immaculée virginité de Marie contre les hérétiques. Après quoi Léocadie se retira en son tombeau; mais le saint saisit l'épée du roi, et coupa un morceau du voile qui couvrait la tête de la vierge martyre. Ce voile, objet de la vénération des habitants de Tolède, a inspiré les artistes, comme la chasuble de saint Ildefonse.

Le voyageur ne doit pas quitter la cathédrale de Tolède sans assister à l'office mozarabe qui se célèbre dans une chapelle spécialement consacrée à cette intéressante liturgie. L'office y est chanté en même temps que celui des chanoines de la métropole; mais, grâce à la disposition intérieure que nous avons signalée dans les églises d'Espagne et à l'immensité du monument, ces chants simultanés ne se troublent pas les uns les autres. C'est à peine si les frémissements de l'orgue du coro viennent s'éteindre sourdement sous la voûte de la chapelle mozarabe. La principale décoration de cette dernière, c'est la peinture murale à l'huile qui représente, sous l'arcade du fond, creusée dans l'épaisse muraille, l'embarquement du cardinal Ximenès à Carthagène pour l'Afrique, en 1509, et la prise d'Oran par ses troupes. Le paysage qui figure cette ville, au moment où les Espagnols en escaladent les murailles, a été peint de fantaisie, sans qu'on eût égard à l'aspect réel d'Oran et de ses alentours.

La présence du célèbre cardinal est ici toute naturelle, car il est le fondateur de la chapelle mozarabe et de son chapitre. Il a fait imprimer, avec la magnificence qu'il apportait dans les œuvres de ce genre, les monuments de cette liturgie vénérable, dont on attribue à saint Isidore de Séville la dernière rédaction. Toutefois les liturgistes y découvrent bien des choses ajoutées depuis. Elle doit son nom aux *mostarabes* ou *mozarabes*, c'est-à-dire aux chrétiens mêlés aux Arabes, qui l'ont conservée et suivie pendant le temps de la domination des Maures en Espagne.

On l'appelle aussi gothique à cause de son origine, au temps des Wisigoths. La liturgie romaine lui a été substituée au XIe siècle par les soins de saint Grégoire VII et d'Urbain II, du moins dans les royaumes de Castille et d'Aragon, et il ne paraît pas qu'on la suivît nulle part après l'expulsion des Arabes d'Espagne. Le saint-siége avait les plus graves raisons de vouloir l'unité liturgique; mais il attachait assez d'importance à la conservation des traditions renfermées dans les liturgies particulières, pour autoriser plus tard le cardinal Ximenès à faire imprimer le missel et le bréviaire mozarabes afin d'en rétablir l'usage dans une chapelle de la métropole.

L'historien Roderic de Tolède rapporte que la suppression de l'office gothique causa un soulèvement dans le royaume. Il fallut recourir aux épreuves du duel et du feu pour arrêter le choix entre les deux missels. Le roi choisit un homme pour l'office romain, le peuple en choisit un autre pour le gothique. Le champion du romain fut tué. Les flammes aussi auraient consumé entièrement le livre romain et respecté le mozarabe. Mais Roderic vivait plus d'un siècle après, et il ne parle que sur ouï-dire, sans citer aucun auteur contemporain.

Sauf cette chapelle de la cathédrale de Tolède, où l'on

conserve la liturgie mozarabe, et quelques autres chapelles où il est permis de la suivre à certains jours, nous retrouvons partout en Espagne la liturgie romaine conforme à celle qu'on suit en Italie, en France, dans la Grande-Bretagne, en Allemagne, en Amérique, dans les missions latines du Levant, dans celles de l'extrême Orient, en Afrique, en Océanie. Admirable unité, qui fait puissamment ressortir l'unité fondamentale de la foi, et qui permet de s'associer partout avec facilité à la prière publique! Je ne saurais dire de quel prix est pour le voyageur cette identité des rites et des chants sacrés, ou du moins d'une partie de ces chants, qu'il retrouve partout, malgré la diversité des peuples et des langues.

On ne peut signaler que des usages sans importance liturgique parmi ceux qui sont propres aux églises d'Espagne.

Si elles présentent d'abord un coup d'œil très-différent du premier aspect des églises de France, cela tient surtout à la séparation du sanctuaire et du chœur par la largeur du transsept, et à l'enceinte élevée qui sépare ces deux premières parties du reste de l'édifice; c'est ensuite à l'absence de bancs et au singulier effet produit par l'assistance féminine. Les hommes restent debout ou agenouillés; mais les femmes s'assoient par terre, sur la pierre froide ou sur les nattes de sparterie, *esteras*, qui recouvrent une partie du pavé de la nef. Nous ne sommes pas plus accoutumés au mouvement des éventails qui s'ouvrent et se ferment sans cesse, en bruissant comme les ailes de l'oiseau effarouché dans sa cage.

Le prêtre, non plus qu'en Italie, ne porte pas la croix sur la chasuble. Sa barrette offre quatre pointes aiguës, et prend ainsi quelques airs d'architecture chinoise qui tout d'abord surprennent. Avec le calice, il y a double palle et double corporal, et plusieurs des linges d'autel sont généralement chargés de broderies et enrichis de dentelles ou de bordures à jours. Les nappes disparaissent communément sous une toile cirée, bien peu convenable quand elle est vieille, et qui s'ouvre seulement à la place de la pierre consacrée, pour qu'on y place le calice. A la messe, l'officiant ne met pas l'eau dans le calice en la versant de la burette; mais il se sert d'une petite cuiller d'argent qui permet de mesurer plus exactement la minime quantité d'eau à mêler avec le vin.

Dans les processions, le saint Sacrement est porté tantôt sur un char triomphal, tantôt par plusieurs prêtres, qui soutiennent les pesantes custodes où se pose l'ostensoir. Quand il s'agit d'une simple exposition, en beaucoup d'églises, un petit mécanisme permet de relever lentement les draperies qui environnent et cachent l'ostensoir; et le saint Sacrement se découvre peu à peu avec un effet qui nous semblait légèrement théâtral. A ce moment, comme à l'élévation durant la messe, les fidèles se frappent la poitrine, quelquefois avec une vigueur inusitée parmi nous.

Le signe de la croix, tel qu'il se fait en Espagne, est assez compliqué. Il est au moins quadruple, car on le trace 1° sur le front, en disant : *por la senal de la cruz*, par le signe de la croix; 2° sur la bouche, en disant : *de nuestros enemigos*, de nos ennemis; 3° sur le menton, la poitrine et les épaules, en disant : ***Libra nos, senor Dios nuestro*** : Délivrez-nous, Seigneur notre Dieu; 4° sur le front, l'estomac et les épaules, comme nous le faisons en France, et en ajoutant : ***In nomine Patris***, etc.; 5° on met le pouce en croix sur l'index, et l'on baise la croix ainsi figurée. Ces signes réunis indiquent qu'on doit être disciple de Jésus-Christ : *corde, ore et opere,* de cœur, de parole et d'action.

Nous faisions la plupart de ces remarques dans la cathédrale de Tolède.

Après avoir mesuré de l'œil, au croisillon du midi, une peinture de saint Christophe qui a plus de treize mètres cinquante centimètres de hauteur, nous sortîmes de l'édifice par la porte des Lions, dont nous admirâmes les statuettes, les dais et les ventaux de bronze. Ces gigantesques images de saint Christophe, portant l'enfant Jésus sur ses épaules et traversant un torrent, ont presque disparu en France; mais elles sont très-communes en Allemagne et en Espagne, où elles atteignent des proportions inouïes. On sait qu'elles ne représentent pas un saint Christophe historique, bien qu'il y ait des saints de ce nom dans le calendrier, mais la légende symbolique de ce géant qui, voulant servir le plus puissant roi de la terre, quitta le roi de Chanaan pour s'engager au service du diable, et le diable pour passer au service du Christ, dont la croix avait mis le diable en fuite. Sur l'avis d'un solitaire, il se consacra, par charité, à passer les voyageurs du bord d'un torrent à l'autre. Un jour, un enfant se présenta qui pesa sur les épaules du géant d'un poids étrange et lourd comme le monde. « Ne t'en étonne pas, Christophe, dit l'enfant; tu portes non-seulement le monde, mais le créateur du monde; car je suis le Christ. » De là ce géant des églises d'Espagne, traversant le torrent, un arbre pour bâton à la main, et portant l'enfant qui tient le globe terrestre. On applique cette légende à l'histoire de l'humanité, qui passe du paganisme au christianisme, et de cette vie laborieuse aux rives éternelles. Les proportions et l'exposition frappante de saint Christophe ont fait supposer à des esprits faibles qu'il y avait une grâce extraordinaire attachée à un regard porté sur cette image. De là cette inscription commune :

CHRISTOPHORUM VIDEAS,
POSTEA TUTUS EAS.

Regarde saint Christophe, et ensuite marche sans crainte.

Nous avons trouvé, par exemple, à Valence comme à Munich, ce sujet gravé dans les petites images de piété : ce qui montre sa popularité parmi les Espagnols.

Notre cicerone nous conduisit, dans une dépendance de la cathédrale, à la bibliothèque du chapitre, où nous admirâmes le Livre d'heures de Jeanne la Folle, en vélin et orné de miniatures, et celui de Charles-Quint, où les prières latines, espagnoles, allemandes, françaises, indiquent à la fois la connaissance des langues et l'étendue de l'empire que possédait ce grand homme.

Puis nous allâmes à Santa-Maria-Blanca : selon les historiens et antiquaires de Tolède, c'était une synagogue du temps de Jésus-Christ. Si, comme ils le veulent encore, la construction actuellement en réparation est antérieure aux Arabes, elle ruine l'opinion généralement reçue, qui attribue à ces derniers le système d'architecture caractérisé par l'arc de *herradura* ou en fer à cheval. Santa-Maria-Blanca offre, en effet, une complète application de ce système, et même l'emploi des arabesques et des inscriptions comme ornements. Les inscriptions sont en langue hébraïque. Parmi les chapiteaux, d'une extrême variété, on en distingue où les entrelacs et la pomme de pin rappellent les décorations de l'école byzantine. Nuestra-Senora-del-Transito est également une ancienne synagogue, mais dont les murs offrent moins d'intérêt que ses charpentes en cèdres du Liban.

Revenus au Zocodover, principale place et marché de la ville, dont le nom rappellerait suffisamment le règne des Arabes (*souk* en arabe signifie marché), quand même un grand arc mauresque ne s'y ouvrirait pas sous l'horloge municipale, nous descendîmes à l'hôpital de Santa-Cruz, où l'architecte Henri de Egas a fait preuve d'un goût exquis en unissant à l'art gothique les premières et originales inspirations de la renaissance. Quelle élégance et quelle richesse dans ce portail décoré de dais et de statuettes moyen âge, de colonnes en balustre et d'ornements en bas-reliefs qui ont presque la pureté de dessin de la belle renaissance italienne! Mais aussi comme le soleil d'Espagne a doré ces sculptures! Où la pierre revêt-elle une teinte plus heureuse? La chapelle et le grand escalier du cloître répondent à cette noble façade, et l'ensemble du monument est bien digne de son fondateur, le cardinal Mendoza, humblement agenouillé sur le tympan du portail.

L'Alcazar, en arabe *el casr*, le château, élevait au-dessus de nous sa masse imposante. Nous gravîmes, pour y arriver, une rue des plus roides. Mais nous oubliâmes toute fatigue sur cette esplanade embaumée par les arbustes et les fleurs, d'où nous découvrions des horizons splendides par delà la Vega et les monts de Tolède. C'était d'un côté la nature qui attirait et fixait nos regards dans une contemplation prolongée; de l'autre, c'était l'art, dans un des édifices les plus beaux de ce XVIe siècle, qui n'a de rival que le XIIIe. Malgré son nom arabe, l'Alcazar actuel a été construit par Charles-Quint, sur l'emplacement d'un château plus ancien, et son achèvement date de 1551. Les architectes Alphonse Covarrubias et Juan Herrera s'y sont immortalisés. Leur ouvrage n'est aujourd'hui qu'une ruine; mais quelle ruine! Le pinceau hardi et romanesque des décorateurs d'opéra n'oserait rien d'aussi émouvant que ces quatre hautes tours des angles du palais, que ces trente-deux arcades en galerie, d'une courbe si noble, au fond de l'édifice sans toiture, dévasté, posé sur la plus élevée des sept collines de l'antique capitale des Castilles. Il faudrait des millions de réaux pour le réparer. Mais oserai-je le dire? il est aussi beau, plus beau peut-être en ruine que restauré.

Une inscription excessivement patriotique, tracée à l'intérieur du monument, rappelle qu'il a été incendié en 1809 par la barbarie des Français. Mais elle ne dit pas que si les Français ont eu le tort impardonnable de le livrer aux flammes, les Espagnols les ont malheureusement aidés et qu'ils se sont montrés d'une activité rare au pillage des débris. C'est ce que nous avouait humblement notre docte et loyal cicerone.

Le globe d'or du soleil descendait à l'horizon, vers la sierra de Guadalupe, lorsque nous quittâmes l'Alcazar, et le disque argenté de la lune se révélait au levant, sur le fond du ciel moins enflammé. Au milieu des canons et des fleurs de l'esplanade, la population commençait à venir goûter la fraîcheur du soir. Nous descendîmes à la *casa de campo*, à la villa de notre hôte, en passant devant l'église San-Juan-de-los-Reyes, dont nous avons loué ailleurs les remarquables sculptures. Nous jetâmes seulement un coup d'œil sur la singulière décoration de ses murs extérieurs, qui consiste en un grand nombre de chaînes déroulées horizontalement ou suspendues dans le sens vertical des lignes d'architecture. Ces chaînes sont un trophée. Quand les derniers Maures eurent été chassés d'Espagne, à la fin du XVe siècle, elles furent enlevées aux esclaves chrétiens délivrés, et attachées à l'église qui devait perpétuer la mémoire des victoires de Ferdinand et d'Isabelle.

Avant d'arriver sur le Tage au pont de San-Martin,

nous rencontrâmes un convoi funèbre. Le prêtre ne l'accompagnait pas jusqu'au cimetière; c'était fort triste. Les passants saluaient la croix qui marchait en tête du cortége, mais ils ne se découvraient pas devant la bière que des hommes portaient sur leurs épaules. A quelque distance s'avançait un autre groupe bien différent, musique en tête, musique de cuivre qui jouait les airs du monde les plus gais. C'était pourtant aussi un enterrement, mais un enterrement d'enfant; et la catholique Espagne, si profondément pénétrée dans ses mœurs de l'esprit de l'Église, écarte avec scrupule les signes d'un deuil moins chrétien, et leur substitue les manifestations de joie qui répondent à l'allégresse des anges recevant dans le ciel un des leurs. La nature veut gémir et pleurer; mais la foi la console, et lui fait entendre dans les alleluia de l'Église, et même dans les bruyantes fanfares choisies sans trop de convenance, un écho des célestes concerts. Le petit cercueil où dormait l'enfant était orné de fleurs et tout brillant de passementeries et de clous dorés.

Du reste, il est assez curieux de voir dans les grandes villes d'Espagne, parmi les magasins de luxe, ceux des marchands de cercueils. Il y en a pour toutes les tailles, pour toutes les bourses, pour tous les goûts. Ils sont exposés en montre, empilés au fond du magasin, suspendus sur le trottoir au jambage de la porte. Ils sont plus ou moins ornés, mais généralement revêtus d'étoffe d'une couleur foncée. Un tel commerce n'est pas gai, même pour les passants. A côté, c'est l'étalage d'un fabricant de guitares, d'un bijoutier, d'un éditeur de musique ou d'une marchande de modes. Contraste ironique et amer! C'est ainsi que la mort se présente à l'improviste, à travers les choses de la vie, sans prendre souci des cruelles contradictions qu'elle sème dans les familles et dans les cœurs.

Je ne pense pas qu'il y ait en Europe un peuple aussi familiarisé avec elle, et avec tout ce qui en provoque l'image et le souvenir, que le peuple espagnol. Gardez-vous de croire que ce soit, comme chez les nations barbares, absence d'intelligence et de sentiment, indifférence pour l'avenir. Non; car il n'est pas de pays où l'on prenne autant de soin de la préparation à la bonne mort. On ne se contente pas de la simple réception des sacrements, ni même de quelques visites du prêtre au malade en danger. Le ministre du Seigneur reste souvent jour et nuit, plusieurs jours même et plusieurs nuits, au chevet du chrétien dont la fin approche. Il continue ses pieuses et fortifiantes exhortations jusqu'à ce qu'il ait reçu le dernier soupir du malade. Des confréries qui renferment des personnes de tous les rangs assurent au pauvre des funérailles honorables et des prières pour son âme; d'autres assistent le criminel condamné à la garrotte, prient pour lui, ainsi que tout le peuple, tandis que le bourreau étrangle la victime, dont la langue, aux premiers tours de l'instrument, récite encore les paroles du *Credo*. Les confrères s'emparent du cadavre, l'enveloppent dans un suaire, le déposent dans un cercueil et le portent à l'église, où il reçoit les honneurs funèbres.

Tandis que le patient s'achemine vers l'échafaud, des quêteurs, une tirelire et une clochette à la main, demandent l'aumône au nom du condamné, afin que des messes soient célébrées pour le repos de son âme. Et en effet, à l'instant où il gravit l'échafaud, des prêtres montent à l'autel dans les églises, et, au signal de sa mort, commencent pour lui la célébration du saint sacrifice. Comprenez maintenant pourquoi la mort inspire moins d'horreur aux Espagnols qu'aux autres peuples civilisés, et pourquoi ils craignent si peu d'en évoquer la pensée. La foi vive qui inspire une ferme confiance en Dieu vous donne tout le secret de ces mœurs moins dures que profondément chrétiennes.

CHAPITRE IV

TOLÈDE. — L'ESPAGNE SOUS LES ROMAINS. — LES WISIGOTHS.

Tranquillement assis au pied des orangers de la casa de campo, où notre hôte nous avait offert une confortable réfection, nous devisions au clair de lune sur les destinées de l'Espagne. La nuit augmentait le parfum des fleurs que nous apportait une brise molle et encore tiède. Comment notre pensée n'aurait-elle pas erré d'elle-même sur les âges de l'histoire? A travers les ombres transparentes de ces nuits d'Espagne, lumineuses comme les jours du pôle, nous distinguions à nos pieds le cours du Tage, la *plazuela de las Barcas,* dont le nom rappelle que, sous le règne de Philippe II, les barques allaient encore jusqu'à Lisbonne; devant nous, la Vega, des couvents en ruine, des cimetières, l'emplacement de la basilique wisigothique de Sainte-Léocadie, les ondulations de terrain qui marquent l'ancien amphithéâtre des Romains; à droite, les vieilles et très-hautes murailles de la ville, et sa brune silhouette sur laquelle semblaient planer les génies des peuples qui l'ont possédée tour à tour.

« Plus je vois l'Espagne, dit mon ami William en s'adressant spécialement à notre hôte, plus je l'estime et plus je l'aime. Il y a chez elle tant de patriotisme et de foi ! Dieu l'a tant favorisée! Je ne sais quelle pénétrante poésie souffle ici de toutes parts; je la sens jusque dans les noms propres de son histoire et de sa géographie.

— Oui, reprit le vénérable marquis; les étrangers qui préfèrent à la religion l'impiété, à la véritable Église de Dieu le schisme et l'hérésie, aux grandeurs morales les produits matériels du commerce et de l'industrie, les écrivains qui font métier de bafouer les traditions les plus respectables, les pharisiens qui se scandalisent des usages innocents, mais opposés à leur petite intelligence ou à leurs propres habitudes, ceux-là sont sévères pour l'Espagne, et, loin de lui accorder leur admiration, ils n'en parlent guère qu'avec dédain; mais les hommes vraiment éclairés partagent vos sentiments envers elle.

— Parmi les erreurs qui règnent au sujet de l'Espagne, ajoutai-je, une des plus répandues, c'est qu'elle doit au mahométisme son lustre le plus brillant. A entendre certains, les Maures l'ont tirée de la barbarie, et ils y ont implanté tous les éléments de la civilisation, l'agriculture, les sciences et les lettres.

— C'est, en effet, une erreur capitale, répondit le

docte vieillard; on raisonne sur l'Espagne du moyen âge comme si les Maures, qui l'ont conquise au VIIIe siècle, étaient alors des hommes civilisés, et comme s'ils avaient trouvé l'Espagne dans un état misérable, dépourvue de ces éléments de civilisation que vous venez d'indiquer.

— Je n'ai guère entendu raisonner autrement, ajouta William; c'est l'idée que m'aurait laissée la lecture de votre historien Conde, qui a écrit l'*Histoire de la Domination des Arabes en Espagne.* Mais, bien que je connusse peu les temps qui ont précédé l'arrivée des Arabes, je me défiais instinctivement de ce livre enthousiaste.

— Vous avez raison, dit le patriotique vieillard; l'auteur que vous nommez semble, avant d'écrire, avoir abjuré son baptême et coiffé le turban; il reproduit platement les récits des infidèles, dominateurs de sa patrie, et il recueille avec respect leurs injures et leurs blasphèmes, sans mettre dans ses recherches la critique nécessaire. »

Stimulé par nos paroles, et pour répondre au vœu exprimé par William, don *** esquissa largement l'histoire de son pays avant la conquête des Maures, de manière à mettre en évidence la fausseté de l'opinion généralement répandue qui fait jouer aux musulmans d'Espagne le rôle d'initiateurs dans la civilisation de cette contrée et de l'Europe même.

La péninsule hispanique, peuplée d'Ibères, de Celtes et de Celtibères, reçut longtemps avant Jésus-Christ des colonies de Phéniciens, de Grecs et de Carthaginois, attirés par ses richesses de toute nature. Ils y échangeaient les produits de l'Orient, spécialement contre les métaux, l'or, l'argent, le fer. Aristote, par une exagération qui prouve du moins l'abondance des mines du pays, raconte que les Phéniciens à Tartessus (Tarifa selon quelques-uns) acquirent une si grande quantité d'argent, que leurs vaisseaux ne purent l'emporter tout entière et que leurs ancres étaient du même métal. Ils s'installèrent à Cadix, à Malaga, à Cordoue même, à Carteja, dont les ruines sont voisines de Gibraltar et que plusieurs prennent pour l'ancienne Tharsis de la sainte Écriture. Les Grecs et les Phocéens fréquentèrent les côtes de Catalogne, de Valence, et y firent quelques installations.

Les Carthaginois aspirèrent à se rendre maîtres de toute la contrée. Ils assirent fortement leur domination en Bétique, l'Andalousie moderne, et le progrès de leurs armes s'étendit peu à peu. Toutefois ce n'est guère que deux cent vingt-cinq ans avant Jésus-Christ, sous les gouverneurs Hamilcar, père d'Annibal, et Asdrubal, fondateur de Carthagène, que la colonisation prit le caractère d'une conquête générale de la Péninsule. Les peuplades indépendantes de l'intérieur et les colonies grecques implorèrent le secours de Rome, dont la rivalité avec Carthage avait éclaté déjà dans la première guerre punique. Elles obtinrent l'alliance qu'elles désiraient.

Mais Annibal, à la tête de cent cinquante mille hommes, marcha contre Sagonte, dont les défenseurs succombèrent héroïquement sous les murs de la ville, tandis que leurs femmes et leurs enfants se jetaient volontairement dans les flammes d'un immense bûcher, qui réduisit la ville en cendres. Vous verriez à Murviedro (*muri veteres* ou *muros viejos*, murs vieux), au nord de Valence, les vestiges de cette ville célèbre, dont la chute ouvrit à Annibal, en 219 avant Jésus-Christ, le chemin des Pyrénées.

Les Romains vinrent, mais trop tard, combattre les Carthaginois en Espagne. En quelques années de guerre, (210-206) presque aussi glorieuses pour Scipion l'Africain que ses hauts faits en Afrique, ils chassèrent leurs rivaux de la Péninsule; mais les indigènes, au lieu de libérateurs, avaient trouvé de nouveaux maîtres. Les peuplades celtibères, lusitaniennes et d'autres de la famille celtique, s'insurgèrent perpétuellement pour rendre au pays son indépendance. Nos ancêtres firent alors comme un apprentissage de la lutte que leurs descendants devaient renouveler et poursuivre pendant huit siècles contre les Maures; et le berger lusitanien Viriathe, le Cid de l'antiquité espagnole, le plus terrible ennemi qu'ait rencontré Rome après Annibal et Mithridate, Viriathe battit maintes fois en dix ans les oppresseurs de sa patrie (149-140) : peut-être l'aurait-il affranchie, si Rome ne l'eût fait égorger lui-même par trahison. La résistance nationale se concentra dans Numance; mais, en 133, Scipion-Émilien s'empara de cette ville, dont les défenseurs s'entretuèrent presque tous et mirent le feu à leurs maisons plutôt que de se rendre. Le père immolait ses enfants et se perçait lui-même de son glaive; les femmes et les vieillards se jetaient dans les flammes des bûchers, dont les traces se voient encore à Garray, près de Soria, sur les rives du Duero. Sagonte! Numance!... Saragosse est loin de là; deux mille ans séparent Annibal et Scipion-Émilien de Palafox et du maréchal Lannes; mais les assiégés étaient les mêmes.

L'Espagne était romaine pour cinq siècles encore, malgré l'indépendance gardée par des peuplades indomptables de montagnards et nonobstant le règne momentané du gouverneur Sertorius (82-73), ce guerrier fameux qui l'organisa sur le modèle de l'empire; de Sertorius, dont la mort, sous le poignard de son lieutenant Perpenna, a été mise par Corneille sur la scène française. La Péninsule devint ensuite le théâtre de la lutte entre César et le fils aîné de Pompée, qui succomba enfin devant le courage et le prodigieux génie militaire de son rival; Sextus Pompée, battu dans les plaines de Munda, à quelque distance de Malaga, fut pris et tué au moment de s'embarquer à Carteja, au fond de la baie d'Algésiras.

Sous les empereurs romains, l'Espagne suit la fortune de l'empire; car, depuis Octave, malgré les révoltes partielles des Astures et des Cantabres et l'énergique résistance de certaines régions de la Navarre, inaccessibles aux aigles romaines, le sceptre impérial s'étendit sur tous ces peuples jusque-là indépendants ou simplement alliés de Rome. Alors commence, trente-huit ans avant Jésus-Christ, l'*ère espagnole,* d'après laquelle les écrivains nationaux ont marqué les dates jusqu'au XIVe siècle de l'ère chrétienne, où celle-ci la supplanta.

La civilisation s'est épanouie en Espagne depuis les premiers temps de l'empire; la lumière et les institutions du christianisme l'ont purifiée des erreurs et des vices de l'idolâtrie; les barbares du nord, qui franchirent les Pyrénées, ont éprouvé l'heureuse influence de cette civilisation qu'ils ont troublée, mais qu'ils n'ont pas détruite; et c'est encore à elle que les Maures, ces autres barbares du sud venus par le détroit, sont redevables de presque toute leur gloire. C'est ce qu'il importe, mes amis, de bien comprendre; et je vous l'exposerai en évitant, si je le puis, les détails fastidieux.

Sous Auguste, au temps de Notre-Seigneur, voyez: les routes ouvrent des communications à travers tout le pays, des ponts nombreux sont jetés sur les rivières, qui de nos jours en comptent si peu; de nouvelles colonies romaines sont fondées, centres populeux et doués d'une force prodigieuse d'attraction et d'assimilation pour les indigènes. Si quelques chefs de bande comme Caracota, favorisés par les accidents de notre territoire si propre aux insurrections, lèvent l'étendard contre les aigles étrangères, les séductions de l'or et des dignités romaines en font des sujets dociles et des instruments de l'empire. C'est l'Espagne elle-même qui lui donne, qui donne au monde Trajan, Adrien, Marc-Aurèle, les meilleurs maîtres qu'ait eus l'empire avant Constantin. Ils ne pouvaient négliger leur pays; aussi l'on y voit fleurir les arts de la paix. Les routes et les monuments publics se multiplient: le merveilleux pont d'Alcantara, en Estramadure, haut de quarante-huit mètres au-dessus de l'eau, de soixante mètres en totalité, et long de cent quatre-vingt-huit; le bel arc de Torre-den-Barca, en Catalogne; le cirque d'Italica ou de la vieille Séville; la tour d'Hercule de la Corogne, revendiquée, il est vrai, par des archéologues au nom des Phéniciens; le fameux aqueduc de Ségovie, avec ses cent dix-neuf arches s'élevant sur une hauteur de huit mètres à trente-sept et se déroulant sur une étendue de neuf cent soixante-sept mètres, ouvrage d'une hardiesse étonnante et dont les pierres noires, posées à sec, ne sont pas le moins du monde disjointes par le laps des siècles ; l'aqueduc presque aussi admirable de Tarragone, ville dont l'enceinte, de soixante-huit kilomètres, contenait des centaines de milliers d'habitants; une foule d'autres monuments, temples, théâtres, bains, aqueducs, attestent encore le séjour du peuple-roi et les progrès que la civilisation romaine avait faits en Espagne, toute pressurée qu'elle était au profit de la métropole impériale.

La province de Tarragone contenait douze colonies; la Bétique, neuf; la Lusitanie, répondant à peu près au Portugal actuel, cinq, sans parler des municipes, des villes libres et des autres centres de population classés selon leurs priviléges et d'après l'organisation administrative de l'empire, jusqu'à l'époque où Antonin déclara citoyens de Rome tous les citoyens soumis à son sceptre. Les indigènes entrèrent largement en participation des honneurs et des charges publiques, et la fusion s'établit assez entre eux et les Romains pour que trois légions romaines, c'est-à-dire environ dix-huit mille hommes, maintinssent l'obéissance et la sécurité dans ces vastes provinces.

Mieux peut-être que les monuments et la puissante organisation administrative du pays, les noms des grands hommes fournis par l'Espagne de cette époque à la science et aux lettres, prouvent qu'elle était bien dégagée des ténèbres de la barbarie. Sénèque le Tragique, Quintilien le rhéteur, les poëtes Lucain et Martial, le docte Columelle, sont Espagnols.

Pline le Naturaliste, dont le témoignage est considérable, nous apprend que l'agriculture n'y était pas moins avancée que l'architecture et les autres arts. Il vante la richesse du sol et la magnificence des récoltes en blé, en huiles, en fruits; les fines toisons des innombrables troupeaux de Bétique, la beauté des vignes et le mérite des vins d'Espagne, qui ne le cédaient point aux meilleurs d'Italie. De nombreuses mines étaient en exploitation, et leurs produits, comme ceux des manufactures, allaient augmenter dans les ports une activité commerciale que Carthage n'avait pas surpassée.

Columelle, l'auteur du livre célèbre *De re rustica*, qui traite de toutes les parties de l'agriculture et de l'économie rurale, était de Cadix. Grand propriétaire, il dirigeait lui-même la culture de ses fermes, et il nous parle d'un de ses oncles, riche agriculteur également, qui fit venir de Mauritanie des béliers à laine fine pour améliorer les troupeaux d'Espagne; et de là peut-être les *mérinos*, cette précieuse race de moutons que vous ne connaissez en France que depuis Louis XIII, mais qui, depuis des siècles, est une des principales richesses de mon pays.

On ne peut s'empêcher de sourire quand on entend parler des Maures d'Espagne comme s'ils avaient enseigné à ce pays l'agriculture et l'élève des troupeaux, l'art des irrigations, la culture des fleurs et des jardins. Lisez, Messieurs, le dixième livre de Columelle, qui l'écrivit en vers : tant cet esprit positif et pratique, comme il convient à un agriculteur, comprenait d'ailleurs les charmes de l'horticulture.

Les Wisigoths, envahisseurs de l'Espagne au ve siècle, conservèrent infiniment mieux qu'on ne le suppose l'héritage des Romains. Mais ce qu'ils y trouvèrent de plus précieux, ce fut la religion catholique, qui s'y était implantée depuis le temps des apôtres avec une vigueur dont vous pouvez juger encore aujourd'hui par la séve de l'arbre.

Évangélisée, comme vous le savez, par plusieurs des apôtres eux-mêmes, l'Espagne eut aussitôt de grands évêques et des martyrs sans nombre, signe de l'alliance consommée entre l'Évangile et tout ce qu'il y a de pur dans l'antique civilisation. Et voyez comme l'Espagne entière y est comprise, comme chacune de ses principales cités vous offre son héros chrétien, son docteur, son martyr : c'est Tarragone et l'évêque Fructuose, jeté dans les flammes avec Eulogius et Augurius ; c'est Evora, nommée alors *Ebura,* et Colombe la vierge ; c'est Tolède et saint Eugène, son premier évêque, et sainte Léocadie, ce lis éclatant de blancheur au milieu des ronces de l'immonde gentilité; c'est *Complutum* ou Alcala de Hénarès, et les saints Just et Pastor; c'est *Abula,* maintenant Avila, et saint Vincent avec les frère et sœur Christèle et Sabine; c'est *Oretum,* aujourd'hui Calatrava, et les soldats martyrs Euretrius et Caledonius; c'est Burgos, alors *Bravum Burgi,* et ses vierges Hélène et Centola; c'est Léon ou *Legio Septimagemina* et Mancellus, immolé avec sa femme et ses filles; c'est Astorga, *Asturica Augusta,* et sa vierge Martha, qui unit les roses du martyre aux lis de la pureté; c'est Orense, *Aquæ Origines,* et les saintes Marina et Euphemia; c'est Braga, *Bracara-Augusta,* empourprée du sang de sainte Suzanne et des saints Victor et Silvestre; c'est Lisbonne, *Olisippo* ou *Felicitas Julia* des Romains, avec les saints Verissimus, Manimus, sainte Julie et toute une pléiade d'autres martyrs; c'est Mérida, *Emerita Augusta,* avec une phalange non moins éclatante, qui compte les héroïques femmes Eulalie et Julia; c'est Cordoue, *Corduba,* noyée dans le sang de ses fils chrétiens; comme Cadix, Malaga (*Malaca*), Gironne (*Gerunda*), Barcelone (*Barcino*) et Lérida (*Herda*); c'est encore Séville, *Hispalis* ou *Julia Romula,* et les sœurs Juste et Rufine, les pieuses marchandes de gargoulettes en terre cuite; c'est enfin et surtout *Cæsarea Augusta,* dont le nom est devenu par corruption Saragosse, cette ville que le poëte espagnol Prudence appelle la patrie des martyrs : *patria sanctorum martyrum.* Entre tous, le monde chrétien a distingué de bonne heure le diacre Vincent, cet apologiste de la foi auquel des tourments inouïs ne purent arracher une plainte; du temps de saint Augustin toutes les Églises célébraient sa mémoire.

L'Église d'Espagne ne versait pas seulement le sang de ses veines, elle répandait à flots la lumière : le concile d'Elvire ou d'Illyberis, près Grenade, réuni en 303, démentait l'inscription fameuse tracée sur un monument d'Espagne par les persécuteurs Dioclétien et Maximien :

INVICTI CAESARES... OB CHRISTIANAM
EORVM PIA CVRA SVPRESSAM
EXTINCTAMQVE SVPERSTITIONEM.

« Les invincibles Césars, en action de grâces pour la suppression et l'anéantissement de la superstition chrétienne obtenus par leur pieuse sollicitude. »

Mais les vingt évêques, d'autres disent quarante, rassemblés à ce concile prouvèrent de plus, par les quatre-vingts canons de discipline dressés en cette circonstance, que l'Église d'Espagne travaillait avec énergie à détruire les superstitions et à maintenir les mœurs chrétiennes. L'un d'eux, Osius, évêque de Cordoue, aura la gloire de présider, au nom du pape, en 325, le concile de Nicée, le premier des conciles universels.

Dans le cours du même siècle, le poëte Juvencus composait ses *Histoires évangéliques;* Prudence, son traité *Des Péchés et des Vertus* et ses *Hymnes,* où l'Église a choisi des chants liturgiques.

Paul Orose de Tarragone écrivait l'histoire du monde sous l'inspiration de son maître saint Augustin; et son parent Lucius Dexter, fils de saint Pacien de Barcelone, composait ses Chroniques; Idacius Clarus, évêque de Mérida, et un autre du même nom, évêque de Chaves ou *Aquæ Flaviæ* en Portugal, publiaient de savants traités pour la défense de la foi. Au ve siècle, Dracontius honorait le sacerdoce, et chantait sur la lyre chrétienne la création du monde; le moine Bacchiarius composait des opuscules où l'on entrevoit une érudition peu commune.

Gardez-vous de croire, chers amis, que le grand édifice de la civilisation élevé en Espagne par les Romains et par les pontifes chrétiens ait croulé de fond en comble sous les coups des barbares qui passèrent les Pyrénées au ve siècle, de telle sorte que les Maures auraient eu à le relever de ses ruines au VIIIe. Il n'en fut point ainsi.

Les Wisigoths ou Goths de l'ouest, venus des bords de la Vistule, fondent, de 410 à 450, un royaume qui s'étend entre la Loire et l'Èbre, avec Toulouse pour capitale; Clovis, vers 507, les refoule au pied des Pyrénées, et ils s'étendent en Espagne, où ils choisissent Tolède pour capitale. Ils n'étaient point aussi barbares que les autres tribus germaniques encore idolâtres; car ils avaient embrassé l'arianisme dès le IVe siècle et reçu le baptême; leur évêque Ulphilas avait traduit la Bible en gothique, idiome dont l'Espagne ne conserve, du reste, aucun monument. Or telle est la loi providentielle et la force morale de l'Évangile, qu'un lambeau de christianisme suffit pour élever un peuple, sous le rapport moral, bien au-dessus du niveau de la barbarie païenne. Aussi les Goths eurent-ils les premiers d'entre les barbares des lois écrites au lieu de simples coutumes; et leurs premiers rois encore ariens, Euric, Alaric II, adoptèrent les lois romaines, comme le montre le code ou *Bréviaire d'Alaric*, emprunté presque tout entier au *Code théodosien*. Quand le roi Chindasuind, vers 652, abrogea la loi romaine pour y substituer son code, appelé *Fuero Juzgo* (Forum Judicum), que son fils Recessuind compléta, il y laissa prédominer les édits impériaux et des principes chrétiens qu'on ne retrouve pas en général dans les codes barbares du moyen âge. D'ailleurs, la monarchie wisigothe était devenue catholique depuis Récarède Ier, converti vers 589 par saint Léandre de Séville, et sous cette influence la législation ne pouvait se dégrader. Quoique Léovigilde (569-586) eût, peu auparavant, mis à mort son propre fils saint Herménégilde pour s'être fait catholique, l'Église n'avait pas été victime des conquérants ariens; elle s'était maintenue partout, et, une fois unie à la monarchie par la conversion des princes, elle les fit marcher rapidement dans la voie de tous les progrès.

Il n'est plus étonnant qu'au texte même de la loi le *Fuero Juzgo* ajoute des exhortations morales, des dissertations sur le droit, sur la société; ce ne sont plus les coutumes barbares, où un crime est plus ou moins grave selon la race à laquelle appartient le coupable, ou selon la race de la victime; la loi wisigothe s'applique au territoire, et elle est égale pour tous les peuples qui l'habitent, conquérants ou conquis; la preuve devant les tribunaux est donnée par témoins, au lieu que les barbares s'en référaient au duel entre les parties opposées; on pouvait en appeler à l'évêque de la sentence du juge, et ils revisaient ensemble le procès, ou bien l'évêque le revoyait seul, au refus du juge; la défense des pauvres et des esclaves en justice était assurée contre les puissants; et, bien loin d'avoir droit de vie et de mort sur son esclave, comme dans la loi de Rome païenne, le maître était puni de peines très-sévères s'il lui ôtait la vie sans qu'un jugement public eût constaté un crime et porté la sentence capitale. La vie et l'honneur de l'esclave sont protégés au point que l'esclavage se transforme en simple servage. Les barbares considéraient moins, dans le crime, le mal moral que le dommage qu'il avait causé; voilà pourquoi on rachetait l'homicide et d'autres crimes pour une somme d'argent; mais la loi wisigothe considère plutôt le mal moral en lui-même, et n'admet point ces rachats. Les personnes emprisonnées et reconnues ensuite innocentes étaient indemnisées pour la peine préventive qu'elles avaient soufferte. Les lois sur l'indissolubilité et la sainteté du mariage, sur l'héritage partagé entre les enfants, filles et garçons; sur l'autorité maternelle égale à celle du père, sur cent autres points qu'il serait trop long d'énumérer, attestent, je le répète, une sagesse toute chrétienne, et qui fait à juste titre l'admiration des esprits éclairés.

Afin que la loi fût populaire, et que chacun pût connaître plus facilement son droit, nul exemplaire du *Fuero* ne devait se vendre plus de douze sous, à peine de cent coups de fouet pour l'acheteur et le vendeur. Et ce code dura, chez les Wisigoths et les Espagnols, jusqu'au XIIIe siècle, où Alphonse X le remplaça par son code intitulé les *Partidas,* qui fit revivre davantage les lois de Justinien, le droit romain, ce droit qui a été proclamé la *Raison écrite,* titre qu'il mérite lorsque la religion chrétienne l'a perfectionné. Certes, si les Maures ont fait progresser quelque chose en Espagne, ce n'est pas la législation !

Serait-ce par hasard l'agriculture? Mais elle tomba d'autant moins en décadence que les enfants, partageant également l'héritage paternel, étaient intéressés, par ce morcellement du sol, à en cultiver toutes les parcelles. Cassiodore, qui écrivait vers 550, nous apprend que l'Espagne exportait ses denrées en Italie et en Afrique; et le gouvernement eut à se plaindre, comme on le voit dans le recueil des lois wisigothes, de ce que les propriétaires attachaient à l'agriculture un intérêt qui privait la patrie des défenseurs armés dont elle avait besoin. Ouvrez ce recueil, et vous y trouverez que les propriétés sont circonscrites et préservées par des bornes et des rangées d'arbres; que les troupeaux sont parqués dans des enceintes fermées de fossés ou de haies vives; que le pacage est interdit à certaines époques pour laisser croître les prés. On cultivait la vigne, l'olivier, les arbres fruitiers, et, remarquez-le bien, on plantait des forêts. Les Wisigoths comprirent si bien le prix des arbres, tant détruits par les Maures et qui font si malheureusement défaut à une grande étendue du territoire espagnol, qu'ils défendirent aux voyageurs d'en abattre aucun sans la permission du propriétaire, et que les peines suivantes, d'après lesquelles on peut juger de l'estime accordée aux diverses essences, furent édictées contre les destructeurs d'arbres : pour un arbre fruitier, l'amende est de trois sous; pour un olivier, de cinq; pour un grand chêne, deux sous; pour un petit, un sou; pour les autres espèces, deux sous. Le *solidus* ou le sou représentait une valeur assez élevée. Celui qui endommageait un cep de vigne était tenu d'en replanter deux. Des lois réglaient aussi l'éducation des bestiaux. Les abeilles, fort appréciées de tout temps en Espagne, où l'on consomme pour le culte une énorme quantité de cire, étaient si estimées par les Wisigoths, que le voleur d'abeilles payait neuf fois la valeur de l'objet, et recevait en outre cinquante coups de fouet. Les canaux artificiels étaient multipliés, ainsi que les écluses et les moulins, et la loi veillait à l'équitable répartition des eaux. Je lisais encore il y a peu de jours les dispositions : *De confringentibus molina et conclusiones aquarum; De furantibus aquas ex decursibus alienis.* Une haute prudence avait dressé des règlements pour la chasse de la bête fauve, pour l'usage de l'arc et du filet, pour les piéges tendus dans les lieux déserts.

Le commerce n'était pas moins protégé; et l'exportation des esclaves était sagement interdite. Des travaux importants furent exécutés pour la canalisation des fleuves : *flumina majora per quæ commercia veniunt marium;* et, au commencement du VIIe siècle, le roi Sisebuth avait des navires de guerre. Pour favoriser les relations avec les étrangers, on accordait à ceux-ci la faculté de faire juger leurs différends selon les lois de leur nation par des compatriotes établis dans les ports de mer : ne dirait-on pas l'institution des consuls, qui pourtant ne se dessine nettement dans les ports de la Méditerranée que des siècles plus tard?

Je ne veux pas insister sur cet ensemble de lois et de règlements; mais il faut qu'on sache que les Wisigoths l'emportèrent sur les peuples barbares convertis au christianisme, sans excepter les Francs, fils aînés de l'Église, par le nombre et l'importance de leurs écoles, par le soin apporté à la formation des bibliothèques.

Cette civilisation, cette supériorité que je constate chez les Wisigoths, est due principalement à l'action des évêques, qui sont les guides de la nation dans les conciles de Tolède, assemblées nationales à la fois politiques et religieuses, premières cortès ou états généraux du royaume. On y traitait d'abord des affaires ecclésiastiques, et les laïques n'étaient là que comme témoins; mais ils délibéraient avec les évêques sur les affaires temporelles. Les actes de ces conciles, dont le dix-huitième fut tenu sept ans avant l'invasion des Arabes, forment une des sources les plus sûres et les plus importantes de notre histoire.

Eh bien, le second concile, en 527, établit une école ecclésiastique dans chaque évêché; le quatrième, en 633, disait : « L'ignorance, mère de toutes les erreurs, doit être évitée surtout par les prêtres du Seigneur :

Ignorantia, mater cunctorum errorum, maxime in sacerdotibus Dei vitanda est. »

Chaque monastère avait une école et une collection de manuscrits. Et si saint Isidore de Séville détourna les moines de s'occuper de la littérature païenne, ce n'était pas qu'il en condamnât l'étude; mais il voulait que le religieux fût absorbé par celle de la science sacrée. Ses propres écrits, ce qu'il dit de l'organisation des bibliothèques, montrent avec quelle avidité on rassemblait en Espagne tous les trésors de l'esprit humain. Il y avait une bibliothèque royale, et les rois Sisebuth, Recessuind, s'occupaient des belles-lettres. Celui-ci fit revoir par Braulion, évêque de Saragosse, le poëme de Dracontius sur l'*Hexameron* ou l'Œuvre des Six jours de la création. Sisebuth écrivit lui-même la Vie de saint Desiderius; et saint Isidore lui dédia, comme à un juge compétent, son ouvrage sur *la Nature des choses*. Il envoya Tajo, évêque de Saragosse, tout exprès à Rome pour avoir un exemplaire des *Morales* du pape saint Grégoire le Grand. Longtemps avant lui, on avait vu saint Donat rapporter d'Afrique une cargaison de manuscrits.

Aussi l'Espagne wisigothe nous présente une liste fort honorable de Pères et d'écrivains ecclésiastiques. Jean, évêque de Gerundum, fondateur du couvent de Biclare, continue la *Chronique* de l'Africain Victor de Tune; la persécution du roi arien Léovigilde l'avait retenu dix-sept ans à Constantinople; mais, wisigoth de naissance, il avait profité de son exil pour apprendre le grec et le latin. Maxime, évêque de Saragosse, écrivit l'histoire de l'Espagne sous les Wisigoths, ouvrage malheureusement perdu; l'évêque de Tolède, Julien, nous a laissé le récit d'une expédition militaire du roi Wamba. Saint Léandre (540-596), évêque de Séville, romain d'origine, fut aussi exilé par Léovigilde pour avoir converti plusieurs princes wisigoths; il revint d'Orient, et donna les instructions de la foi catholique à Récarède, l'héritier du trône. Ses écrits sur la vie religieuse des femmes et le bien de l'Église, ses travaux liturgiques, montrent qu'il unissait la science à la sainteté. Il fut, et ce n'est pas la moindre de ses gloires, le maître de son frère saint Isidore, qui lui succéda sur le siége de Séville (601-636). Phare lumineux allumé par la Providence pour éclairer l'Occident durant cette période encore troublée de la chute du monde romain, saint Isidore, docteur de l'Église, est un génie encyclopédique qui résume dans ses ouvrages la science tant sacrée que profane de l'époque où il a vécu. Ses vingt livres des *Étymologies*, où, en expliquant les mots, il entre fort avant dans la connaissance des choses; ses commentaires de l'Écriture, son traité des Écrivains ecclésiastiques, sa Chronique depuis Adam jusqu'en 626, comme ses autres ouvrages, témoignent d'une érudition égale à sa piété. Citons encore le wisigoth saint Ildefonse, archevêque de Tolède, son disciple, son continuateur et son biographe; saint Julien, mort sur le siége de Tolède en 690; saint Braulion, évêque de Saragosse, dont saint Isidore a dit : « Il releva l'Espagne tombée en décadence; il rétablit les monuments des anciens, et nous préserva de la rusticité et de la barbarie; » Tajon, son successeur, qui forma une *Chaîne d'or* de passages empruntés aux ouvrages des saints Pères; Paul, diacre de Mérida; saint Martin de Dume, et tant d'autres dont le nom et les œuvres ont péri sous le flot sanglant et fangeux de l'invasion musulmane.

S'agit-il des beaux-arts? Les monuments de sculpture et de peinture font défaut pour juger de la civilisation des Wisigoths sous ce rapport; mais leur monarchie n'a subsisté au sein du catholicisme que l'espace d'un siècle et demi; et ce n'est pas dans ce court espace de temps que des arts si difficiles et si lents à se développer peuvent beaucoup progresser chez un peuple encore jeune. Quant à l'architecture, quelques églises des Asturies et, dans mon opinion personnelle, Sainte-Léocadie de Tolède; les constructions militaires que nous avons ici sous les yeux, comme en France les puissantes murailles de Carcassonne et d'autres villes où les Wisigoths ont laissé trace de leur passage; les exclamations poussées par les Arabes émerveillés à la vue des palais et des églises, ornements des villes dont ils s'emparaient; tout, en un mot, concourt à nous donner une idée assez favorable du mérite des monuments publics de l'Espagne aux VIe et VIIe siècles. Ce n'est pas à dire que les Wisigoths eussent créé une architecture ou tous les éléments constitutifs d'un style à eux; mais ils ont adopté l'architecture romaine et byzantine, dont les monuments étaient nombreux dans la Péninsule; de là les colonnes avec leurs chapiteaux à corbeilles de feuillage, les arcs cintrés, la coupole à base circulaire reposant sur quatre murs en carré, et se rattachant aux angles du carré par le moyen du membre de construction appelé pendentif. S'ils ont ajouté quelque chose à ces éléments, c'est l'arc de *herradura* ou en fer à cheval et l'arc à plein cintre outrepassé, que rien n'autorise à attribuer aux Arabes; car ces arcs se retrouvent dans des édifices plus anciens qu'eux en Espagne et dans ceux qui datent du commencement de leur occupation. Or ces envahisseurs de l'Espagne n'avaient pas d'architecture à eux quand ils ont passé le détroit, puisque leurs bandes se composaient de demi-sauvages de l'Atlas et de cavaliers bédouins vivant sous la tente.

Concluons donc, mes amis, que l'Espagne wisigothe était un pays sorti de la barbarie, et déjà riche des trésors de la civilisation en tout genre, lorsque les hordes musulmanes commencèrent à l'envahir, par Algésiras et Gibraltar, en 711 et les années suivantes. Les Wisigoths ne pouvaient rien recevoir de ces hordes comme élément de bien ou de prospérité; car de quels hommes se composaient-elles? Des Kabyles ou Berbères venant de la Tingitane (le Maroc actuel), plus rapprochés de l'état sauvage que de la barbarie, et d'Arabes avides d'or et de pillage, complétement étrangers aux sciences et aux arts.

« Mais, demanda William, comment se fait-il que ces hordes aient renversé la monarchie wisigothe? et comment expliquer ensuite l'incontestable grandeur du règne des Maures en Espagne du VIIIe au XVe siècle?

Débarqués en 711 pour la première fois, ils possédèrent en souveraineté une étendue plus ou moins considérable du territoire espagnol jusqu'à la prise de Grenade par Ferdinand et Isabelle en 1492. »

Voici la réponse à ces deux questions.

Les Wisigoths ont succombé à l'invasion de conquérants bien inférieurs à eux sous le rapport de la civilisation, parce que la monarchie wisigothe n'était pas héréditaire, mais élective, et qu'elle devenait ainsi pour la nation une cause d'affaiblissement et de ruine, au lieu d'en constituer l'unité et d'en accroître la force. La couronne se trouvait offerte à l'ambition et aux intrigues des grands; de là les rivalités, les divisions, les haines, qui ont préparé des traîtres disposés à vendre la patrie à l'étranger pour satisfaire leurs passions personnelles. C'est la trahison d'un gouverneur de Septa ou Ceuta, à la côte d'Afrique, qui procura aux Arabes le passage du détroit et l'entrée de la Péninsule. Ils la trouvèrent pleine de troubles et de partis : les uns tenant pour les fils de Witiza, les autres pour le roi Rodrigue. Ajoutez à cela la différence des races anciennes non encore fondues avec la race gothique, et vous aurez une idée des circonstances qui affaiblirent les moyens de résistance chez les Wisigoths, et favorisèrent le succès des envahisseurs. Il faut noter enfin les perfides intrigues des juifs d'Espagne pour livrer le royaume aux Africains, intrigues rappelées en ces termes par le dix-septième concile de Tolède, en 694 : « Par d'autres crimes, non-seulement ils ont cherché à bouleverser l'Église, mais ils se sont efforcés, avec une audace inouïe, de causer la ruine de la patrie et du peuple entier : *Per alia sua scelera, non solum statum Ecclesiæ perturbare maluerunt, verum etiam ausu tyrannico inferre conati sunt ruinam patriæ ac populo universo.* »

Enfin les traîtres s'imaginèrent d'abord que les Arabes, selon de fallacieuses promesses, se contenteraient d'une part du butin pour prix de leurs services ; mais Tarek et après lui Moussa, maîtres de l'Andalousie et de Tolède, s'installèrent en conquérants. Par une habile politique, ils firent avec les vaincus une convention qui, en assurant à ceux-ci une certaine liberté dans l'exercice de la religion et dans la vie privée, les disposait à renoncer plus facilement à l'indépendance politique, au gouvernement faible et toujours agité des rois électifs. Toutefois une partie des Goths, refoulée dans les Asturies, s'y organisa en royaume sous la conduite de Pélage, prince de sang royal, et sous la protection de la Vierge et des saints dont ils avaient pieusement emporté les reliques.

Une fois acceptés ou définitivement subis, les conquérants gardèrent les éléments de civilisation qui pouvaient se concilier avec l'islam. Ils firent venir d'Orient des Grecs, des juifs instruits, et mirent à profit un passé aussi étranger au Coran qu'aux Arabes. Par une erreur que j'oserai appeler grossière, on leur a fait ensuite hommage de ce qui revient d'abord à Carthage, à Rome, à la Synagogue, aux Grecs, aux conciles de Tolède, aux Wisigoths, en fait de législation, d'administration, de sciences, de lettres, d'arts, d'agriculture et d'industrie. Grâce aux progrès réalisés avant leur invasion, et que l'instinct politique plutôt qu'une intelligence réelle des choses les empêcha d'étouffer, ils reçurent du christianisme le levain qui fit fermenter leur civilisation d'ailleurs beaucoup trop vantée. »

Le vénérable vieillard avait tracé ce tableau d'une voix ferme et nette comme ses convictions. A peine l'avions-nous interrompu pour obtenir quelques éclaircissements, qu'il nous donna toujours sans hésiter, et de manière à nous faire voir le solide fondement de ses opinions patriotiques. Il terminait l'exposition que je viens de retracer, lorsque nous touchâmes à la porte de la ville, où l'heure avancée de la nuit nous avait rappelés. Nous traversâmes le Zocodover, que remplit le soir une foule compacte; il était silencieux et désert; quelques ombres seulement y passaient encore sous les arbres et les galeries. La grande image du Christ souffrant, éclairée par des lampes pieuses, brillait au grand arc mauresque, et la masse noire de l'Alcazar couronné d'étoiles paraissait se pencher sur la ville endormie.

Avant de prendre congé de notre hôte et de la vieille capitale des Goths et des anciens rois de Castille, nous allâmes visiter la fabrique d'armes blanches, située à quelque distance, au bord du Tage.

Écuyers! écuyers! à mon aide
Ma hache, mon poignard, ma dague de Tolède!

Les poëtes romantiques ont beaucoup abusé des lames de Tolède et de bien d'autres rimes. Mais ce n'était pas une raison de refuser notre visite à l'établissement fondé par Charles III, et qui fournit à l'armée espagnole toutes ses armes blanches. Il nous fut permis d'examiner à loisir cette belle industrie, dont l'origine se perd, comme on dit, dans la nuit des temps. William fit emplette d'une lame qui pliait comme un fanon de baleine, et qui donnait le froid rien qu'à la voir. Cette souplesse est due à la trempe; car l'acier qu'on emploie ici vient de l'étranger. Les épées de Tolède portent communément cette noble devise :

No me saques sin razon, ni me entres sin honor.

Ne me dégaine pas sans raison, ne me rengaine pas sans honneur.

CHAPITRE V

MADRID. — LE CULTE DE LA VIERGE EN ESPAGNE.

J'aime l'Espagne, mais peu Madrid. Pourquoi? C'est que Madrid n'a pas d'histoire, et possède par conséquent peu de monuments. Qui dit monument dit souvenir, selon l'étymologie du mot *monumentum*, dérivé de *monere*, avertir.

Mais quels souvenirs peut garder Madrid? Dans les grandes luttes contre les Maures, c'est une obscure forteresse pour la défense du Mançanarès; puis un simple manoir pour les rois de Castille; et Philippe II ne l'adopta comme siége de la cour qu'en 1563. C'est donc une ville moderne. Il est vrai qu'elle s'est efforcée de suppléer à la noblesse, à l'*hidalguia* des antiques cités espagnoles, par sa fidélité aux souverains qui ont su le mieux s'identifier avec la nation; ses rois ont également senti qu'il fallait la relever en face des capitales qu'elle détrônait; Charles-Quint l'a proclamée *imperial y coronada;* et

Ferdinand VII ajouta *muy heroica*, très-héroïque, parce qu'elle siffla Murat en 1808, ferma ses portes à Napoléon, et regarda constamment d'un œil oblique son frère le roi Joseph, que le grand capitaine essayait d'imposer à l'Espagne.

Mais encore les titres sonores ne suffisent pas. Les souverains ont donc élevé des édifices à Madrid. Philippe V, petit-fils de Louis XIV et chef de la maison des Bourbons d'Espagne, l'a dotée, en 1737, du *Palacio real,* qui a coûté près de quatre-vingts millions. C'est peut-être, avec le *Real Museo*, dont les constructions datent de Charles III (1759-88), le seul édifice vraiment digne de la capitale d'un grand peuple. Il est bâti en carré, et sa superbe façade, au couchant, domine les campagnes où coule (lorsqu'il a de l'eau) le Mançanarès; de ses terrasses et de ses balcons, la vue s'étend jusqu'à la chaîne du Guadarrama aux cimes bleues.

Il faut joindre aux constructions intéressantes le pont de Tolède, sur le Mançanarès; mais on sait que ce pont, au parapet chargé de sculptures, partage l'infortune d'une grande partie des ponts d'Espagne, simples viaducs sous lesquels il n'y a pas d'eau. Les torrents grondent pendant quelques semaines seulement; les rivières du centre et du midi, alimentées par la fonte des neiges, sont à sec une partie de l'année; d'où vient que de mauvais plaisants conseillent à l'Espagne de vendre ses ponts pour acheter de l'eau. Il n'est lazzi dont ne soit abreuvé ce pauvre Mançanarès, malgré son beau pont de Tolède.

Rentrons en ville.

Nous y cherchons vainement une église capable d'exciter l'admiration par la grandeur et la beauté de ses proportions. Quelques détails de sculpture, des peintures de maîtres mal éclairées; mais rien d'imposant. Le *Palacio del congreso*, chambre des députés, élevé sur un terrain en pente, présente une façade corinthienne toute boiteuse; on dirait que le régime constitutionnel n'a pu encore pénétrer à Madrid et s'asseoir solidement sur le sol foulé par Philippe II. Ainsi Madrid ne renferme pas l'âme de l'Espagne; elle ne reflète pas son histoire; elle n'a que des édifices modernes et de second ordre; ses 280,000 habitants n'en font pas une capitale. Il lui manque d'ailleurs un grand cours d'eau, dont une capitale ne peut se passer, fût-elle bâtie au bord de la mer. Elle est mal située, sur un terrain inégal; ses rues montent et descendent beaucoup trop pour une ville moderne, et qui ne rachète pas l'inconvénient d'une mauvaise assiette par le pittoresque et l'intérêt archéologique. Il est vrai qu'elle s'élève au milieu de l'Espagne comme si l'on eût cherché au compas ce point central; et c'est un avantage pour le gouvernement des provinces.

Je me livrais à ces réflexions, lorsque William rentra avec un air de mauvaise humeur, celui d'un homme fatigué et vexé. Il avait voulu voir la *Puerta del Sol.* La plupart des capitales ont une rue, une place, une promenade qui est comme le rendez-vous de la population à certaines heures, et aussi celui des touristes, qui vont y voir en quelque sorte l'image de tout un peuple.

Le nom de ces endroits privilégiés est populaire, même à l'étranger. C'est le Corso à Rome; les boulevards, les Champs-Élysées à Paris; Toledo et Riviera Chiaja à Naples; la place Saint-Marc et le quai des Esclavons à Venise; le Lungo-l'Arno et les Cascine à Florence. A Madrid, c'est le Prado et la *Puerta del Sol* (la Porte du Soleil).

William était à la recherche de la Puerta del Sol dans la rue Montera, qu'on lui avait dit aboutir à cette fameuse porte. Il traversa une place sans aucun intérêt, irrégulière, dépourvue d'édifices, sauf un palais d'un goût douteux. Il y avait foule sur le trottoir et autour d'une fontaine récemment restaurée en cet endroit. Cette foule désœuvrée, immobile, regardait d'un air ébahi le jet d'eau, qui tantôt s'élançait à une hauteur vraiment extraordinaire, plus haut que les maisons, et tantôt s'abaissait et se multipliait en gerbes et en panaches de diamants et de perles. Mais de porte, il n'y en avait point. William apprit enfin d'un passant que la Puerta del Sol est la place même qu'il avait plusieurs fois traversée et qui doit son nom à une église maintenant détruite, dont la façade présentait une image du soleil.

Ce n'est pas que la Puerta del Sol manque absolument de caractère; mais, pour mériter un peu sa réputation, elle avait besoin de la transformation qu'elle subit en ce moment. On la dote de maisons à façades monumentales, comme celles que l'on construit à Paris; on la rafraîchit en y amenant plus abondamment ces eaux jaillissantes qui ont trop manqué à Madrid, et qui bientôt embelliront ses places grandes et petites, ses *plazas* et *plazuelas;* mais, dans la saison d'été, que peut faire une fontaine même abondante sur une place de cette étendue, médiocre pourtant? Je crains que l'on ne continue à y respirer surtout de la poussière et de la fumée de tabac. Madrid est sur un plateau si élevé, si sec, si découvert! Le soir, la poussière y forme une brume épaisse que le gaz des lanternes municipales a peine à percer: on dirait les brouillards de la Seine à certains jours ou ceux de la Tamise. En vain passent et repassent les charrettes avec leur tonneau d'eau, allongé d'un boyau qu'on secoue par derrière en manière d'arrosoir. Ce système antédiluvien est impuissant à remédier au mal. Quelques secondes, et la poussière monte de plus belle à la gorge des promeneurs.

Autour du bassin de la fontaine se presse une couronne d'infortunés qui cherchent à respirer un peu de fraîcheur. Et de pauvres gens spéculent sur la soif de la foule et sur l'aridité des lèvres de tous, en offrant, sur une simple assiette, un simple verre d'eau puisée à l'instant même au bord du réservoir. De tous côtés s'élève un cri aigu: *Agua! agua!* de l'eau! de l'eau! Je crois vraiment qu'il sort de toutes les poitrines; et si pressant, si fortement articulé, qu'on dirait un appel au secours contre l'incendie.

La foule, qui stationne plutôt qu'elle ne se promène à la Puerta del Sol, n'est guère composée que d'hommes. Ils y descendent des rues adjacentes comme dans un entonnoir. Et l'on s'aperçoit de suite, mais avec regret, de la disparition des modes nationales dans les costumes masculins, du progrès fatal qui nivelle les peuples et qui envahit malheureusement les provinces elles-mêmes. O tyrannie des modes françaises, anglaises, parisiennes surtout! Lorsque Charles III, le quatrième des Bourbons qui ont régné sur l'Espagne depuis l'an 1700, voulut supprimer les chapeaux rabattus et ces longs manteaux de drap brun qui vont si bien à la brune figure et à la physionomie grave des Castillans, il détermina une insurrection menaçante pour sa dynastie. Des clameurs formidables retentirent, au nom des costumes et des coutumes de la nation, contre l'introduction des usages étrangers. Madrid se souleva en 1765, et les gardes wallones (flamandes) de service au palais, qui firent seules leur devoir, furent massacrées par le peuple. Le roi se sauva non sans peine à Aranjuez; il fallut toute l'énergie du comte d'Aranda, de triste mémoire, pour rétablir l'ordre sans tolérer le sombrero mystérieux, effroi de la police. Encore le comte dut-il fermer les yeux sur l'ample manteau, qui, diminuant légèrement ses plis, continua de cacher aux alguazils la partie inférieure du visage des Castillans. Les jésuites, injustement soupçonnés d'avoir encouragé le mouvement populaire en faveur du costume national, furent bannis sans jugement, comme toujours, et de la manière la plus inique et la plus cruelle, par ce d'Aranda qui se consolait, aux applaudissements de nos prétendus philosophes, d'avoir violé les premiers principes de la justice, les maximes de l'honneur et les droits de la religion.

Voilà comment, il y a moins d'un siècle, l'Espagnol tenait à ses us et traditions; telles sont les graves conséquences qu'entraînait un édit royal touchant à quelque partie du costume national; et maintenant, les modes françaises, sans secousse et sans effort, imposent au Castillan méconnaissable le paletot mesquin, nos feutres les plus ridicules et du plus mauvais aloi. Les visages, il est vrai, sont à découvert, et l'habit ne saurait dissimuler facilement les longues épées, les dagues homicides. Mais les mœurs ne sauraient-elles s'adoucir sans que les hommes s'enlaidissent?

C'est à la promenade du Prado, mieux qu'à la Puerta del Sol, qu'il faut voir la population madrilègne. Au coucher du soleil, les équipages élégants y arrivent par l'allée d'arbres de la rue d'Alcala, où les chevaux andaloux caracolent fièrement entre les rangées paisibles des promeneurs à pied. Le Prado n'a pas moins de trois kilomètres de longueur; mais la foule ne s'y presse que dans cette partie la mieux entretenue des promenades espagnoles qu'on nomme le *Salon*. Tandis que les équipages et les cavaliers circulent autour de cette enceinte réservée, elle se remplit d'une affluence brillante que les toilettes espagnoles, la grâce particulière aux Madrilègnes, la douceur de l'air, la sérénité du ciel, les suaves parfums des fleurs rendent séduisante surtout pour l'étranger.

Un grand obélisque égyptien se dresse au bout du Salon, près de la fontaine de l'Alcachofa (de l'Artichaut). On dirait un Levantin égaré parmi nous, qui regarde la foule un jour de fête et tranche sur elle par son costume et sa physonomie orientale; ou un Pharaon sorti de ses bandelettes et de son cercueil à hiéroglyphes, pour voir ce qui se passe sur terre et si les choses ont bien changé à trois mille ans d'intervalle.

Vers l'autre extrémité, vous apercevez les flèches neuves de l'église Saint-Jérôme; car, en Espagne, rien n'est complet sans l'image de la religion; et tout auprès s'élève la cheminée à gueule noircie de quelque usine à gaz : preuve que l'Espagne saura bien allier ses vieilles et saintes croyances à l'activité industrielle et à l'exploitation des modernes découvertes.

Pour moi, un bonheur durant mes voyages, c'est de m'isoler dans la foule et de philosopher ainsi, dans le silence et le secret, au milieu du peuple que j'observe. William m'avait quitté pour accompagner des compatriotes que le hasard amenait à cette heure à Madrid.

Où les Anglais ne se rencontrent-ils pas? Sur les navires et dans les wagons, au sein du désert et sur l'asphalte des grandes villes, au penchant des glaciers et dans les musées, sur tous les chemins des deux hémisphères, vous les retrouvez taillés en échalas ou rebondis comme des dames-jeannes, roides et absolus, gauches, blonds, roux, incomplétement désennuyés, le visage encadré dans un col empesé et dans de larges favoris; le front ceint du chapeau qui fuit par derrière, avec cette grâce que tout le monde connaît.

Une apparition de ce genre m'avait tiré un instant de ma rêverie au Prado. Je me dédommageai en reportant les yeux sur les détails du Salon. Dans l'allée latérale, les petites filles, vives et gracieuses comme des anges, faisaient des rondes sous les regards heureux de leurs mères; et les tout petits enfants, portés par leurs nourrices galiciennes au costume aussi éclatant qu'original, étendaient leurs petits bras vers la ronde tourbillonnante, mais trop grande pour eux. On les consolait en leur accordant une promenade dans les chars légers conduits par deux chèvres, ou par des agneaux blancs ornés de rubans roses.

Tout le long des allées d'arbres, se range une file d'étagères garnies de jarres en terre grise et poreuse, au galbe antique, d'où suinte l'eau froide et pure puisée à la *Fuente del Berro*. Au buffet brillent l'émail des assiettes, les verres de cristal limpides comme l'eau; et les jeunes marchandes en tablier blanc se tiennent debout, parfaitement assorties à cet ensemble frais et propret. Le marchand de coco des faubourgs de Paris n'était pas là pour faire contraste avec sa blouse crasseuse, et sa tisane plus jaune des boues de la Seine que de l'infusion de réglisse. Pourtant je ne veux pas en médire; dans la cohue des fêtes parisiennes, il a plus d'une fois sauvé la vie aux pauvres gens mourants de soif. La caravane du Sahara aux approches du puits fangeux, quand le chameau dilate ses lèvres et ses naseaux enflammés, ne rend-elle pas au Ciel mille bénédictions?

D'ailleurs Madrid, mais surtout les villes d'Andalousie ont aussi leur marchand d'eau froide peu élégant, portant sous le bras un baril de mauvaise mine. L'aguador crie à tue-tête : « *Agua! quien quiere agua! Agua fresquita como la nieve!* De l'eau! qui veut de l'eau froide comme neige? » Et c'est exact. Contenue dans ce baril de liége, l'eau s'y conserve et s'y refroidit mieux encore que dans les vases de terre poreuse qu'on appelle en Algérie gargoulettes, *alcarazas* en Espagne, dans l'Inde *boucaros, bardaque* en Égypte. On attribue aux Maures l'invention de ces ingénieux barils à fond de liége; mais je ne sais quelle irréflexion porte les Espagnols eux-mêmes à faire honneur aux Maures d'une foule de procédés, qui peuvent parfaitement être plus ou moins anciens que la domination de ces derniers en Espagne. C'est sans doute une manière fort simple d'échapper à l'ennui des recherches d'origine; mais c'est aussi trop de bonté pour les Maures.

Je fis deux ou trois fois le tour du Salon, avant de regagner l'hôtel. Il est des heures, en voyage, où le cœur déborde d'une joie secrète. Mais lorsqu'on sent, dans la plénitude de la santé, la vie morale se concentrer et s'accroître en présence des chefs-d'œuvre des arts et des merveilles de la nature, quand l'âme en liberté s'enivre même de l'air qu'on respire en ces climats favorisés du Ciel, et quand l'imagination s'exalte insensiblement au milieu de cette foule jeune, riche, rayonnante de luxe et de toutes les apparences du bonheur, il est bon que le cœur ne prenne pas une fausse direction et que toujours il entende, au moins comme un lointain écho, l'oracle de l'Esprit divin : « *Præterit figura hujus mundi*, la figure de ce monde passe; » il est bon que les beautés de la terre nous laissent sentir au fond de notre être un vide et qu'elles nous élèvent à Dieu, la beauté toujours ancienne et toujours nouvelle.

Je quittais la promenade bercé de songes aux ailes diaprées; tout me souriait à travers le prisme enchanteur du Prado madrilègne. Je m'engageais machinalement dans la rue San-Geronimo, où régnaient les ombres de la nuit, lorsque je distinguai à mes pieds, dans l'angle du mur et d'une borne, un groupe éclairé des rayons partis de la fenêtre d'un splendide hôtel. C'était une mendiante, une femme aveugle, une pauvre mère qui pressait sur son sein un enfant pâle et endormi. A côté d'elle gisait une guitare, dont elle n'avait plus la force de se servir sans doute; car ses joues étaient creuses et ses bras demi-nus, bien amaigris. Oh! comme les songes du Prado s'évanouirent! comme la réalité de la vie m'apparut derrière le voile déchiré! comme mon cœur se gonfla! Les heures précédentes, revenant à ma pensée, m'apportaient une sorte de remords, le remords d'être heureux. Qu'une aumône alors fait de bien! je dis surtout à celui qui la donne.

Les aveugles sont très-nombreux en Espagne, où l'air est sec, la lumière du jour très-vive, les nuits très-froides, le peuple peu soucieux des précautions hygiéniques. Ils ont presque tous une guitare, dont leurs doigts tirent un accord triste et monotone; ou bien ils vendent aux fumeurs les *cerillos*, petites bougies qui tiennent lieu des allumettes chimiques.

Ici le mendiant s'appelle *pordiosero*, car il demande

toujours au nom de Dieu, *por Dios;* il invoque Notre-Seigneur et Notre-Dame; ce que les pauvres parmi nous ne font plus aussi communément. Quand ils ne le feront plus du tout, malheur aux pauvres et aux riches!

Je rentrais à l'hôtel au moment où, selon la coutume, une foule de gamins descendaient en courant de la rue Montera, le bras chargé des feuilles encore humides du journal du soir. Tout en se précipitant, à travers piétons et voitures, vers les points où le journal se débite le mieux, ils crient à percer le tympan : *La Correspondenciá-â-â! La Correspondencia de esta noche!* Ce n'est pas sans peine que j'en arrête un dans sa course, pour échanger le numéro du journal contre un *cuarto,* moins d'un sou; le *muchacho* repart comme un trait. Il ne crierait pas mieux, quand il serait le rédacteur en chef du journal.

A ce propos, je puis dire un mot des journaux espagnols: En général, ils valent mieux que les nôtres au point de vue de la logique et du raisonnement. Grâce à l'influence puissante et universelle de la foi catholique, les premiers principes, qui sont la base du bon sens, de la droite raison, n'ont pas encore fléchi en Espagne dans un aussi grand nombre d'esprits que parmi nous. Le sophisme, l'absurde, le paradoxe, le mensonge déhonté, qui défraient si souvent les colonnes des journaux impies et révolutionnaires de France, ont ici moins de chances de succès que nulle part ailleurs en Europe. Puisse durer cet heureux état de choses, et l'esprit public du pays qui a produit les sainte Thérèse, les Suarez, et tant de fermes théologiens, repousser avec mépris certaines feuilles d'où s'échappe une odeur nauséabonde, qui rappelle la presse des cabarets de France !

Comment se fait-il pourtant que les Espagnols, si fiers d'être eux-mêmes, eux, dont la littérature dramatique a été l'une des sources du théâtre français, eux les initiateurs de Corneille, ou plutôt de l'Europe; comment se fait-il qu'ils s'abaissent à traduire, pour leur théâtre et leurs feuilletons, tant de misérables productions de la France contemporaine? Qu'ont-ils à faire de cette malsaine littérature? Autrefois Thomas Corneille leur emprunta toutes ses tragédies; Pierre Corneille prit *le Cid* de Guillaume de Castro, *Héraclius* de Calderon, *le Menteur* de Jean Alarcon, qui a composé *la Verdad sospechosa* (la Vérité suspecte); Molière doit à l'Espagne *le Festin de Pierre; sa Princesse d'Elide* est calquée sur une pièce d'Augustin Moreno; et la *Marianne* de Voltaire est parente du *Tetrarca de Jerusalem* de Calderon. Les rôles sont bien changés; et l'on ne peut trop souhaiter qu'une réaction salutaire empêche la littérature espagnole de s'abâtardir et de s'embourber dans les piètres écrits de nos dramaturges et romanciers.

Un trait caractéristique des journaux espagnols, c'est le *Diario de las familias* ou le Journal des familles, qui se trouve à la fin de chaque feuille. On y annonce le saint de chaque jour, les Quarante-Heures dans les églises, les offices particuliers des paroisses, et l'on y indique les prédicateurs qui doivent se faire entendre, mais tout cela pêle-mêle avec les pièces de théâtre et le nom des acteurs qui doivent jouer le soir. Les mœurs françaises n'accepteraient pas facilement cet assemblage.

William rentra lorsque je commençais à m'endormir sur la *Correspondencia*. Il était peu satisfait de ses compatriotes. « Ce sont de braves gens, me dit-il, mais bouchés; ils ne comprennent rien à l'Espagne et ne dissertent que sur les vins, les mantilles, les puros de la Havane et la température. Il leur manque un sens et même plusieurs : le sens esthétique, le sens religieux et un peu le sens moral.

« En vous quittant, nous nous dirigeâmes vers le Jardin botanique, et je les entraînai à Notre-Dame d'Atocha où la foule se portait, afin de rendre au Ciel des actions de grâces pour les récentes victoires de l'Espagne au Maroc. Nous entrâmes dans l'église; mais je rappelai en vain à mes gentlemen qu'elle est un monument de la piété de Charles-Quint, un sanctuaire comblé des offrandes de la maison royale d'Espagne, qui y célèbre les mariages de ses membres et y reçoit de l'armée le serment de fidélité; en vain montrai-je cette glorieuse frise formée de nombreux drapeaux enlevés aux ennemis de l'Espagne; rien ne fixa l'attention de mes honorables compagnons, pas même la musique délicieuse et théâtrale qui se faisait entendre dans l'enceinte sacrée, et qui pourtant aurait dû être de leur goût. C'est à peine s'ils me laissèrent le temps d'achever une prière devant la célèbre image de la Vierge, qui brillait du feu des diamants au milieu des cierges, comme une splendide constellation parmi les étoiles d'un moins vif éclat.

« En dehors de la chapelle et à la porte du cloître qui la précède, ils s'arrêtèrent plus volontiers à considérer la foule, et je copiai alors l'inscription en vers exposée pour la circonstance sur la façade de l'édifice, entre les feux de couleur, les tapisseries et les tableaux. Ces quelques strophes résument la légende de Notre-Dame d'Atocha, et traduisent les sentiments enthousiastes de l'Espagne pour sa puissante patronne.

Gloria á la Virgen, para que en el cielo,
Donde moras feliz eternamente,
Alcanzas del Senor omnipotente
Para el pueblo espanol siempre consuelo!

« O Vierge, gloire à vous! Du ciel où vous résidez, heureuse à jamais, obtenez du Dieu tout-puissant qu'il protége toujours le peuple espagnol. »

Gloria á ti que infudiste una fé ardiente
Al soldado leal que con anhelo
Valiente peleó, sin tregua alguna,
Triunfando de la altiva Media Luna!

« Gloire à vous! Vous avez enflammé la foi du fidèle soldat qui, combattant sans relâche, animé d'un ardent courage, a triomphé de l'orgueilleux Croissant. »

Sous le tableau qui représentait la Vierge d'Atocha, on lisait :

Virgen de Atocha, san Lucas os hizo,
San Pedro os mandó de region estrana,
Padrona de Madrid y de Espana.

« Vierge d'Atocha, saint Luc vous a peinte, saint Pierre vous a envoyée de l'étranger pour que vous fussiez la patronne de Madrid et de l'Espagne. »

10

Reyna de reyes eres, Reyna hermosa,
Que, venida a Madrid desde Antioquia,
Nos tendiste tu mano generosa,
Tus gracias aumentando cada dia.

« Vous êtes la Reine dés rois; belle Reine, qui, venue à Madrid depuis Antioche, nous avez tendu une main généreuse et comblé chaque jour de vos bienfaits. »

Tu de Alfonso la mano victoriosa
Armaste de valor y bizarria.
Y desde él a Ysabel, en mar y en tierra,
Gloria sois en la paz, paz en la guerra.

« C'est vous qui avez armé d'une valeur sans égale le bras victorieux d'Alphonse. Et de lui à Isabelle vous êtes pour nous, sur mer et sur terre, la gloire dans la paix et la paix dans la guerre. »

« Je ne saurais vous dépeindre, continua mon ami, la dévotion, la ferveur avec laquelle priait tout ce peuple agenouillé, prosterné dans le sanctuaire de Notre-Dame d'Atocha; je remarquais surtout des femmes le regard fixé, tendu sur la sainte image, et l'invoquant à demi-voix, mais d'une voix émue; la prière, mêlée de soupirs, passait sur leurs lèvres agitées comme par la fièvre. On eût dit qu'elles se croyaient seules dans l'église. En France, en Italie même, si ce n'est peut-être à Rome et à Naples, on ne prie pas comme cela. Je ne parle pas de l'Angleterre : ce serait à peine d'une jeune mère invoquant la sainte Vierge sur le berceau de son premier-né en péril de mort.

— Cher William, répondis-je, n'oublions pas que les

peuples du Midi sont naturellement plus démonstratifs que nous; leur tempérament nerveux, leur imagination ardente les entraîne à des manifestations extérieures dont nous ne sentons pas le besoin, et qui parmi nous sembleraient une exagération, une affectation ridicule. D'ailleurs, nous nous imposons une réserve extrême, et qui souvent nous gêne, dans l'expression de nos sentiments religieux. Le pharisaïsme protestant et voltairien, dont nous avons subi la pression, refoule dans nos cœurs les émotions pieuses; il est convenu tacitement, pour ainsi dire, qu'elles ne sont pas de mise en public. Mais les Espagnols, qui ont conservé jusqu'ici toute la fierté du caractère chrétien et leur entière liberté, ne font pas ces calculs peu honorables, et ils se laissent aller à l'expansion naïve de la foi, de la confiance et de l'amour. Ils sont vrais, sincères comme leurs peintures et leurs statues, dont nous analysions naguère le réalisme.

« C'est pour n'avoir tenu aucun compte de ces raisons qu'on s'est scandalisé de certaines démonstrations de la piété espagnole, surtout envers la Vierge. Les protestants, qui refusent d'honorer Marie que Dieu a tant honorée; les Anglais, qui dans votre chambre des lords se prosternent, selon le cérémonial officiel, devant le trône vide de la reine; tous ces hommes auxquels nous avons donné le sobriquet de libres-penseurs, et qu'on voit arriver à la file, comme des oies, passez-moi l'expression, là où il y a une canne de Voltaire ou une perruque de Franklin, tous se récrient contre les processions, les images, les pèlerinages de la Vierge en Espagne. Arrière donc ces pharisiens et ces esprits étroits, qui ne comprennent ni l'Évangile ni la nature humaine.

« Ils s'imaginent, si toutefois ils ne profèrent pas sciemment le mensonge, que le peuple espagnol sépare la Vierge de son Fils, ou confond l'image de la Vierge avec la Vierge elle-même. S'en sont-ils assurés, ne fût-ce qu'auprès d'une pauvre vieille? Pas le moins du monde.

« Pour moi, une des choses qui me font aimer et estimer l'Espagne, c'est la vivacité de son culte pour la Mère de Dieu : c'est une de ses gloires, et un gage de son avenir. L'Espagne a toujours cru et, plus qu'aucune autre nation, fait éclater sa croyance en l'Immaculée Conception; aucune dans les siècles passés n'a donné à Marie, honorée sous ce titre, d'aussi grands témoignages de piété. Oui, j'aime dans ces villes d'Espagne, à Valence, par exemple, l'usage de saluer en entrant dans les maisons, dans les boutiques, toutes les personnes présentes, par ces seuls mots : *Ave, Maria!* auxquels on répond : *Sin pecado concebida,* conçue sans péché. J'aime à voir dans les rues, au son de la cloche qui sonne l'*Angelus,* tout le monde, piétons et cavaliers, se découvrir et prier. J'aime à entendre, dans le silence des nuits, la voix des *serenos,* qui ajoutent une invocation à Marie au chant de l'heure et à l'annonce de l'état du ciel. J'aime ces doux noms, ces noms harmonieux qui s'enchaînent comme des perles au registre de baptême des filles espagnoles : *Maria, Encarnacion, Assuncion, Carmen, Concepcion, Dolores* (je dis noms harmonieux, à la condition de faire sonner toutes les lettres selon la prononciation castillane); elles s'appellent encore du nom des images miraculeuses les plus vénérées dans leur patrie : Pilar, Africa, Soledad : Notre-Dame de la Solitude à Madrid, Notre-Dame du Pilier à Saragosse, Notre-Dame d'Afrique à Ceuta.

« Pour l'Espagne, il semble que la Vierge soit multipliée par ses images; on l'invoque sous mille noms divers, et qui souvent à eux seuls font naître déjà dans les âmes une joie, une consolation, une espérance : c'est *Nuestra-Senora de la Luz,* Notre-Dame de la Lumière, comme à Tarifa; *Nuestra-Senora de los Desamparados,* Notre-Dame des Abandonnés, comme à Valence; *Nuestra-Senora de los Remedios,* Notre-Dame du Remède, à Antequera; *Nuestra-Senora de Consolacion,* à Utrera en Andalousie; Notre-Dame de Grâce, à Alicante; Notre-Dame de Puybueno ou de la Bonne-Montagne, à Astorga. Citons encore Notre-Dame de Guadalupe, une des plus célèbres du monde; elle est noire, et fut adressée à saint Léandre de Séville par son ami saint Grégoire le Grand; cachée dans le creux d'un rocher pendant les six siècles de la domination des Maures, elle apparut ensuite à un berger dans un buisson ardent, et Alphonse XI lui fit bâtir le magnifique sanctuaire orné de peintures de Luca Giordano et de Zurbaran, où affluent les pèlerins de l'Estramadure et de toute l'Espagne; Notre-Dame de l'Assomption d'Elche, qui fut miraculeusement portée sur les eaux, et qui est l'objet de la piété populaire chez les Espagnols d'Algérie comme dans le pays de Murcie et de Valence; Notre-Dame du Mont-Serrat, près de Barcelone, non moins célèbre que Notre-Dame de Guadalupe, et au pied de laquelle saint Ignace, avant de quitter la carrière militaire pour la vie religieuse, fit une veillée d'armes en vrai chevalier chrétien; Sainte-Marie del Puche, près Valence, cachée du temps des Maures et révélée par les astéroïdes qui descendaient du ciel à l'endroit où elle reposait; terrible aux musulmans, elle assura au roi Jacques d'Aragon, en 1238, la conquête de Valence.

« Ces images et une foule d'autres sont l'objet d'un culte populaire, ardent, spécial, c'est-à-dire qu'elles attirent d'une manière particulière la dévotion des fidèles, non point parce que le bois, la pierre, la matière dont elles sont faites possèderait une vertu quelconque, mais parce qu'il a plu à Dieu d'exaucer d'une façon plus éclatante ceux qui, en présence de ces images pieuses, l'invoquaient par Marie. Et pourquoi la divine providence, qui fait sourdre ici plutôt que là, dans la nature, les fontaines d'eau vive, n'ouvrirait-elle pas où il lui plaît des sources plus abondantes de grâces et de bénédictions?

« Il n'est donc rien de répréhensible dans le culte de Marie, tel qu'il se pratique en Espagne avec l'approbation de l'Église; et si des abus accidentels, si quelque superstition se produit, c'est en dehors des règles de l'Église, qui s'efforce de les prévenir et d'y porter remède. »

Ainsi parlais-je à mon ami William. Nous nous séparâmes fort tard; aussi le sommeil s'appesantit sur nos paupières, au point qu'il ne fut chassé ni par les premiers rayons du jour, ni par les marteaux qui remplacent les sonnettes et retombent lourdement sur les portes extérieures, ni par le chant des cailles qui s'éveillent avec l'aube dans leurs cages suspendues aux fenêtres des maisons. Je ne puis pas deviner ce qui détermine à Madrid, comme à Naples et à Turin, cette prédilection pour les cailles. William la croyait fondée sur l'analogie du chant de cet oiseau avec l'éclat sec et rhythmé des castagnettes si aimées des Espagnols. Cette raison ne vaudrait pas autant pour l'Italie. Quoi qu'il en soit, en Italie comme en Espagne j'ai maudit cent fois le cri importun de ce volatile, qui m'agaçait les nerfs à l'heure où j'implorais encore, souffrant ou fatigué, un sommeil réparateur.

CHAPITRE VI

MADRID. — LE MUSÉE ROYAL. — L'ESCURIAL. — ALCALA DE HÉNARÈS.

L'entrée du musée royal de Madrid n'a rien de flatteur pour un Français. Dans la première salle, les yeux tombent sur une toile immense, où nos grenadiers du premier empire offrent du pain à des femmes espagnoles que la faim rend livides et qui s'évanouissent d'inanition. Mais elles répondent qu'elles aiment mieux mourir que d'accepter ce pain, puisqu'on ne leur rend pas Ferdinand, leur véritable roi. C'est bien l'expression exagérée d'un patriotisme exalté, et du sentiment monarchique enraciné en Espagne plus que partout ailleurs. Nous laissâmes les Espagnols en contemplation devant cette toile, que beaucoup d'entre eux estiment sans aucun doute la plus belle du musée, et nous allâmes à d'autres tableaux. Pour nous guider, nous avions en main le livre des *Musées d'Espagne* par M. Viardot.

Il y a ici deux mille tableaux ! Cette immense collection, formée depuis quelques années seulement, renferme les peintures enlevées aux couvents supprimés et surtout aux monastères royaux, à l'Escurial, au Pardo, et à divers autres palais, où leur dispersion ne permettait pas au voyageur de les admirer aussi facilement qu'aujourd'hui. Mais ces lieux, dépouillés, au profit de Madrid, des trésors dont les maisons d'Autriche et de France les avaient enrichis, deviennent bien froids, et je doute qu'en somme l'Espagne ait gagné beaucoup à l'excessive concentration de ces œuvres d'art. Il est vrai que Madrid n'a pas tout absorbé; plusieurs autres villes composent aujourd'hui leur musée par des moyens analogues, aux dépens des monastères éteints ; mais on ne saura jamais ce qui a péri, ce qui périt ou se dégrade encore dans un travail quelquefois mal entendu et précédé par des années de pillage, de négligence et d'abandon.

Le musée royal de Madrid est le plus riche du monde, sans excepter ceux du Louvre à Paris, *degl' Uffizi* et du palais Pitti à Florence. Et on le comprend aisément si l'on veut bien se rappeler que le sceptre de l'Espagne s'étendait sur l'Italie et les Pays-Bas, précisément à la grande époque où la renaissance florissait, et que plusieurs des monarques espagnols se sont montrés avides d'acquérir les chefs-d'œuvre de la peinture. Charles-Quint se baissait pour ramasser les pinceaux de Titien; Philippe IV (1621-1665) appelait Rubens à Madrid, et envoyait l'illustre peintre Velasquez acheter à Londres, en 1648, les tableaux de Charles Ier. De la branche des

Bourbons, Philippe V (1700-1746) et Charles III ont répandu l'or à profusion dans le même but. Ainsi l'Espagne, tombée dans la pauvreté par suite de ses malheurs, possède encore des trésors inappréciables en un genre de richesses qui semble réservé aux peuples à finances prospères; elle est comme ces gentilshommes de certaines maisons déchues, qui manquent du nécessaire, mais qui gardent leur blason et quelques restes inaliénables de leur patrimoine.

Si nous disons que le *museo del Rey* est plus riche que nul autre en Europe, il ne faut pas l'entendre en ce sens que toutes les époques de la peinture et toutes les écoles y seraient heureusement représentées. Non; car on n'y trouve point de ces vieilles peintures byzantines, à fond d'or, qui ont précédé en Italie Cimabué et Giotto, ni de ces tableaux naïfs où le dessin s'affranchit peu à peu des formes conventionnelles pour chercher la nature, et qui marquent le berceau de l'art en Allemagne, en Flandre comme en Italie; telle école y occupe une large place, et telle autre, non moins importante, n'y figure que d'une manière imperceptible. C'est donc au point de vue de la valeur propre de chaque tableau, et non comme collection historique, suivie et raisonnée, que le musée de Madrid se met au premier rang. Les toiles y sont merveilleusement conservées; ce qu'on attribue en partie à l'usage des épais tapis de sparterie *(esteras)*, où s'absorbe la poussière, et au climat sec et pur, qui dispense d'appliquer aux peintures ces couches de vernis sous lesquelles elles miroitent dans nos musées du nord.

Il nous est impossible de passer en revue ces longues galeries où le corps se fatigue et l'âme s'épuise en admiration, en contemplation, en exclamations qui font regretter l'insuffisance de la langue humaine en face des créations du génie. Dire que Raphaël nous offre ici trois portraits et sept tableaux, dont deux au moins de premier ordre, c'est laisser entrevoir les splendeurs du musée royal. Avec quelle joie les regards avides s'attachent à ces chefs-d'œuvre qu'on a vus tant de fois reproduits par des copies informes ou précieuses, par la gravure savante ou la plus humble lithographie! chefs-d'œuvre qui sont comme le patrimoine de l'humanité, et dont le reflet éclatant ou obscur charme d'un bout de la terre à l'autre la chaumière du pauvre et le palais du riche. Le *Spasimo,* qui représente Jésus tombé sous le poids de sa croix et les saintes femmes se jetant au-devant de lui, est la pièce capitale du musée, et peut-être le meilleur ouvrage de Raphaël, si l'on excepte la *Transfiguration,* du Vatican. Le spasimo, dont le nom vient du couvent sicilien de Santa-Maria-dello-Spasimo, ou de la Vierge évanouie, pour lequel il fut peint, a des tons briquetés et bistrés qui le mettent au-dessous de la Transfiguration pour le coloris, mais il est au-dessus par la beauté et l'unité de la composition.

La Vierge *à la perle,* ainsi appelée peut-être de l'exclamation de Philippe IV : *Celle-ci est ma perle!* ou bien du petit coquillage, huître perlière mêlée aux jouets de *Gesù bambino*, rivalise ici avec la Vierge *au poisson,* si belle, si chaste, mais dont la composition ne paraît pas bien comprise des critiques. Ce tableau nous montre un jeune chrétien présenté par son ange gardien à l'Enfant Jésus, qui est sur les bras de la sainte Vierge. Le divin Enfant se penche vers le jeune homme, et, de la gauche, lui indique, entre les mains de saint Jérôme, le livre des saintes Écritures, la loi de Dieu. C'est donc avec une véritable intelligence du sujet que cet admirable tableau se trouve placé en France dans la chapelle de plusieurs maisons d'éducation. Les critiques se trompent quand ils y voient Tobie et son ange; aussi ne peuvent-ils se rendre compte du reste de la composition. Tout, au contraire, devient naturel dans la signification que l'on vient de lire. Le poisson s'explique comme symbole du chrétien; car, dans les monuments et les écrits des premiers siècles du christianisme, le *poisson,* en grec, *ichthus,* est un hiéroglyphe qui signifie: Jésus-Christ, Fils de Dieu, Sauveur; en grec : *Iêsous Christos, Theou Uios, Sôter :* on voit que le mot *ichthus* est formé des initiales de ces derniers mots grecs. C'est à cause de cet acrostiche que la figure du poisson avait été adoptée des premiers chrétiens comme un signe mystérieux qu'ils comprenaient, mais que les païens ne comprenaient pas.

Le musée royal contient naturellement une foule de tableaux des écoles espagnoles, et les noms de Murillo, de Zurbaran, de l'Espagnolet, y apparaissent dans toute leur gloire. Au lieu d'essayer une analyse de leurs ouvrages, analyse qui nous mènerait trop loin, je rappellerai brièvement quelles sont les grandes écoles de peinture de la Péninsule et quels maîtres les ont illustrées.

« En Espagne, dit M. Viardot, quatre écoles principales se formèrent, non successivement comme celles d'Italie, mais à peu près simultanément. Ce sont les écoles de Valence, de Séville, de Tolède et de Madrid. Les deux premières se fondirent bientôt dans les deux autres. » Celle de Valence alla se réunir à la grande école de Séville, comme les petites écoles de Cordoue, de Grenade et de Murcie; tandis que l'école de Tolède, avec les petites écoles de Barcelone et de Valladolid, s'unissait à celle de Madrid. Restent donc deux écoles, l'Andalousie et la Castille.

L'école de Valence nomme avec orgueil les artistes suivants : Juan de Joanès (1523-1579), qui jamais ne prit le pinceau pour peindre les sujets religieux auxquels il s'était exclusivement voué, sans s'y être préparé par la confession et la communion. Vous le soupçonneriez à voir l'onction et la noblesse de ses œuvres, spécialement dans cette *Cène*, rivale de celle de Léonard de Vinci, et qui est au musée royal de Madrid. Les deux Ribalta (François et Jean), père et fils, morts tous deux en 1628. A dix-huit ans, Jean était assez grand peintre pour unir son travail à celui de son père, et l'on a peine à distinguer les œuvres propres à chacun d'eux. On dit en Espagne : *Es de los Ribaltas*, cette peinture est des Ribalta. Les deux Espinosa (Jérôme-Rodriguez et Hyacinthe-Jérôme), père et fils, celui-ci élève des Ribalta et mort en 1680 : sa *Communion de la Madeleine*, une

Transfiguration, etc., le rangent à côté des maîtres distingués, par la gravité des compositions et du style, par la hardiesse du dessin et la noblesse de l'expression. Le fameux José Ribera, surnommé *l'Espagnolet*, procède de ces maîtres, puis du Caravage qu'il étudia en Italie et dont il subit l'influence plus que celle du Corrège. Ce qui domine dans ses tableaux, c'est la fougue, l'éclat, les effets de lumière et d'ombre, et cette alliance du réalisme avec le spiritualisme chrétien, réfugié souvent dans le regard de ses personnages. Au musée royal de Madrid, qui possède une quarantaine de tableaux de l'Espagnolet, nous trouvions la suprême expression de ce génie, éminemment espagnol, dans son *Martyre de saint Barthélemy*, où il a réuni à la douleur physique, élevée au paroxysme par les contractions du visage et des muscles dénudés, la béatitude céleste dont brillent les yeux de l'apôtre. Il est mort en 1656, et après lui l'école de Valence, comme les petites écoles de Cordoue, de Grenade et de Murcie, se fondit dans la grande école de Séville.

Celle de Tolède fut illustrée par Dominico Theotocopuli, surnommé *el Greco*, parce qu'il est né en Grèce, d'où il vint à Venise, puis à Tolède. De 1577 à 1625, il travailla en Espagne, et il y forma des élèves supérieurs à lui, le moine Jean-Baptiste Mayno, Louis Tristan, Pierre Orrente. Il leur légua ses empâtements vigoureux et savants, mais non ce coloris blafard, ni ce dessin fantastique qui donnent à ses personnages un air maladif ou un aspect de revenants. Je signalerai, au musée royal, comme parfaite expression de son talent, le Christ mort sur la croix : la tête inclinée sur la poitrine est voilée par le clair-obscur comme par les ombres du trépas. Ce tableau est généralement gravé, dans les missels espagnols, en tête du canon de la messe.

On rattache à l'école de Tolède Luis de Moralès, né à Badajoz, vers 1509, et qui n'est jamais sorti d'Espagne. Les Espagnols l'ont surnommé *le Divin;* ce n'est pas seulement parce qu'il n'a peint que des sujets religieux; c'est surtout à cause de l'ardente piété qui éclate dans ses petits tableaux, tous sur cuivre ou sur bois, et qui rendent, selon le goût de ses compatriotes, les souffrances de Jésus et de sa sainte Mère avec une poignante énergie. Voyez, par exemple, l'*Ecce Homo* et la *Vierge aux douleurs,* du musée de Madrid. A contempler cette *Mater dolorosa,* sujet de prédilection pour Moralès, ses joues amaigries où les larmes ont tracé des sillons, ses yeux rouges à force de pleurer, ces lèvres pâles, cette bouche entr'ouverte qui révèle les angoisses de l'âme, ce corps livide de Jésus descendu de la croix et soutenu sur les genoux de sa divine Mère, on ressent la pointe des glaives prophétisés par saint Siméon et qui transpercèrent le cœur de la Reine des martyrs. On doit bien présumer que de telles peintures, si conformes au génie espagnol, auront eu des imitateurs. Aussi attribue-t-on à Moralès beaucoup d'ouvrages qui ne sont pas de lui.

L'école de Séville produisit, au commencement du XVIe siècle, Louis de Vargas. Ce saint homme, mort en 1568, au milieu des instruments de la pénitence et revêtu du cilice ; ses *tablas* ou peintures sur bois sont extrêmement remarquables par l'éclat du coloris, la dégradation des teintes, la grâce et la noblesse des figures, et l'imitation de la nature dans les accessoires de ses compositions. Le prêtre Juan de Las Roelas s'immortalisait un peu plus tard par des chefs-d'œuvre entre lesquels on doit distinguer la *Mort de saint Isidore*, qui forme un retable de l'église consacrée à la mémoire de cet archevêque de Séville. Les Castillo, les Herrera, Francisco Pacheco, viennent encore se ranger dans la galerie des peintres andalous ; mais elle atteint toute sa splendeur avec Velasquez, Alonzo Cano, Zurbaran et Murillo.

Le pieux Velasquez de Silva, né à Séville en 1599, avait acquis, dans l'atelier de Pacheco, son beau-père, cette sûreté de dessin, cette vérité qui le caractérisent, avant d'aller à Venise emprunter au Titien, au Tintoret, à Paul Véronèse, leur coloris prestigieux. Il fut le peintre favori de Philippe IV. La plupart des soixante tableaux qu'il compte au musée de Madrid passent pour des chefs-d'œuvre.

Alonzo Cano, né à Grenade en 1601, était fils d'un *ensamblador*, menuisier chargé d'assembler les pièces dont se composent les retables espagnols. Il devint à la fois peintre, sculpteur et architecte. L'église de Lebrija, sur la route de Séville à Cadix, possède un retable, spécimen du triple talent de cet artiste élégant et correct.

Zurbaran, fils d'un laboureur d'Estramadure, et disciple de l'abbé Roelas (1598-1662), excelle à peindre les sujets ascétiques ; on y trouve unis la fermeté du dessin, la beauté des têtes, la vérité des attitudes à la richesse du coloris, dont les tons clairs cependant ne vont pas jusqu'au blanc, ni les tons foncés jusqu'au noir : trait qui distingue, dit M. Viardot, les tableaux de Léopold Robert.

Murillo (1618-1682), le pauvre enfant de Séville, qui longtemps peignit pour vivre de petites images de pacotille, se place enfin à la tête de l'école andalouse. Sans doute les figures de Nuestra-Senora de Guadalupe, tracées sur de petits morceaux de toile ou de bois, qu'il vendait dans le port de Cadix aux missionnaires partant pour l'Amérique, sont loin de l'*Immaculée Conception* récemment achetée par le gouvernement français au prix de 586,000 fr. Mais avec quel intérêt on retrouverait dans le nouveau monde ces reliques du génie à son berceau et luttant contre la faim ! La fortune lui sourit, et son talent se développa une fois qu'il fut admis dans l'atelier de Velasquez, à Madrid. S'il a peint dans sa vérité la misère du lazzarone, lui le peintre par excellence des lumineuses extases et de l'Immaculée Conception, c'est que son pinceau, toujours espagnol, sait allier à la réalité la magie de l'idéal.

Murillo, dont un fils mourut prêtre et dont la fille unique prit le voile, était, comme la plupart des grands peintres espagnols, un fervent chrétien. Presque chaque jour, à Séville, on le voyait en prière et en contemplation devant une fameuse *Descente de croix* de Pierre de Champagne, peintre né à Bruxelles en 1503, et qui se fixa en Andalousie. Un jour, le sacristain de l'église Santa-Cruz tira Murillo de son extase en l'avertissant qu'il allait fermer les portes : « J'attendais, répondit celui-ci, que ces saints personnages eussent achevé de descendre le corps de Notre-Seigneur. »

L'école de Madrid cite, après Berruguete et Becerra, dont nous avons parlé comme sculpteurs, des noms peu connus en France : Navarrete le Muet, *el Mudo* (1526-1579), que Philippe II appela à l'Escurial; Antonio Moro (1512-1588), le peintre de portraits; Sanchez Coello, le favori de Philippe II; Pantoja de la Cruz; Francisco Collantès, le peintre des paysages et des fleurs. Par Velasquez l'école d'Andalousie influença ensuite celle de Castille, qui vit alors fleurir Pareja, Carreno, Cereso, Claudio Coello, mort en 1693, et qu'on a nommé le dernier des peintres espagnols. Malgré les efforts des rois d'Espagne, depuis cette époque, pour encourager les arts, aucun peintre de génie n'a paru pour continuer les traditions des écoles anciennes; et si Francisco Goya, né en Aragon l'an 1746 et mort à Bordeaux en 1832, a produit des œuvres d'une originalité et d'une hardiesse de dessin fort remarquables, elles appartiennent par le sujet aux régions inférieures de l'art, et ne sont pour la plupart que des caricatures.

Nous appelons de nos vœux le jour où les communications de l'Europe avec l'Espagne mettront en lumière tant de noms et de chefs-d'œuvre presque ignorés; ces chefs-d'œuvre, la gravure, la lithographie, la photographie en propageront la connaissance; ces noms étrangers à notre oreille nous deviendront familiers comme ceux de tant de peintres italiens, flamands, qui sont populaires en France. La musique, comme la peinture, a eu en Espagne ses maîtres, ses compositeurs non moins inconnus; les archives des cathédrales et des monastères recèlent des œuvres, des messes, des motets qui n'en sont jamais sortis, trésors cachés comme les mines inexploitées des sierras et dont nous pouvons soupçonner la valeur par les specimens exhumés récemment dans la *Lyra sacro-Hispana.*

Sous quelque rapport qu'on l'envisage, l'Espagne n'est pas assez connue et gagnerait à l'être davantage. Pour ses peintres, il est vrai, ils ont été initiés en Italie ou par les tableaux des maîtres italiens; ou bien encore ce sont des familles italiennes, comme celles des Carducci, des Rizzi, à l'école de Castille, qui leur ouvrent les secrets de l'art; mais leurs œuvres n'en revêtent pas moins un cachet propre et national qui mérite une étude particulière.

Nous confesserons sans peine que la peinture espagnole, considérée dans son ensemble et dans les sujets religieux, les plus nombreux de beaucoup, n'a pas ce caractère de recueillement, de douce piété, d'onction qui nous plaît et nous édifie dans les écoles primitives antérieures à la renaissance et dans quelques peintres qui, résistant aux influences naturalistes de cette époque, ont su conserver le calme et l'humilité aux physionomies de leurs saints personnages, les attitudes modestes et timides qui rappellent la présence de Dieu, enfin tous les signes extérieurs de la joie contenue et de la paix de l'âme. Non, ce n'est pas cela qu'il faut demander à la peinture espagnole; et pourtant c'est lui faire injure que de lui refuser d'une manière générale l'expression chrétienne, surnaturelle; ce qui brille en elle, ce n'est pas la tendre dévotion, c'est la piété exaltée; ce n'est pas l'humilité, c'est la foi; la foi passionnée, la prière brûlante qui remue la chair même, selon cette parole du roi-prophète: « *Cor meum et caro mea exsultaverunt in Deum vivum :* Mon cœur et ma chair tressaillent d'ardeur pour le Dieu vivant. » Voyez les extatiques de Murillo.

Prenons garde d'assigner à l'art chrétien un type unique, trop étroit et trop exclusif. Mon compagnon, fort imbu des idées de la réaction, d'ailleurs salutaire, qui s'opère aujourd'hui parmi nous contre les idées de la renaissance, dédaignait, condamnait même un instant auparavant les ouvrages qu'une appréciation plus élevée lui fit voir comme dignes de tout éloge.

Ainsi, pour nous résumer au sujet de l'art espagnol dans les œuvres religieuses, en peinture comme en statuaire, nous croyons que, pour le comprendre et le bien juger, il faut se placer à un point de vue particulier. Il faut s'affranchir des idées systématiques, absolues, qui placent le type du beau soit dans l'antique, soit dans les ouvrages de la renaissance italienne, soit dans le grossier et plat réalisme qui essaie d'avilir en France aujourd'hui l'art comme la littérature, soit même dans les œuvres mystiques du Pérugin, de Fra Angelico ou d'Overbeck. L'art ne peut pas saisir le beau absolu; il le contemple par quelqu'une de ses faces, et il en reproduit plus ou moins heureusement le reflet. De là la diversité des écoles, et les controverses élevées sur leur mérite relatif.

Pleins d'admiration pour Raphaël, pour Léonard de Vinci, pour Fra Angelico, nous n'en reconnaissons pas moins dans Murillo un rival de ces beaux génies, et dans l'art espagnol une puissance digne d'être mise en comparaison avec celle de l'art italien. Si le dernier l'emporte par le dessin, par ce que les classiques appellent la pureté du goût, par le spiritualisme élevé qui fait oublier dans ses compositions le monde matériel, le premier l'emporte peut-être à son tour par l'énergie avec laquelle il unit le divin et l'humain, la nature au surnaturel, la chair à l'âme et à Dieu. Or, dans la condition présente de l'homme, cette conception de l'art ne vaudrait-elle pas celle d'un plus pur idéalisme, surtout si l'on considère que la mission de l'art n'est pas précisément d'exciter l'enthousiasme des critiques raffinés, mais d'agir en général sur les âmes en les élevant et en les purifiant?

Bien que nous eussions vu aux musées de Madrid les dépouilles de l'Escurial, ce célèbre monument avait encore bien des titres à recevoir notre visite. Nous nous y rendîmes par la diligence, la veille de Saint-Laurent, patron du monastère.

Après quelques heures au galop sur une route poudreuse, à travers une campagne aride, nous entrâmes dans le parc semé de broussailles, de genêts, de bruyères, d'arbres rabougris. Aux approches du monastère, quand nous gravîmes les pentes du Guadarrama sur lesquelles il est bâti, la voiture fut assaillie par une foule de mendiants. Tous les estropiés de la contrée, les boiteux, les manchots, les aveugles, les idiots, les chancreux, se pressaient autour de nous et nous montraient leurs guenilles, leurs plaies, leurs béquilles, leurs moignons. J'ai vu là des types de vieillards qui auraient admirablement posé dans les ateliers de Ribera ou de Zurbaran. Je ne parle pas des muchachos qui se glissaient jusque sous les roues, demandant aussi l'aumône, mais peu de chose : un *ochavito,* moins d'un centime, au nom de *Maria Santisima.* Cette scène de mendiants est assez rare en Espagne. Et d'abord j'en étais importuné; plusieurs de nos compagnons de route s'impatientèrent vivement; leur impatience me fit réfléchir. Après tout, me disais-je, quel grand mal si nous sommes un peu harcelés? N'est-il pas juste que la fête d'un saint mort sur un gril soit celle aussi de ces martyrs de la misère et de l'infortune? Pourquoi, hommes et femmes entourés de luxe et peut-être esclaves du sensualisme, pourquoi ces malheureux, qui sont nos frères en Jésus-Christ, nous causeraient-ils trop de fatigues et de répugnance? Ils nous présentent des plaies dégoûtantes; mais c'est une raison d'avoir pitié d'eux; c'est une leçon qui doit exciter notre reconnaissance envers Dieu qui nous épargne, nous qui peut-être à ses yeux ne valons pas ces pauvres gens; et qui sait si demain nous n'aurons pas autant qu'eux besoin de secours et de charité?

Nous voici en face de l'Escurial. Ce célèbre monument, à la fois palais et monastère, est un couvent d'Hiéronymites ou moines de Saint-Jérôme, et c'est aussi, comme la Granja et Aranjuez, une résidence royale. Il fut bâti par Philippe II, en mémoire de la bataille de Saint-Quentin, où Emmanuel-Philibert, général de Philippe, défit le connétable de Montmorency, le 10 août 1557, jour de la fête de Saint-Laurent. L'architecte J.-B. Manegro, et après lui son élève Jean de Herrera, ont donné, en mémoire du saint, la forme d'un gril à l'édifice. Les bâtiments en sont alignés comme les barres de cet instrument, et ils présentent dix-sept cloîtres. Une coupole, ornée à sa base de boules de granit et posée au centre de huit tours, surmonte cet ensemble imposant. Des caveaux grandioses, revêtus de jaspe et de marbres précieux, renferment les tombeaux de rois et de reines d'Espagne. « Je suis extrêmement embarrassé, dit un critique, pour exprimer mon avis sur l'Escurial, ce Léviathan d'architecture, le plus grand tas de granit qui existe sur la terre après les pyramides d'Égypte. (Ici le critique se trompe : les pyramides dont il parle, et que nous avons visitées, sont en calcaire et non pas en granit.) Tant de gens graves en ont parlé comme d'un chef-d'œuvre et d'un suprême effort du génie humain, que j'aurais l'air de vouloir faire de l'originalité de parti pris et de prendre plaisir à contrecarrer l'opinion générale ; et pourtant, en mon âme et conscience, je ne puis m'empêcher de trouver l'Escurial le plus ennuyeux et le plus maussade monument que puissent rêver, pour la mortification de leurs semblables, un moine morose et un tyran soupçonneux. »

Il faut s'entendre. L'Escurial est avant tout un monastère et une nécropole, une retraite de religieux ermites, voués à l'étude, au silence, à la prière, et une galerie de tombeaux. Dès lors la nudité de l'architecture, la sévérité des lignes, la pesanteur et le froid du granit, les tons bleuâtres et jaunâtres de la pierre, l'étroitesse des fenêtres, l'austérité du paysage faiblement combattue par les touffes des grands arbres qui s'élèvent sur les terrasses, au versant de la colline, à l'ombre du couvent, les longues et monotones galeries intérieures, tout est en harmonie avec le caractère moral de l'édifice, et c'est vouloir un contre-sens que de réclamer ici ce que vous trouvez à Aranjuez et à la Granja. D'ailleurs, si les rois, si la cour y viennent quelquefois respirer un air moins enivrant; s'ils y ressentent, par l'influence même de l'architecture, les impressions salutaires de la pénitence et de l'inévitable mort, n'est-ce pas un bien, et faut-il en faire un reproche à l'architecte? Trêve donc de jugements frivoles sur un monument qui ne l'est pas et ne doit pas l'être. Enfin, l'intérieur de l'Escurial était grave, sans être morose, avant qu'on ne lui eût enlevé ses tableaux; et l'on peut même estimer qu'il offre encore assez de charmes dans ses fresques de Lucas Giordano, de Carducci, de Pellegrini.

L'église, bâtie en croix grecque et surmontée d'une vaste coupole, est sobre de décorations; mais ses peintures et ses statues de bronze sont des chefs-d'œuvre. Il faut avouer aussi que ses savantes proportions rappellent, par le sentiment de l'infini qu'elles provoquent dans celui qui les contemple, les puissants calculs de Michel-Ange en architecture. La nudité de cette église contraste assez avec la richesse habituelle de celles d'Espagne, pour que l'on soupçonne qu'une raison la motive, aussi bien que la sévérité générale de l'édifice entier.

A la bibliothèque, on mit complaisamment sous nos yeux une multitude de trésors. Les livres anciens sont, pour la plupart, à tranches dorées, posés dans les rayons, le dos vers le mur et la tranche en dehors; car c'est elle qui porte le titre de l'ouvrage gravé dans l'épaisseur de la marge. Nous vîmes des reliures à faire pâmer d'aise, je ne dis pas les bibliomanes, mais les bibliophiles les moins passionnés. Qu'est-ce cela pourtant comparé aux manuscrits de la Bible, des Pères, des classiques grecs et latins, des livres hébreux et arabes, ces derniers au nombre d'environ deux mille, par lesquels l'Escurial rivalise avec le Vatican! Citons la bible grecque qui a appartenu à l'empereur Cantacuzène, un Coran, trophée splendide de la victoire de Lépante, un volume à coins de bronze, à fermoirs d'argent, contenant en lettres d'or les Évangiles et divers écrits des Pères de l'Église, monument du xe siècle et du règne de Conrad le Salique.

L'austère et froid édifice que nous avions visité nous laissait sous une impression profonde, et des pensées sérieuses nous dominaient. Au sortir des cloîtres, la lumière vive qui frappa nos regards, la chaleur du soleil qui succéda dans nos membres à la fraîcheur glaciale maintenue toujours au même degré sous les voûtes épaisses, derrière les murs de granit; les bruits et l'agitation de la *feria* qui se tenait au dehors, comme à toutes les fêtes religieuses espagnoles, les apparences du monde réel et vulgaire nous arrachèrent subitement à la méditation et à la rêverie qui nous avaient gagnés; nous passâmes comme étourdis à travers la foule. Les paysans, qui tout à l'heure étaient prosternés sur les dalles du temple, n'ayant sur les épaules que leur chemise, gisaient maintenant endormis par terre, à l'ombre des grands murs du palais; ils étaient dans les postures les plus diverses, et offraient un sujet de tableau rempli de séductions pour nos peintres réalistes; ils nous rappelaient les paysans de la campagne romaine fuyant la malaria, et dormant au mois d'août sur les pavés de Monte-Cavallo. Le tohu-bohu bruyant de la foire ne les réveillait point; pas même les sifflets de verre, ornés de fleurs artificielles, et dans lesquels les muchachos soufflaient en l'honneur de saint Laurent. Dans les baraques improvisées, boutique à un réal ou à cinq sous, il y avait, comme en France, des bonbons, des poupées toutes primitives, des colifichets pour les jeunes filles, des jouets d'enfants, des indiennes à gros ramages, mais aussi quantité de guitares, de tambours de basque, de castagnettes; à côté, des images grossièrement exécutées de san Lorenzo, de Santiago, de Nuestra-Senora sous vingt noms divers.

Bien que nous fussions logés à la principale fonda ou auberge du bourg supérieur, ***Escorial de Arriba,*** nous n'avions qu'un gîte délabré, une pitance détestable, le tout coûtant fort cher. Que de fois j'entendis William Rose, après le règlement de nos comptes d'hôtellerie, chantonner en souriant : *L'or est une chimère...* Et, lorsque dans sa bourse alourdie les cuartos de billon remplaçaient avec une rapidité dont il ne se rendait pas compte l'once d'or, cette jolie pièce de quatre-vingt-quatre francs, la demi-once, le doublon d'Isabelle II, de vingt-six francs, l'ancien doublon de vingt-un francs: « Comment, s'écriait-il,

Comment en un plomb vil l'or pur s'est-il changé? »

C'est un problème dans tous les voyages. En Espagne, il n'est pas plus difficile à résoudre qu'ailleurs. Sauf certaines routes où les diligences, menacées par les tronçons de chemins de fer toujours croissants, abusent d'un règne qui touche à sa fin; hormis quelques posadas, où les voleurs, délogés des sierras, semblent s'être rabattus pour détrousser impunément les voyageurs, auxquels ils présentent, au lieu de tromblons chargés jusqu'à la gueule, une carte à payer d'une incroyable effronterie, l'Espagne est raisonnable envers les touristes et ne les exploite pas d'une manière exorbitante.

Voici les diverses classes d'hôtelleries qu'ils rencontrent. Dans les villes un peu importantes, et placées sur les grandes routes ou au bord de la mer, il y a des hôtels plus ou moins bien tenus, nommés *fondas* et *paradores;* la totalité de la dépense est ordinairement d'une trentaine de réaux par jour, c'est-à-dire d'environ huit francs. Les *posadas* sont des auberges ou hôtels de second ordre; on y est en général moins bien traité, et la dépense y est un peu moins forte. Sur les routes, on rencontre les *ventas*, qui le plus souvent n'offrent qu'un très-mauvais logement, à peine un abri contre les intempéries, et l'on n'y trouve pas d'aliments. Comme au temps de don Quichotte, le maître de céans, ou quelque Maritorne, répond au voyageur affamé : « *Hay de todo :* Il y a de tout. » Mais au détail et en précisant les questions, vous arrivez à constater qu'il n'y a rien, sauf peut-être un peu de pain et d'aguardiente : c'est le wigwam de l'Amérique du Nord, le caravansérai de l'Orient. Le voyageur agit donc prudemment en apportant des vivres, s'il voyage par étapes : s'il est en diligence, il y aura, partout où la voiture s'arrête, un gîte suffisant et une table servie. Dans les villes, dans celles même qui n'ont pas d'auberges, il peut recourir aux *casas de huespedes*, maisons d'hôtes, où l'on vit en famille avec les propriétaires de la maison. Les étrangers n'adoptent plus guère ce genre d'hospitalité, bien qu'il permette souvent de mieux étudier les mœurs et la langue du pays; mais il exige qu'on se soumette à une certaine régularité et qu'on affronte la cuisine espagnole, l'huile non purifiée de nauséabonde mémoire. Ajoutons que la cupidité habite un trop grand nombre de ces maisons, malgré leur nom patriarcal et séduisant.

L'Espagne a beaucoup à faire encore pour offrir à l'étranger l'accueil et le confortable qu'il peut désirer. A mesure qu'elle verra les visiteurs affluer dans son sein, elle s'efforcera de répondre à leurs besoins et à leurs vœux : c'est d'ailleurs son intérêt. Ses principales villes l'ont déjà compris, et la plupart possèdent quelques fondas très-convenables; souvent l'une reçoit plus spécialement les Français, l'autre les Anglais. Ce dualisme, constitué dans la civilisation moderne par l'opposition du Français à l'Anglais, a, comme on voit, des faces bien diverses. Les fondas fréquentées des Anglais l'emportent peut-être sur leurs rivales, par je ne sais quoi de bien rangé, de méthodique et de réservé, qui répond mieux aux mœurs de la Grande-Bretagne. On dit que des spéculateurs étrangers sont venus sur bien des points fonder ces établissements, et faire ainsi la leçon aux Espagnols; on nous a parlé d'une compagnie suisse qui réalise, par des hôtels et des cafés bien tenus, de jolis bénéfices. Je dis bien tenus, sauf quelque réserve; car si l'on trouve là les journaux du dehors, ceux de Paris, par exemple, on peut être sûr qu'ils appartiennent à la presse des cabarets de France, la plus contraire aux sentiments et aux traditions du peuple espagnol. William Rose en était choqué, impatienté. Un jour, on lui apporte sur sa demande un journal français; c'était *le S****, comme d'ordinaire : « Ah çà ! dit-il en fronçant le sourcil et en fixant son regard sur le garçon qui lui présentait cette feuille, j'ai donc l'air bien sot ? »

De retour à Madrid, nous ne voulûmes pas dire à cette capitale et à la Castille un dernier adieu sans faire une excursion à Alcala de Hénarès, en latin *Complutum*. C'est la patrie de Cervantès; mais nous désirions par-dessus tout y voir le tombeau du cardinal Ximenès, les vestiges de cette université qu'il y fonda en 1499, et qui était la première de l'Espagne après celle de Salamanque. En une heure, le ferro-carril nous transporta au pied des murailles d'Alcala; cette enceinte et ces tours imposantes, revêtues de tons briquetés, ces clochers, ces coupoles qui dominent la vaste plaine du Manzanarès, annonçaient dignement l'illustre cité; mais à l'intérieur, quelle déception! Immobile et déserte, Alcala est peut-être de toutes les villes d'Espagne la plus tristement déchue; partout des ruines, de misérables échoppes, un silence de plomb; nous cherchâmes le tombeau du saint et grand cardinal, et nous le trouvâmes enfin, récemment transféré de Saint-Ildefonse à l'église magistrale. Agenouillés devant ce tombeau de marbre, nous fûmes absorbés beaucoup moins par les sculptures du Dominico de Florence, que par la méditation du passé et de l'avenir de l'Espagne. Nous priâmes le Ciel de lui donner, dans sa miséricorde, des hommes d'État inspirés du même esprit que celui dont nous voyions l'image couchée devant nous.

Mais ce que je ne puis exprimer, c'est l'amertume qui remplit notre cœur lorsque, pénétrant dans les ruines du Collége majeur de Saint-Ildefonse, nous aperçûmes au fond de l'église obscure, non pas le tabernacle ni l'autel, non pas la grave assemblée des docteurs, mais les tréteaux d'un théâtre, sur lequel deux saltimbanques se livraient à une répétition pour la danse du soir. Ah! que cela nous fit mal! quel dégoût des révolutions modernes de telles profanations, de telles chutes doivent inspirer à tout homme de cœur! A Tolède, nous n'aimions plus Madrid, qui l'a supplantée; à Alcala, nous maudissions Madrid, qui a causé sa ruine et son déshonneur. Sur le portail de Saint-Ildefonse, de l'édifice où fut imprimée au prix de cinquante mille écus d'or la célèbre Bible polyglotte, nous lûmes une affiche écrite à la main, car il n'y a plus là d'imprimerie, et qui annonçait, quoi? une comédie en deux actes, une zarzuela et un pas de la danseuse que nous avions entrevue se démenant dans l'ombre.

Ce n'est plus à Alcala qu'il faut aller chercher des souvenirs de Ximenès et de l'université; c'est à Madrid, à la bibliothèque de l'université moderne. Là vous verriez les ornements épiscopaux du cardinal, son testament, son bâton pastoral, simple roseau sur lequel sont gravés en fines intailles les douze apôtres, des trophées qu'il enleva en Afrique à la conquête d'Oran, les drapeaux qu'il ravit aux musulmans et que naguère, à la prise de Tétouan par les Espagnols, les étudiants de Madrid promenèrent triomphalement dans les rues de la capitale, une partie des précieux manuscrits qui servirent à sa Polyglotte, enfin les pièces préparées pour le procès de sa canonisation. Après avoir examiné pieusement ces reliques, nous allâmes faire une visite à l'église Saint-Louis des Français : vocable que nos compatriotes aiment à entendre à Madrid, comme à Lisbonne, à Rome, à Carthage, puisqu'il rappelle, avec le nom glorieux du plus saint de nos rois, le souvenir de la patrie absente. Le soir, nous quittions Madrid sans regret pour nous rendre à Cordoue.

CHAPITRE VII

LA CUISINE ESPAGNOLE. — LA SIERRA-MORENA. — LES BRIGANDS. — LAS NAVAS DE TOLOSA. — BAILEN.

La *Cordobesa,* dans sa course rapide, avait franchi le Val de Penas, dont les vignes, nées de ceps transportés de Bourgogne, couvrent une vaste étendue et fournissent en abondance un vin des plus potables, sinon des meilleurs de l'Espagne. Nous vîmes ensuite les belles collines qui séparent Almuriadel de la Sierra-Morena, et nous arrivâmes au déclin du jour à la Venta de Cardena. Le soleil avait disparu derrière les montagnes, dont les crêtes noires se dessinaient vivement sur le ciel embrasé. La diligence qui devait traverser durant la nuit les cols de la Sierra, ne nous eût pas permis de contempler selon nos vœux les sublimes horreurs que la nature déployait devant nous; William partagea mon avis: nous quittâmes la voiture pour continuer notre route à dos de mule.

Au surplus, il faut bien l'avouer, deux choses nous

rendaient à cette heure insensibles aux merveilles les plus saisissantes, je veux dire la fatigue et une faim non moins grande, excitée encore par la brise du soir qui commençait à descendre des gorges de la montagne.

Je tiens ce conseil d'un sage et savant touriste : en voyage, il ne faut pas lutter contre l'extrême fatigue; c'est gagner du temps que d'en perdre un peu à se reposer. Sans le repos, adieu la bonne humeur et la liberté d'esprit nécessaire pour observer et goûter ce que l'art ou la nature offre au voyageur; en vain lui montrez-vous du doigt quelque merveille, son estomac répond, avec le coq du fabuliste :

> Le moindre grain de mil
> Ferait mieux mon affaire.

Tandis que mon compagnon stimulait l'indolence de l'hôtesse à nous préparer le repas, je convins du prix de louage des mules avec des *arrieros* ou muletiers, qui, le lendemain au point du jour, devaient partir de la venta pour Cordoue.

Mon ami William, en bon Anglais, attachait une grande importance à la cuisine; non point, je dois lui rendre cette justice, qu'il fût gourmet ni gourmand; mais il croyait qu'un voyageur intelligent peut tirer des inductions philosophiques sur le caractère et les mœurs d'un peuple en observant ce qu'il mange et quelle est sa conduite à table; de plus, il estimait qu'un excellent moyen d'apprécier certains produits du sol et les ressources d'un pays, sans dîner moins confortablement pour cela, c'est de demander toujours les mets et les vins les plus renommés de chaque région, de chaque localité; il tenait essentiellement à connaître les plats nationaux, et consignait dans ses notes une foule d'observations culinaires, morales, économiques, sans lesquelles, disait-il, ses compatriotes lui refuseraient une vraie connaissance des pays qu'il visitait.

Selon lui, le peuple espagnol fait preuve de sobriété, mais un peu de paresse, en vivant de simples *migas* ou de tranches de pain frites dans l'huile non purifiée, et mieux encore d'un morceau de pain relevé d'un ail cru. C'était précisément là tout le festin des arrieros arrivés quelques instants avant nous.

L'hôtesse, entrant parfaitement dans les vues de William, nous servit d'un air triomphant le *farro*, l'*olla podrida* et le *gaspacho*, trois plats espagnols où elle avait concentré tout son savoir-faire. Je serais fort embarrassé si vous exigiez que je fisse par moi-même l'analyse de ces trois chefs-d'œuvre; mais j'ai recours aux notes de mon compagnon.

Le farro est une soupe en avoine! On fait crever les grains d'avoine à l'eau chaude; on les pile en y mêlant des amandes douces, et l'on délaie ensuite avec du lait sucré. Cette tisane calme et rafraîchit le voyageur brisé par la route et brûlé par les ardeurs du climat.

Comment définir l'olla podrida, nommée aussi *puchero*, et dont le nom se traduit littéralement en français par pot-pourri? Des plaisants prétendent que c'est un salmigondis de tout ce que l'homme peut manger. Le fait est qu'on y voit pêle-mêle bœuf et oignons, jambons et *garbanzos* ou pois chiches, mouton et carottes, andouille et boudin, poulet et céleri, lard et navets, œufs durs et poireaux, le tout parfumé de clous de girofles, et fortement coloré de piment rouge et de safran, mais servi sans luxe et dans le pot même où ce mélange hybride a bouilli.

Ce qu'on appelle en Champagne, dans la partie qui confine à la Franche-Comté, la *potée,* ce plat de tous les jours gras sur la table du laboureur et de l'ouvrier, n'est qu'un diminutif de l'olla podrida. Je soupçonne les Espagnols, qui ont possédé la Franche-Comté plus d'un siècle, et jusqu'en 1674, de nous avoir légué la recette du pot-pourri champenois.

Le gaspacho vint en guise de salade. Des oignons, des tomates, un concombre, du persil, du cerfeuil, des mies de pain, des piments, des gousses d'ail nageaient dans l'huile et le vinaigre. Nous affrontâmes ce nouveau mélange, moins hardi peut-être, mais non moins dur que le précédent.

William remarqua bientôt un arrière-goût d'olive pourrie dû à l'huile non purifiée; son horreur pour l'huile espagnole, à partir de ce moment, ne fit que s'accroître.

« Un homme qui peut digérer cette huile, disait-il en faisant la grimace, perd beaucoup dans mon estime. Que les Espagnols y songent : ils devraient avoir la meilleure huile du monde, ils ont la plus infecte; elle est incompatible avec la civilisation. Je pardonne aux Arabes de Tunis, aux Kabyles de Bougie, aux Maures de Fez de s'en contenter : ce sont des barbares! L'Espagne n'a pas d'excuse. »

Plus tard, dans les villes, lorsqu'un marchand de fritures avait établi ses fourneaux sur le seuil de sa maison, William prenait une autre rue et faisait un long détour pour éviter l'odorante fumée.

« Quelle puanteur! quel aliment! s'écriait-il. Les naufragés de *la Méduse* n'en auraient point voulu. »

Et il répétait le dicton anglais sur la cuisine espagnole :

God sends meat, and the devil sends cooks.

Dieu envoie les aliments, et le diable les cuisiniers.

Plaisanterie à part, cette huile espagnole, grossièrement préparée, est exécrable. Mais pour en revenir au gaspacho, il nous sembla de prime abord que l'incendie allumé dans notre bouche ne pouvait s'éteindre; le vin de Val de Penas et de grands verres d'eau froide paraissaient plutôt l'attiser. Chose étrange et dont nous fîmes l'expérience, le piment rouge et les autres épices dont les Espagnols usent à foison procurent d'abord une sensation qui ressemble à la brûlure; mais une fraîcheur inespérée ne tarde point à lui succéder.

Règle générale : le climat détermine la convenance des aliments comme celle des vêtements chez les peuples divers. Ce que vous jugez nuisible dans votre pays, même à bon droit, peut ailleurs être utile et hygiénique. Chez toutes les nations, les usages universels et séculaires ont leur raison d'être, quand même on ne la soupçonnerait pas d'abord ; et l'expérience des générations, l'instinct populaire, ne sauraient guère sous ce rapport se trouver en défaut. L'assaisonnement tonique corrige en Espagne ce que la chaleur de l'air a de débilitant. L'étranger s'est pris à sourire bien souvent à la vue de l'ample manteau dont s'enveloppe le Castillan sous un ciel de feu, ou bien à la vue du double et triple burnous qui semble étouffer l'Arabe du Sahara. Mais qu'il se détrompe. Toutes ces draperies arrêtent l'action directe des rayons solaires, beaucoup plus à craindre que la simple élévation de la température ; elles laissent à l'air une circulation plus ou moins libre, et il suffit de les resserrer quelque peu pour parer au danger des brusques passages du chaud au froid, si redoutables aux premières heures des nuits méridionales.

Mais les règles générales ont leurs exceptions ; et je crois que rien ne justifie l'abus de la cigarette, tel qu'il existe en Espagne. L'enfant, le vieillard, tous les hommes, surtout les hommes du peuple, fument partout et presque sans intermittence ce petit cylindre où il y a moins de tabac que de papier ; car ce papier, quoi qu'on en dise, est le plus souvent d'une pâte ordinaire et grossier. Il en résulte le dessèchement de la gorge et une altération très-vive, si l'on en juge par la quantité d'eau que les hommes du peuple sont obligés de boire à des intervalles rapprochés. L'Arabe fume, mais dans de longues pipes, et il boit peu ; en route, il se défie de l'eau froide, dont l'action est violente sous un climat très-chaud. Je fus frappé de ce contraste entre l'Espagne du Sud et la côte d'Afrique, dont les habitants, au point de vue physique, présentent de si nombreuses analogies. Si l'on cherche quelque circonstance atténuante à plaider en faveur de la cigarette, il faudrait peut-être l'envisager comme une sorte de lien social, une cause de rapprochement et de familiarité entre les diverses classes de la population : celui qui fume vingt, trente, cinquante cigarettes par jour est souvent dans la nécessité d'emprunter du feu à ceux qu'il rencontre ou aux voisins que le hasard lui donne : le mieux avisé n'est pas toujours pourvu de *fosforos*. Et le grand d'Espagne est ainsi conduit à adresser la parole et à demander un petit service au manant. Combien de fois n'avons-nous pas vu commencer par là la conversation entre des hommes qui ne se seraient pas dit un mot! La fétide tabatière a bien aussi quelque avantage de cette sorte : on désarme un ennemi en lui offrant une prise. Mais la cigarette en Espagne a détrôné même le cigare, qu'on y fume beaucoup moins; et l'on n'aperçoit que rarement la tabatière.

Devisant là-dessus, nous arrivâmes à la fin de notre courageuse épreuve de la cuisine espagnole. Pour ne pas effleurer trop légèrement ce sujet, il faut rappeler ici, entre les usages de la Péninsule, le grand rôle que joue le chocolat. Les colonies de l'Espagne lui fournissent en telle abondance le sucre et le cacao! Le chocolat se prend à toutes les heures du jour, mais dans des tasses exiguës. Il est pour l'Espagnol ce qu'est le thé pour l'Anglais et le Hollandais, le café pour l'Arabe, le sorbet glacé pour l'Italien. Volontiers on le fait suivre d'un verre d'eau froide comme la neige et dans lequel on plonge un petit gâteau long, poreux et léger, de sucre caramélisé, destiné sans doute à combattre la crudité de l'eau. Par un contraste que je ne sais pas expliquer, les Espagnols, si amateurs de mets relevés et de sauces dévorantes, sont friands de gâteaux, de confitures et de sucreries. Le dessert des grands dîners en présente une incroyable variété, et les collations de cérémonie surpassent en ce genre l'imagination. Le café n'est pas aussi apprécié en Espagne qu'en France, et on le prépare assez mal. Mais nous devons constater que les Espagnols goûtent peu les liqueurs alcooliques, si on les compare aux nations du Nord. L'*aguardiente,* sorte d'eau-de-vie à l'anis, est à la vérité très-forte; mais l'usage n'en est pas commun, et les hommes de peine, pour qui elle a des charmes, savent se modérer.

Nos arrieros débutèrent par savourer cette liqueur quand les premières lueurs de l'aube les avertirent d'organiser la *recua*, ou la caravane des mulets attachés à la file, l'un à la queue de l'autre. Dans les mauvais chemins, dans les sentiers étroits et difficiles, si nombreux encore en Espagne, cette disposition est indispensable; elle laisse aux conducteurs beaucoup moins à faire. On la conserve par tradition, par habitude, sur les grandes routes, où toutefois elle offre encore des avantages. Mais n'y eût-il que deux ou trois mulets, ils marchent d'ordinaire l'un derrière l'autre. Ainsi chevauchent les Arabes d'Algérie sur les routes impériales, comme s'ils suivaient encore le sentier tortueux de l'Atlas ou de la plaine déserte, ensevelie sous les broussailles.

Si la paresse est toujours un vice, elle est un malheur spécialement pour le touriste. Il doit être matinal. La nature dont il veut s'enivrer, la nature où il veut découvrir le reflet des grandeurs de Dieu, lui offre au lever du jour des beautés particulières, une vie propre, une éclosion, un réveil qui le fait assister, pour ainsi dire, comme Adam au spectacle sublime de la création.

Oh! oui, nous étions vivement pénétrés du sentiment de la puissance divine à mesure que nous approchions, devançant la caravane, de la sombre montagne qui découpait ses énormes sommets sur le ciel où se jouaient les premiers rayons de l'aurore. Les ravins devenaient des abîmes. Engagés au fond de gorges profondes, nous étions encore dans la nuit, quand le soleil éclairait déjà les cimes des rochers titaniques, amoncelés au-dessus de nos têtes. Qui pourrait mesurer sans frayeur les gouffres insondables de Despenaperros, ses masses rocheuses, plus audacieusement posées qu'elles ne sauraient l'être dans l'imagination désordonnée d'un poëte?

Suspendues en l'air à droite et à gauche, elles vont se réunir pour écraser l'imprudent qui passe à leur pied. Horrible défilé, nul ne pourra te voir et t'oublier; tu serais une digne avenue de l'enfer :

Così da imo della roccia scogli
Moven, che ricidean gli argini e i fossi.

Ainsi, au bas de la montagne, les rochers découpent les précipices et les abîmes. (*Enfer*, c. XVIII.)

Nous respirâmes enfin parvenus à la pyramide qui marque la limite entre les provinces de Jaen et de Ciudad-Real. Sur ce monument, la piété espagnole a sculpté d'un côté la Vierge de Tolède et de l'autre la sainte Face, telle qu'elle est imprimée sur le suaire de Jaen. Devant ces images, je récitai mon bréviaire, non sans porter par instants les regards sur la nature imposante qui nous environnait, et qui élevait si bien l'âme à Dieu.

En attendant que nous fussions ralliés par les arrieros, William se livrait aux observations géologiques, et recueillait quelques précieux échantillons de la flore espagnole.

Bientôt nous entendons le *zumbo*, ou la grosse clochette du premier mulet qui marche en tête de la caravane. Le son grave et régulier de cette cloche réveille les échos de la montagne. On distingue ensuite le bruit des grelots des mulets qui suivent d'un pas égal, comme s'ils marquaient la mesure. La caravane approche, et fait halte près de nous.

Autrefois, à ce passage, les arrieros n'auraient pas laissé leurs carabines posées en travers sur les ballots des mules. On ne le franchissait que l'œil au guet et les armes à la main. Sans parler des loups qui, en hiver, s'y rassemblaient par troupes et attaquaient l'homme, les brigands y trouvaient un asile assuré; ils étaient les rois de ces montagnes, tenaient pour sceptre le *trabuco* ou espingole, et nul ne leur refusait le tribut sans y laisser sa tête. Les arrieros nous racontèrent les sinistres exploits des Chaffandine, des Barrocal, des Maragato, des

Bocca-Negra, scélérats passés à l'état légendaire comme en France Cartouche et Mandrin. L'un de nos guides nous conduisit par un chemin de traverse, qui se dirige vers le village de Santa-Elena, à une caverne immense, où des bandes de brigands se réfugiaient dans l'ancien temps. Nous y pénétrâmes presque en rampant et en écartant les bruyères et les arbousiers qui dissimulent l'entrée. C'est bien une de ces cavernes de voleurs comme les ouvrages de fantaisie les décrivent; mais la flamme des branches de bois sec allumées par l'arriero ne fit pas briller à nos yeux les armes ni les trésors; elle éveilla seulement les chauves-souris endormies aux parois, et qui tourbillonnèrent en nous effleurant de leurs ailes immondes.

La structure géologique de la Sierra-Morena explique la présence d'un grand nombre de cavernes semblables dans son sein. A l'époque des luttes entre la croix et le croissant, elles ont plus d'une fois servi de refuge aux populations chrétiennes.

Tout danger a disparu. Ouverte en 1779 sous Charles III, et sous la direction de l'ingénieur français Charles le Maure, la belle route que nous parcourions a présenté quelque sécurité du jour où, par ordre du monarque, des colonies, *nuevas poblaciones*, composées de colons étrangers, peuplèrent les solitudes de la Venta de Cardena, de Santa-Elena, de Los Carboneros, de Los Rios et de Guarroman. Les colons venaient en aide aux soldats et aux alguazils pour la poursuite et l'arrestation des brigands. Aujourd'hui, sur toutes les grandes routes d'Espagne, sont échelonnés les postes de la garde civile; et le gendarme debout, au bord du chemin, lorsque passe la diligence, montre au voyageur que la force publique veille sans relâche pour empêcher le retour d'un péril évanoui.

Aux Navas de Tolosa, une longue halte nous laissa le temps de voir ces plaines célèbres où se livra, au mois de juillet 1212, de l'hégire 609, la plus formidable et la plus importante peut-être des batailles qui aient jamais ensanglanté le sol de la Péninsule. En espagnol, on désigne sous le nom de *navas* les terrains qui offrent une plaine rase, et qui par conséquent sont favorables aux manœuvres des armées.

Or, au commencement du XIIIe siècle, on ne savait point encore si l'Espagne serait définitivement chrétienne ou musulmane. A la vérité, les chrétiens refoulés, au VIIIe siècle, au nord du Douéro, avaient reconquis pied à pied une partie du territoire envahi par les farouches sectaires de Mahomet, et ils possédaient la moitié de la Péninsule; mais la dynastie des Almohades, fondée par Abd-el-Moumen, au Maroc, dominait le midi de l'Espagne, et sa puissance menaçait de la reprendre tout entière.

Le calife Mohammed-en-Nacer, petit-fils d'Abd-el-Moumen, fit prêcher le djehad ou guerre sainte dans tout son empire. De son côté le pape Innocent III, fidèle aux traditions des pontifes, pères et protecteurs de la chrétienté, pacifiait les princes catholiques; il faisait annoncer à l'Europe une croisade en faveur du roi de Castille Alphonse VIII, ou plutôt du christianisme appelé à un duel suprême. Le roi de Navarre, les ordres religieux militaires de Calatrava, de Saint-Jacques-de-l'Épée, du Temple et de Saint-Jean-de-Jérusalem, les chevaliers français, commandés par l'archevêque de Narbonne, accoururent sous l'étendard de Castille.

La solennelle rencontre de la croix et du croissant eut lieu dans les navas qui se déroulaient sous nos regards. Le 16 juillet, au point du jour, l'armée chrétienne, tombant à genoux, reçut des évêques qui l'accompagnaient l'absolution générale et l'indulgence plénière de la croisade; elle se relevait invincible. L'islam avait en lignes cinq cent mille hommes. Plus de cent mille mordirent la poussière; aussi les historiens arabes nomment-ils cette journée *El-aquab*, la punition. Elle marque une ère nouvelle dans les fastes de l'Espagne, dans le destin des Almohades, dont elle commença l'irrémédiable déclin. Leur empire se démembra en Espagne par la révolte des gouverneurs; et à la puissante unité du califat succéda la division du territoire entre des émirs, que les princes chrétiens pouvaient réduire plus facilement. L'Espagne était sauvée.

Vous avez vu dans les armoiries de Navarre les chaînes qui se dessinent sur l'écusson et se réunissent au centre sur une émeraude. Elles ont été ajoutées au champ de gueules du vieil écu de ses ancêtres par le brave don Sanche, qui rompit le premier la chaîne tendue devant la tente du calife et décida la victoire.

Errant au milieu des oliviers et des cactus, qui commencent à paraître sur ce versant de la Sierra et qui rappellent si bien les pays arabes, nous rêvions, mon ami et moi, comme absorbés par ces grands souvenirs. Nous ne cherchions pas la trace du sang : l'archevêque Rodrigue, historien et acteur du terrible drame, raconte que la terre but ce sang avec une telle avidité, qu'elle n'en demeura pas teinte : *Con quedar muerta tan grande muchedumbre de Moros*, dit d'après lui Mariana, *en todo el campo no se vió rastro de sangre*. Assis au pied d'un olivier, symbole de la paix, dans le silence de la solitude à peine troublé par la brise qui fait frissonner les genêts d'or, je crois entendre le soupir des armées qui dorment sous ce manteau de verdure, je sens la présence du Dieu, qui fit dire ici-même au calife En-Nacer : « Dieu seul est vrai; le diable est perfide. »

Il était bien tard quand nous entrâmes, le cœur serré, à Bailen.

Bailen ! C'est là qu'en 1808 le général Dupont capitula entre les mains de Castanos. A la tête de trois divisions, exténuées de fatigue et de faim, coupées en deux par l'armée espagnole et décimées par toutes les misères qui peuvent accabler une armée, Dupont recula devant la menace d'un massacre suspendu par le général sur la tête d'une division entière, et il signa cette capitulation, qui fut le premier de nos désastres dans cette malheureuse entreprise. Ah ! s'il eût pu prévoir que les Espagnols détruiraient, par la captivité la plus inhumaine, un si grand nombre de ceux auxquels il voulait du moins sauver la vie, nul doute qu'il n'eût préféré succomber dans une lutte désespérée. Peut-être eût-elle ouvert le chemin de Madrid, alors occupé par les Français, à quelques débris héroïques de sa glorieuse armée.

Les Espagnols, reconnaissons-le, sont braves et très-dévoués à leur patrie; mais, secrètement jaloux peut-être des lauriers de la France, ils semblent se plaire à nous répéter : Bailen, Bailen. Ils oublient trop que nous avions depuis quinze ans l'Europe sur les bras; qu'en Espagne nous avions contre nous, avec l'influence d'un climat étranger, l'ignorance de la topographie au milieu de régions des plus difficiles, parfaitement connues d'eux; ils avaient l'armée anglaise et le génie militaire de Wellington; puis l'assistance des habitants, qui nous trahissaient et nous assassinaient; ils avaient le nombre; ils avaient ce sentiment de l'homme qui combat *pro aris et focis :* les armes, les conditions n'étaient pas égales. Ils se font illusion, s'ils croient pouvoir contester notre supériorité militaire en s'appuyant sur leur fameuse guerre de l'Indépendance.

Il n'est pas moins évident le tort des Espagnols, trop nombreux, qui motivent par l'invasion de 1808 les sentiments de défiance et d'antipathie qu'ils manifestent envers la France, la préférence qu'ils accordent à l'alliance anglaise. La nation française n'est pas moralement responsable de l'ambition de Napoléon; elle ne s'appartenait pas sous le sceptre absolutiste qui voulait imposer à l'Espagne un Bonaparte pour souverain. Depuis qu'elle a pu à cet égard émettre une opinion, depuis qu'elle a pu écrire librement son histoire, elle a désavoué ces prétentions injustes et condamné les moyens déloyaux mis en œuvre pour les faire triompher. La guerre d'Espagne est une page qu'elle voudrait déchirer du livre rayonnant des gloires du grand homme.

Ainsi disions-nous à la table de la modeste posada de Bailen, où quelques Espagnols, chauds patriotes, s'étaient assis avec nous. Ils nous conduisirent à l'Alameda, c'est le nom que l'on donne aux promenades plantées d'arbres, et nous montrèrent en cet endroit la pyramide commémorative du 22 juillet 1808. Une prière monta de mon cœur à mes lèvres pour les braves tombés au champ d'honneur, et pour ceux de leurs compagnons qui succombèrent en captivité, à Cabrera et dans les cachots flottants d'origine anglaise.

Bailen n'est pas gai pour un Français; j'attendais avec impatience la Cordobesa revenant de Madrid à Cordoue. Nous prîmes place dans la berline, et nous vîmes ainsi défiler à l'aise Andujar et les bords verdoyants du Guadalquivir (Oued-el-Kébir, en arabe la Grande-Rivière), Villa del Rio, où les troupes du général Dupont trouvèrent suspendus aux arbres, en juin 1808, les membres, les lambeaux arrachés aux cadavres des Français que les Espagnols avaient surpris isolément. Des ruines de châteaux mauresques se montrent de temps à autre; la vieille tour d'Almodovar se dresse à droite sur un rocher qu'on dirait créé tout exprès pour elle; nous traversons les vingt arches du pont de marbre noir d'Alcoléa; les berges se hérissent d'aloès, aux feuilles menaçantes et à la tige en candélabre; les mûriers, les orangers se déploient en files interminables; quelques palmiers inclinent élégamment leur panache au-dessus de nos têtes; nous entrons à Cordoue.

CHAPITRE VIII

CORDOUE. — LA VILLE. — LA MOSQUÉE. — LA CATHÉDRALE. — LES MARTYRS. — LES CORRIDAS DE TOROS.

Cordoue est une ville déchue, mais où pourtant j'aimerais à vivre. Sans doute le bruit assourdissant de l'industrie moderne, l'agitation fébrile du commerce et des affaires qui animent nos cités populeuses, sont la conséquence d'un progrès réel, un signe de richesse et de vie. Je n'en trouve pas moins attrayantes ces villes silencieuses, à demi endormies au milieu des monuments de leur grandeur passée. L'âme s'y recueille plus facilement ; rien ne la distrait dans la méditation des souvenirs de l'histoire, dans la contemplation des œuvres d'art. Nous l'éprouvions à Cordoue, au doux climat. Ses jours sont radieux et ses nuits sereines. Les Maures l'ont quittée d'hier.

Voilà bien ces rues étroites, mais pavées et propres; ces maisons blanches aux grillages verts, et, au centre des maisons bâties en carré, ces *patios*, entourés quelquefois de galeries à arcades. C'est là le salon, le parterre, le paradis terrestre, que ne valent point les appartements les plus somptueux des palais du Nord. Les bananiers aux feuilles immenses, les orangers, les citronniers, les jasmins le remplissent de leurs suaves émanations, le décorent de leurs fleurs et de leurs fruits; ils y répandent une délicieuse fraîcheur, augmentée souvent par une fontaine à l'intarissable murmure. Un poëte le remarque : Dieu n'a point placé nos premiers parents au fond d'un palais, et tous les peuples, comme la Genèse, ont mis le bonheur dans un jardin.

Au milieu des ardeurs de l'été, quand le touriste chemine péniblement à la recherche des vestiges romains et des ruines mauresques, son front brûlant reçoit au passage, vers le seuil de ces demeures enchanteresses, les effluves odorantes et froides des patios mystérieux. C'était pour nous une tentation d'y pénétrer afin d'en goûter la fraîcheur, au prix d'une violation de domicile.

Cordoue est un vaste musée où les Romains et les Goths, les Arabes et les Espagnols ont déposé tour à tour leurs tributs divers. Auguste l'avait appelée *Colonia patricia*. Quelques statues, des épitaphes, des inscriptions en l'honneur des empereurs et des consuls rappellent de nos jours ces âges lointains. Ces fortes murailles flanquées de tours rondes, carrées, octogones plus robustes encore, sont l'œuvre des Goths et des Sarrasins. Ce pont si pittoresque du Guadalquivir, défendu par la Carrahola, forteresse aux murs crénelés, remonte au temps des Romains, bien que le calife Abd-er-Rhaman III l'ait fait restaurer. Contre ses piles munies de puissants étriers, le Guadalquivir a beau rouler ses flots tumultueux, le vieux pont les regarde passer comme les siècles, sous ses quinze arches immobiles.

Abdérame II, au IXe siècle, fit exécuter à Cordoue de prodigieux travaux. Elle devint une ville féerique, sur laquelle l'imagination orientale des Arabes a déployé ses ailes. Bien naïfs, en vérité, sont les écrivains qui se lamentent sur sa décadence, en nous disant qu'elle comptait autrefois deux cent mille maisons, quatre-vingt mille palais, six cents mosquées et douze mille villages pour faubourgs. Cette Cordoue n'a guère plus existé que Zahra, sa voisine, construite par le même calife pour une esclave favorite. Le palais principal était soutenu par douze mille colonnes de granit ou de marbre, et l'or ouvragé tapissait les murs.

Certes, l'Espagne conserve d'assez beaux monuments de la période mauresque pour justifier de brillants éloges et de pompeuses descriptions. Mais, ne l'oublions pas, les Arabes deviennent aisément poëtes; ils accumulent alors le merveilleux sans songer au possible ni à l'impossible : s'agit-il de trésors, de chiffres, d'œuvres d'art, leurs plus sérieux historiens tombent fréquemment dans les contes des *Mille et une Nuits*. S'ils avaient élevé à Cordoue et ailleurs tant de somptueux édifices, avec d'aussi durs matériaux que le granit et le marbre, il en resterait, après si peu de temps, d'importants débris. Comment donc s'expliquer un complet anéantissement ? On ne voit pas que les Espagnols se soient acharnés à détruire. Et les tremblements de terre, comme celui qui renversa Cordoue en 1589, laissent au moins des ruines.

William Rose faisait ces observations, à mon avis fort justes, tout en crayonnant de rapides croquis à la célèbre mosquée devenue cathédrale. Les fondations de cet incomparable monument furent jetées en 786 par ordre d'Abdérame Ier, à la place de l'ancienne cathédrale dédiée à saint Georges. Celle-ci avait elle-même succédé au temple romain de Janus, et l'on peut croire que ces édifices et d'autres antérieurs à l'arrivée des Arabes ont fourni une partie des matériaux de la mosquée, principalement les nombreuses colonnes qui lui donnent l'aspect d'une forêt.

Les historiens musulmans disent, en parlant du palais de Zahra, construit un peu plus tard, qu'un millier de ses colonnes venaient d'Afrique, d'autres de Constantinople, offertes par l'empereur grec. Il est bon de le remarquer, et de se souvenir en outre que les premiers califes d'Espagne appelaient d'Orient des ouvriers grecs, et mettaient à contribution les Juifs, les chrétiens subjugués, plus avancés que les musulmans dans la connaissance des sciences et des arts ; on comprend alors que la mosquée de Cordoue, comme bien d'autres ouvrages de la première époque arabe surtout, n'appartient que fort peu aux conquérants.

Si je donne à la mosquée de Cordoue le titre d'incomparable, ce n'est pas qu'elle révèle une grande puissance de construction. Ses murs n'ont que douze mètres de hauteur; épais à la base de cinq à six mètres, ils diminuent à mesure qu'ils s'élèvent, et une quarantaine de piliers les aident à supporter le poids énorme de la toiture; les dix-neuf nefs sont fort étroites; leur plafond et leurs chétives coupoles, ou demi-oranges, comme disent les Espagnols, *medias-naranjas*, sont à peine à dix mètres du sol. Certes, il y a loin d'une pareille structure à la solution des effrayants problèmes de solidité réalisés dans nos immenses cathédrales gothiques, ou même à Sainte-Sophie de Constantinople dès le VIe siècle du christianisme. Mais la mosquée de Cordoue est incomparable, parce que dans son genre elle est un monument que l'on peut dire unique.

Imaginez un quadrilatère long de deux cents mètres, large de cent cinquante, et divisé par une multitude de colonnes qui forment dix-neuf allées du nord au sud, et trente-six moins larges du couchant au levant. Ces colonnes, de jaspes et de marbres de toutes couleurs et d'un seul morceau, n'ont guère qu'un demi-mètre de diamètre et quatre mètres d'élévation. Elles sont couronnées d'un chapiteau qui rappelle ceux de l'ordre corinthien, moins les fines découpures de la feuille d'acanthe. Cette seule forêt de fûts alignés qui se croisent et se croisent encore, et dans laquelle se perd le regard, produit déjà une impression toute nouvelle. L'effet devient plus extraordinaire encore par le demi-jour qui règne dans cette vaste étendue et à cause des formes originales, étranges, des arcs mauresques en fer à cheval, en plein cintre outre-passé, ogivaux à lancettes ou gonflés (*tumidos*), trilobés (*trebolados*), multilobés ou ondés (*angrelados*), surbaissés (*apainelados*), qui apparaissent de tous côtés. Ceux qui s'élancent d'une colonne à l'autre forment deux étages de cercles superposés tantôt concentriques, tantôt croisés, de manière que l'un naît ou repose sur la clef de l'autre. Comprenez-vous alors le prestige de cette construction? Elle ne réclamait point un Michel-Ange, un Brunelleschi, un Robert de Luzarches; elle n'est rien auprès de Saint-Pierre de Rome, de Notre-Dame-des-Fleurs de Florence, de Notre-Dame d'Amiens; elle n'a pas ces élancements sublimes, ces coupoles gigantesques, ces voûtes hardies; mais elle est ingénieuse, elle est riche de petites inventions. On n'a jamais rien vu de pareil; elle étonne, elle séduit; mais plus on la regarde, plus on la mesure, et moins elle impose. C'est un monument à la proportion de l'homme et du mahométisme; et le lyrisme des hommes de lettres, leur enthousiasme plus ou moins factice ne peut aller au delà sans trahir la vérité.

Que de fois le voyageur sincère aurait à réduire, pour être juste, les admirations sans bornes, les extases affectées de certains littérateurs! Mais on n'a pas le courage de lutter contre les opinions reçues; et puis on ne fait pas cinq cents lieues pour rabattre l'essor de son imagination, pour diminuer son bonheur et l'envie de ceux qui n'ont pas fait le même voyage.

Lorsque le roi saint Ferdinand reprit Cordoue aux

musulmans, le 29 juillet 1236, il trouva dans la mosquée les cloches de Santiago en Galice, que le conquérant arabe Almanzor (El-Mansour, le Victorieux) avait fait apporter sur les épaules des prisonniers chrétiens; il les fit reporter à Santiago par des captifs musulmans.

Purifiée et consacrée sous le vocable de l'Assomption, la mosquée dut subir quelques changements pour être appropriée à notre culte. On ferma les entre-colonnements du côté de la grande cour qui précédait la mosquée. Plantée d'orangers, encore arrosée par les fontaines qui servaient aux ablutions musulmanes, cette cour conserve ses murs d'enceinte, surmontés, comme ceux du temple, de ces créneaux pointus qui caractérisent l'architecture arabe. Le tremblement de terre de 1589 rendit nécessaire la démolition de l'ancien minaret qui menaçait ruine, et les architectes Herman, Ruiz et Gaspar de la Pena élevèrent à cent dix mètres la tour qui porte la statue dorée du patron de Cordoue, de l'ange Gabriel tenant dans ses mains la bannière chrétienne.

Le point difficile, c'était d'installer à l'intérieur de la mosquée l'autel majeur, le sanctuaire et le chœur. Le mihrab ou niche qui marque le côté vers lequel il fallait se tourner pour la prière, est ici en marbre blanc et d'un merveilleux travail; une mosaïque d'azur et d'or tapisse sa petite voûte; mais il ne se prête pas, dans ses proportions étroites, à recevoir l'autel catholique. On fut obligé d'entamer le centre de l'édifice, de supprimer soixante colonnes; et sur cet espace dégagé l'on éleva, vers 1525, les piliers du sanctuaire et du chœur, œuvre splendide dont la richesse et la beauté consolent du sacrifice qu'elle entraîna. Il faudrait un volume pour décrire le retable du maître-autel, les grilles et les balustrades de fer ouvragé, ces chefs-d'œuvre si rares ailleurs et si communs en Espagne, ces orgues puissantes où les anges du jugement pourraient choisir les trompettes qui doivent éveiller un jour les générations endormies sous la tombe, ce lampadaire d'or et d'argent, ces vantaux de bronze, ces stalles en acajou, sculptées au XVIIIe siècle, où les deux Testaments se déroulent dans le rang supérieur, et plus bas l'histoire des martyrs de Cordoue.

Elle est fière, cette ville, d'avoir donné naissance à Lucain, qui, dans *la Pharsale,* chanta la guerre entre César et Pompée; à Sénèque le Rhéteur, et à son fils le Philosophe, le maître de Néron, mais impuissant moraliste, qui a vainement cousu aux enseignements du Portique quelques lambeaux de l'Évangile; au physicien et moraliste musulman Ebn-Badjeh, que nous appelons Abenpacé; à Maimonide, le plus savant des rabbins juifs; à Ebn-Rochd, que nous nommons Averrhoès, génie encyclopédique, beaucoup trop célébré, mais le plus illustre peut-être de ceux qui sont issus d'entre les mahométans; à Gonzalve Hernandez, surnommé le Grand-Capitaine, qui enleva Grenade aux Maures, et battit les Français à Barletta, à Seminara, à Cerignoles; au poëte don Juan de Mena, l'auteur du *Laberinto,* qui aspirait à devenir le Dante de l'Espagne; à l'historien Ambroise Moralès, un des pères de la langue espagnole; à Gongora y Argote, le poëte novateur et ampoulé; à Paul de Cespédès, le peintre poëte. Et qui pourrait compter les étoiles de cette pléiade qui brille au-dessus de Cordoue! Il est, je crois, des lieux prédestinés pour l'éclosion des facultés morales. Qui sait si les grands horizons, les atmosphères libres et lumineuses ne dilatent pas les âmes?

Mais Cordoue, fière de ses grands hommes, ne s'honore pas moins de ses martyrs.

Lorsque les Sarrasins se furent emparés de l'Espagne à la faveur des divisions qui affaiblissaient la monarchie élective des Wisigoths, ils n'abolirent pas entièrement le christianisme. L'exercice public de la religion, les églises et les monastères furent tolérés à des conditions restrictives de la liberté. Le chrétien payait à chaque lune un tribut, et il ne lui était pas permis de discuter sur la vérité du mahométisme, encore moins de qualifier publiquement Mahomet d'imposteur. Le calife Abdérame II, qui aimait, comme un autre Néron, le sang, la poésie et les arts, jaloux de voir les disciples du Christ fermes dans leur patriotisme et forts de leur foi malgré l'état de servage, décréta contre eux des mesures de persécution. Saint Euloge, prêtre, d'une des premières familles de Cordoue, soutint les chrétiens par ses paroles et ses exemples comme par ses écrits. Jeune encore, il avait beaucoup étudié; il avait visité les sanctuaires de la science catholique dans le nord de la Péninsule, les monastères de Sper-en-Dieu, près de sa ville natale, de saint Zacharie, dans la Navarre, et ceux de Pampelune, de Saragosse et de Tolède. Armé pour la lutte, il anima le courage de ses frères en religion, réfuta les timides, qui hésitaient à honorer comme martyrs les victimes de cette persécution sous le prétexte que ces martyrs n'opéraient pas de miracles, qu'ils avaient été au-devant de la mort, qu'ils succombaient sans passer par de longs tourments, et que les musulmans n'étaient pas idolâtres comme les païens. Abdérame, voyant l'inutilité de ses efforts et le culte rendu aux reliques des martyrs, fit empaler les confesseurs de la foi, puis jeter leurs corps dans les flots. Mais, frappé d'apoplexie, il expira sans avoir pu vaincre l'indomptable énergie des chrétiens de Cordoue. Mohammed son fils continua la persécution. Saint Euloge eut la tête tranchée sous son règne, pour avoir converti et maintenu dans la fidélité à l'Église la jeune Mauresque Léocritie, qui fut comme lui décapitée.

Ce sont les traits de patriotisme et d'héroïque vertu que le ciseau patient du sculpteur a figurés avec amour sur les stalles d'acajou de la cathédrale. Les chanoines, qui venaient y prendre place pour l'office divin, nous empêchèrent, William et moi, de considérer plus longtemps ces charmants détails. C'était à l'époque des massacres de Syrie (1860); les récits des abominables cruautés exercées par les Druses remplissaient les feuilles publiques; le cri de douleur et de vengeance des milliers de victimes chrétiennes avait retenti au fond de nos cœurs. Prosternés sur le pavé de la mosquée où maintenant règne le Christ, nous conjurâmes le Ciel, par l'Hostie trois fois sainte, d'anéantir enfin la sanglante imposture du mahométisme, et de livrer à l'Église,

COURSE DE TAUREAUX.

partout comme à Cordoue, les mosquées sacriléges. O Seigneur Jésus! en tous lieux il est doux de vous adorer; mais je sens une douceur extrême dans la prière qui monte vers vous de ces temples conquis sur l'erreur, et où le fanatisme blasphémait votre saint nom.

Remplis de ces graves pensées, nous retournions à la fonda prosaïque, lorsque William fit une exclamation de surprise. En voyage, les émotions contraires se succèdent; les heures, comme les incidents et les paysages, se suivent et ne se ressemblent pas. Qu'était-ce donc? C'était, collée sur un mur, la gigantesque annonce d'une *corrida de toros* pour un jour prochain.

« Je conçois votre allégresse, cher William, dis-je; vos compatriotes s'électrisent à la pensée d'un combat de coqs; ils se délectent au spectacle de boxeurs qui se brisent les mâchoires à coups de poing. La course de taureaux doit leur plaire; mais elle répugne à bien des Français. J'en connais que la curiosité y a conduits une première fois; ils déclaraient au sortir de l'amphithéâtre que ce serait la dernière.

— Mais, en France, n'avez-vous pas des jeux tout aussi sanglants? N'a-t-on pas établi à je ne sais quelle barrière de Paris, une enceinte où l'on déchaîne des bouledogues contre des ours ou d'autres bêtes féroces?

— Quelque chose de semblable fut tenté, vers 1830, à la barrière du Combat; mais le dégoût du public fit promptement justice de ces jeux hideux. Le même sentiment a fait échouer en France les essais de courses de taureaux.

— J'irai, reprit-il, voir celle de Cordoue. Quelles seront mes impressions, je l'ignore. Je ne puis rien présumer d'après les scènes de boxe ou de combats de coqs; je ne partage pas l'engouement de mes compatriotes pour ces amusements. Mais je tiens à fixer mon opinion sur un spectacle fameux, et qui, dit-on, caractérise au plus haut point le peuple espagnol. »

Jusqu'au jour impatiemment attendu, mon compagnon chercha des renseignements sur les combats de taureaux; il interrogeait les *aficionados*, les *dilettanti* de cet art terrible, qui a ses règles, ses secrets, ses raffinements portés à un degré que l'étranger ne soupçonne pas; il lisait des traités spéciaux composés en grand nombre sur cette matière : la *Tauromaquia*, de José Delgado; la *Filosofia de los Toros*, par Abenamar, pseudonyme de Sanchez del Arco, mort à Tétouan pendant la récente campagne des Espagnols au Maroc; *Los Toros espanoles y Tauromaquia completa*, de don Juan Corralès Mateos.

L'origine des combats de taureaux en Espagne n'est pas facile à fixer. Jusqu'au règne d'Alphonse VI, il n'en est pas question comme divertissement de la noblesse, et l'on convient que le Cid est le premier chevalier qui ait combattu le taureau à cheval et à coups de lance. Cet exemple de courage porta les nobles à l'imiter. Mais ce n'est que par le progrès lent des études et de l'expérience que la tauromachie est parvenue à l'état de perfection où nous la voyons aujourd'hui.

Il paraît que les Maures d'Espagne se livraient à cet

exercice héroïque, et l'on cite Malek, Mousa et Gazul entre les plus célèbres toréadors. C'est par esprit d'émulation que les chevaliers chrétiens descendirent dans la lice, en relevant ces jeux, comme les tournois, par la galanterie telle qu'on la comprenait au moyen âge. Il ne faut donc pas s'étonner d'y voir les premiers de Castille aux noces d'Alphonse VII et de dona Berenguela, fille du comte de Barcelone, en 1124; à celles de dona Urraca et du roi don Garcia de Navarre, comme dans les fêtes célébrées à l'occasion d'événements qui sont un sujet d'allégresse nationale. La lance du toréador est alors aux mains d'un Manrique de Lara, d'un marquis de Mondejar, d'un comte de Tendilla, d'un Medina-Sidonia; et Charles-Quint, né à Gand, mais de Jeanne, héritière de Castille, abattit un taureau d'un coup de lance, aux fêtes du baptême de son fils Philippe II, sur la grande place de Valladolid, pour montrer qu'il avait dans les veines du sang espagnol.

Cependant les combats de taureaux, par les dangers qu'ils entraînaient avant d'être soumis à des règles qui mettent du côté de l'animal presque toutes les chances de mort, par les scènes beaucoup plus sanglantes qu'ils provoquaient alors, devaient être sévèrement repoussés au nom de la civilisation et de l'humanité. Les lois ecclésiastiques, les hommes de lettres, qui ont naturellement la mission d'adoucir les mœurs publiques, se prononcèrent contre ces spectacles. En 1493, Isabelle la Catholique, écrivait à son confesseur, frère Hernando de Talavera : « J'ai été pénétrée de ce que vous me dites au sujet des courses de taureaux, et j'ai pris aussitôt la résolution de ne jamais en voir de ma vie. »

Mais déjà elles étaient l'objet d'une passion profonde et générale qu'on ne pouvait guère espérer d'anéantir. Le conquérant du Pérou Fernand Pizarre, don Diego Ramirez de Haro, à l'éclatant blason, le roi Sébastien de Portugal, les mettaient en honneur, et par leurs exploits réfutaient en quelque sorte l'objection tirée du respect dû à la vie de l'homme. Sous Philippe III et Philippe IV, elles étaient florissantes (1598-1665); elles atteignirent sous Charles II (1665-1700) leur plus grande splendeur. Le code de la tauromachie à cheval commençait à se former, et la littérature, n'y voyant plus la même brutalité, faisait volte-face et glorifiait ces luttes héroïques.

A la mort de Charles II, le duc d'Anjou Philippe V, petit-fils de Louis XIV, monte sur le trône d'Espagne (1700); mais il n'y apporte pas les goûts espagnols, et manifeste pour les courses une invincible aversion. La noblesse les délaissa; la foule y demeura fidèle, et de cette époque date un remarquable progrès. Les toréadors combattirent à pied, tandis qu'auparavant ils ne luttaient qu'à cheval, sauf l'obligation de mettre pied à terre pour ramasser le chapeau, la lance qu'ils venaient à laisser tomber. Le gouvernement fut amené à construire des cirques permanents et d'un aspect monumental, au lieu des enceintes improvisées pour servir de lice, et en dehors desquelles se tenait la multitude. Les villes d'Espagne ont cela de commun avec les anciennes villes romaines, qu'un amphithéâtre en complète le plan général et en caractérise l'aspect.

Francisco Romero est le toréador qui contribua le plus à ce progrès artistique de la tauromachie. Entre les *suertes* ou manières d'attaquer l'animal, on lui doit celle qui consiste à tuer le taureau face à face. Charles III, fils de Philippe V, se prononça néanmoins, plus vivement encore que son père, contre un jeu devenu plus national que jamais (1759). Il le frappa de prohibition, sous prétexte que les courses éloignaient le peuple du travail ; mais l'opinion, plus forte que la loi, opéra une réaction que rendait nécessaire la tolérance du pouvoir ; et la tradition triompha. Charles IV, poussé par Godoy, prince de la Paix (1788), renouvela et maintint plus énergiquement la défense portée par son prédécesseur. Mais Ferdinand VII, son fils, détruisit ces entraves, et ce fut peut-être une des causes qui lui concilièrent l'attachement inébranlable de la nation.

Passionné lui-même pour les courses, il créa, en 1830, par ordre royal, la *Escuela de tauromaquia* de Séville, dont la direction fut confiée au fameux Pedro Romero, de Ronda, et à Jeronimo José Candido, de Chiclana. De là sortirent Francisco Montès et d'autres toréadors, dont les noms sont plus aimés, plus populaires en Espagne que ne l'ont jamais été en France ceux des plus grands artistes du théâtre. Je ne saurais mieux comparer cette popularité qu'à celle de Gérard, le *tueur de lions*, avec cette différence, bien entendu, que les toréadors, se donnant en spectacle et agissant sous les yeux de la multitude, sont connus de figure par toutes les classes de la nation qui les applaudit.

Le sentiment monarchique et l'amour de la dynastie régnante sont profondément enracinés au cœur de ce noble peuple; mais il aime spécialement à le manifester avec éclat quand Isabelle II, déposant le diadème, apparaît au cirque avec la simple mantille espagnole; ou quand le duc de Montpensier y accompagne l'infante de Castille, dona Maria Luisa Fernanda, en costume d'Andalouse, *vestida de maja*. Alors on sent vibrer dans la foule toutes les fibres du patriotisme et de la nationalité.

CHAPITRE IX

UNE COURSE DE TAUREAUX. — CONTROVERSE. — LE CARACTÈRE ESPAGNOL.

L'immense affiche qui annonce les courses de taureaux est d'ordinaire illustrée par des gravures sur bois d'une assez grossière exécution, et qui représentent quelque scène du combat. On y donne à grand renfort d'épithètes le programme détaillé de la fête ou *funcion,* terme qui s'applique à toute espèce de cérémonie publique, religieuse ou autre. On y indique le nom des jouteurs *famosos, muy acreditados,* fameux, célèbres, très-renommés, qui entreront dans l'arène; et l'on ajoute à leur nom celui de leur pays natal. Ce dernier usage est un trait du caractère espagnol. En Espagne, on tient plus qu'ailleurs en Europe à mentionner le nom de la ville ou du village auquel on appartient par la naissance ou par la résidence. Les anciens auteurs espagnols le faisaient communément au titre de leur livre. C'est un signe de ce patriotisme qui s'attache non-seulement à la patrie commune, mais à la province et au berceau; c'est un trait qui rappelle les anciens fractionnements de la Péninsule en royaumes, les différences profondes et les rivalités de gloire entre les provinces et les villes, moins absorbées qu'en France dans le simple sentiment de l'unité nationale par l'excès de centralisation.

Sur l'affiche du spectacle, nous lisons encore le nom des *ganaderias* ou fermes d'où sont venus les taureaux, et le nom des éleveurs qui les ont vendus. A la course, le nom de ces fermes est marqué sur un écriteau orné de rubans et fixé sur le garrot de l'animal.

Je l'avoue, il suffit de ce programme pour que l'étranger ressente déjà une certaine émotion. Le froid ne passe-t-il pas dans vos veines à la lecture de ces deux lignes seulement : « *Espadas : el muy afamado Antonio Sanchez, el Tato, de Sevilla, que matara los cuatro primos toros, y Mariano Anton, de Madrid, que matara los dos ultimos:* Épées : le très-fameux Antonio Sanchez, *el Tato,* de Séville, qui tuera les quatre premiers taureaux, et Mariano Anton, de Madrid, qui tuera les deux derniers? » Cela ne cause-t-il pas le frisson? Comment les tueront-ils? se demande l'étranger. Est-ce donc si simple? est-ce donc si sûr? Êtes-vous bien certain qu'el Tato et Mariano Anton ne seront pas tués eux-mêmes?

William Rose revient du cirque, le visage plus enflammé qu'il ne convient à un Anglais; il paraît que la lutte a été vive; laissons-le nous dire ce qu'il a vu, et traduire ses impressions. « Ah! s'écrie-t-il, j'ai vu pour la seconde fois le peuple espagnol! La première fois, c'était à la procession de Notre-Dame d'Atocha; aujourd'hui, c'est à la *corrida de toros;* je crois en vérité que la dévotion à la Vierge et la passion pour les courses de taureaux sont, dans des ordres bien différents, éminemment caractéristiques de la nation. Aux abords de l'amphithéâtre, la foule se pressait et bourdonnait comme une ruche à l'heure où l'essaim va s'envoler. Nous pénétrons dans ce colysée de bois, mais proprement peint et de proportions imposantes. Des milliers de spectateurs couvrent les gradins; les éventails s'agitent comme les feuilles de la forêt au souffle de la brise; les costumes et les types nationaux appellent de tous côtés les regards; la musique militaire annonce l'arrivée du *gobernador* de la province, qui paraît dans sa tribune aux tentures écarlates, afin de présider les jeux. J'ai pris une place à l'ombre, *billete de sombra,* pour la modeste somme de huit réaux (deux francs). J'admire le luxe des familles qui m'entourent; quelle belle race! Elle est vigoureuse; elle est nerveuse surtout quelques gradins plus bas, là où les paysans, les ouvriers, leurs femmes et leurs filles, ont trouvé des bancs en plein soleil pour quelques *cuartos.*

« Le cirque est parfaitement rond, uni, semé d'un sable fin, qu'on arrose avec soin; car des nuages de poussière auraient, surtout pour les combattants, des inconvénients graves. Une balustrade pleine et haute de six pieds sépare les gradins de l'arène, et ménage entre elle et les spectateurs une espèce de couloir. A ma gauche est la porte du *toril,* où sont renfermés les taureaux pour le combat, et à droite une autre porte qui donne aux jouteurs ou toréadors accès dans la lice.

« Cette porte s'ouvre, comme si elle cédait aux cris, aux sifflets, aux trépignements de la multitude impatiente d'un retard de quelques minutes; les toreros ou jouteurs à pied défilent deux à deux dans l'arène, et vont saluer le président. C'est ici un prélude. En tête de la troupe, *cuadrilla,* marchent les deux *espadas,* nommés aussi *matadors,* des mots *espada,* épée, et *matar,* tuer; car leur rôle est de tuer le taureau d'un seul coup d'épée. Ils paraissent; un tonnerre d'applaudissements ébranle l'amphithéâtre. Derrière eux viennent les agiles *banderilleros,* qui sont chargés de planter les dards de fer, ornés de banderoles de papier, dans le dos de l'animal furieux; puis les *chulos,* jeunes gens qui fournissent les javelots aux banderilleros, et qui agitent le voile rouge devant les yeux du taureau, pour l'attirer où ils veulent. Ensuite s'avancent à cheval les *picadores,* qui doivent combattre l'animal avec une longue pique terminée par un fer très-court. Les mules empanachées, conduites à la main derrière eux, traîneront hors de l'arène les cadavres des taureaux et des chevaux qui succomberont dans le combat. Les picadors sont coiffés d'un large sombrero blanc, vêtus d'une veste ronde richement galonnée, et leur pantalon de peau jaune est doublé d'une garniture de métal. Les banderilleros, à la taille bien prise, revêtent, comme les espadas, un brillant costume qui dessine toutes les formes du corps et qui ne gêne en rien les mouvements :

c'est le costume du *majo* ou de l'Andalou élégant. La soie et le velours, les broderies d'or et d'argent, les boutons étincelants, une coupe gracieuse, font de ce costume un des plus heureux qu'on puisse imaginer. Les capes de soie de diverses couleurs, destinées à distraire le taureau, sont enroulées pour le moment autour de la taille des combattants.

« Le président salué, le défilé se retire de l'arène, à l'exception des chulos, qui vont se placer contre la balustrade. Le président jette du haut de sa tribune la clef du toril, dont la porte va s'ouvrir et donner le signal du combat.

« Pour en suivre facilement les péripéties, il est bon de savoir que le combat se divise en trois actes : le premier, marqué par la lutte des picadors ; le second, par celle des banderilleros ; le troisième, par le coup de mort que donne l'espada ou matador. Il ne peut jamais y avoir qu'un taureau dans l'arène ; le toréador doit toujours le combattre seul à seul, en face et loyalement ; les autres jouteurs ne viennent en aide à leur compagnon que pour distraire l'animal, en cas de péril extrême ; enfin, on ne peut frapper le taureau que derrière la tête, entre les deux épaules. Il ne faut donc pas s'imaginer qu'il s'agit d'une bataille livrée à tort et à travers. Tous les coups sont prévus et méthodiquement réglés comme dans l'escrime.

« Le premier acte, ai-je dit, est celui des picadors. La porte du toril s'ouvre. Un taureau s'élance en bondissant jusqu'au centre du cirque, où il s'arrête, répondant par des beuglements aux cris de la multitude, et cherchant d'un œil hagard sur qui se précipiter. Il aperçoit un des toréadors contre la balustrade, court à lui, baisse la tête, et va le percer de sa corne longue et pointue. Mais le jeune homme, avec une agilité surprenante et pleine de grâce, saute de l'autre côté de l'enceinte, à l'instant même où la corne l'effleure. Une petite saillie, ménagée dans la hauteur de la balustrade, lui permet d'y poser la pointe du pied pour effectuer ce saut. Ce jeu se renouvelle plusieurs fois; le taureau, toujours déçu, lassé de planter sa corne dans les planches, hésite au milieu de l'arène. Alors les chulos viennent à lui, l'agacent en lui passant leur écharpe sur les naseaux, et ils s'esquivent par un rapide mouvement quand le monstre bondit sur eux. Les picadors entrent à cheval. Laissé à lui-même, le taureau avise un de ces cavaliers, se précipite la tête basse, et, au moment où il croit soulever de ses cornes le ventre du cheval, il sent le fer du picador qui pénètre dans la nuque et le maintient dans cette position impuissante. Sa fureur augmente; il se jette sur un autre cheval; le picador manque son coup; la corne du taureau pénètre dans le ventre du noble animal qui tombe avec le cavalier. Le péril est grand. Mais les chulos accourent et attirent le taureau en agitant leurs écharpes, tandis qu'on relève le picador alourdi par sa doublure de plomb. Quelquefois il remonte en selle, sur le même cheval qui combat encore, les boyaux pendants, mais pour retomber de lui-même ou expirer bientôt à la suite d'une nouvelle blessure. — Un signal annonce que la scène des picadors est terminée, celle des banderilleros va la suivre. Le taureau écume et mugit. Le sang coule épais et lent de sa blessure; il forme une plaque rouge le long de ses flancs. Plus leste que les plus agiles danseurs, souriant comme au début d'une contredanse, le banderillero s'avance à dix pas, tenant de chaque main et de la façon la plus gracieuse, à la hauteur du visage, deux flèches de fer, longues de cinquante centimètres, armées d'un seul crochet à l'extrémité et décorées de banderoles. Il les a fixées toutes deux en même temps d'un seul coup; cela s'appelle *parear*, et c'est une des difficultés de l'art. Il sourit au monstre, qui tient fixé sur lui un regard flamboyant. Horreur! ils s'élancent l'un sur l'autre. Mais, par un mystère que je ne puis expliquer, l'homme n'est pas atteint; en passant, ou plutôt dans son vol, il a fixé les dards aigus dans la peau de son adversaire, à l'endroit précis, marqué par les règles du jeu, c'est-à-dire de chaque côté de l'épine dorsale, vers l'encolure. Le taureau frissonne, bondit, pour se débarrasser des flèches qui lui battent les flancs; c'est en vain, il ne fait qu'augmenter la douleur; et bientôt un autre hardi banderillero lui plante de nouveaux dards non moins solides. Les applaudissements, les bravos de la foule répondent à tous les traits de courage et d'adresse. On distingue par instants, comme une basse dans ce concert, le beuglement caverneux du monstre exaspéré et qu'on dirait près de mourir de rage.

« C'est maintenant le tour du matador. A cet instant

terrible, un coup de trompette annonce le rôle suprême de l'espada. El Tato s'avance, et salue le président; il demande la permission d'attaquer le taureau, et jure de le tuer : « *Brindo por Usia y por toda su compania y por la gente de esta tierra :* Je salue Votre Grâce et sa compagnie, et toute la population de ce pays, etc. » Quelquefois le matador ajoute : « *Que si no mate este toro, que me quiten la vida.* Si je ne tue ce taureau, que l'on m'ôte la vie. »

« Les deux ennemis sont en face; ils se mesurent; le silence règne; la respiration des huit mille spectateurs est haletante ou suspendue; le taureau éprouve une convulsion sous le regard pourtant bien doux et bien tranquille de cet homme. Le matador s'efface, présente la *muleta* ou l'étoffe écarlate sur le bras gauche, et de la droite il tient cachée la redoutable épée. Le taureau baisse la tête, et le souffle de ses naseaux soulève la poussière de l'arène. Il bondit comme un énorme ressort; mais l'écharpe a disparu, et il s'enferre lui-même jusqu'à la garde de l'épée, qui reste enfoncée dans son corps. La poignée en forme de croix apparaît au-dessus de sa tête, entre les flèches des banderilleros. La pointe a pénétré par la blessure que les picadors ont ouverte. Le taureau, arrêté soudain, tremble et chancelle; son œil blanchit, il pousse un dernier râle perdu dans les bravos, les applaudissements, les cris effrénés de la multitude; il tombe; il est mort. L'espada le regarde d'un air toujours calme et plein d'indifférence ou de dédain.

« Mais qui peindra le délire du peuple? Les cigares,

les fleurs pleuvent aux pieds du vainqueur. Les paysans, les gens du peuple, les filles et les femmes jettent dans l'arène des chapeaux, des foulards, des vestes même, des éventails; tandis que la musique éclate en hymnes de triomphe, et que les mules caparaçonnées, aux grelots bruyants, entraînent au galop les cadavres des chevaux et du taureau, qui marquent leur passage sur le sable du cirque. La tempête s'apaise, tout rentre dans l'ordre. Le combat contre le deuxième taureau va commencer. »

William raconta les principaux incidents du reste de la course. Dans la nuque du monstre un des picadors plante si bien sa pique, dont le fer est d'ailleurs très-court, que la hampe se brise; une moitié lui reste dans les mains, et l'autre est fixée dans l'encolure du taureau, qui s'en débarrasse enfin par des bonds effrayants. El Tato, voyant le danger que court un picador renversé sous son cheval, saisit le taureau par la queue et le fait pivoter, aux applaudissements du peuple. Il joue ensuite de la pointe de l'épée avec les dards qui pendent sur les flancs ensanglantés du féroce animal. Un des taureaux, muni de cornes superbes qui dessinent très-bien le croissant, éventre coup sur coup trois malheureux chevaux, fouille leurs entrailles, et les secoue encore gigotants, comme un jeune chien secoue et déchire une guenille : *Bravo! bravo, toro!* s'écrie la foule, du moins au premier coup de corne qui abat cheval et cavalier, comme s'ils eussent été de carton. Ce taureau semblait des plus redoutables, et les chulos tâchaient de le fatiguer en le faisant courir sur leurs écharpes; mais le peuple vit la ruse, et cria : « *Fuera capa! fuera capa!* Plus d'écharpe! » L'espada aussi parut hésiter, multipliant les mouvements pour amener le taureau à lui offrir une position avantageuse. La foule ivre et implacable, bientôt lassée de cette manœuvre, hurlait : « *Mata! mata!* Tuez! tuez-le! » Selon les règlements, le matador n'a que vingt à vingt-cinq minutes pour s'acquitter de son devoir. Le taureau tomba foudroyé. On avait cru pour un instant qu'il faudrait en venir avec lui à la *media-luna*, au croissant d'acier emmanché au bout d'une longue pique, et avec lequel on coupe les jarrets au taureau que le matador ne peut amener à s'offrir suffisamment à l'épée, *à entrar en muerte,* selon l'expression technique. Mais cette honteuse opération, que les Espagnols disent inventée par un hérétique, ne sera jamais nécessaire avec des matadors comme ceux qui étaient dans la lice. Un autre taureau, beaucoup moins ardent, reculait devant son ennemi; la foule, impatientée, cria : « *Fuego! fuego!* Le feu! le feu! » Et les pétards, éclatant dans la peau de l'animal, le mirent en fureur. Quand il fut tombé, avec l'épée de Mariano Anton dans le corps, le *cachetero,* l'homme au couteau, armé de la *puntilla* ou du poinçon d'acier, abrégea son agonie en le lui enfonçant à un point précis de la tête, où est apparemment le foyer de la vie, car l'animal expira subitement. El Tato fit tomber ainsi foudroyé par la pointe de son épée un des taureaux qui lui présenta la tête basse et immobile : cette manière de donner le coup de mort s'appelle *descabellar*. Elle est trèsapplaudie. Le monstre avait causé un sauve-qui-peut en brisant les planches qui forment la première enceinte du cirque et en se jetant dans le couloir, où stationnent d'élégants amateurs d'ailleurs peu disposés à prendre part au combat. Mais la peur les rendit lestes, et ils sautèrent dans l'arène avec la légèreté des chulos. Le taureau suivit le couloir, ahuri par les cris de la foule et les éventails de papier que les spectateurs des premiers gradins agitaient presque sur ses naseaux. Il retrouva bientôt la porte de l'arène, et y rentra. Pour comble d'insulte, il essuya le saut de la *garrocha*. Un des banderilleros, aidé d'une longue perche, sauta pardessus lui en lui posant un pied entre les deux cornes. Un taureau qui en est là n'a plus qu'à mourir. Il présenta donc la tête au matador, qui le *descabella*. »

Les détails donnés par William me causaient une pénible impression; et plusieurs fois pendant son récit j'avais témoigné quelque répulsion pour les scènes qu'il décrivait.

« Eh bien! en fin de compte, lui demandai-je, que pensez-vous des combats de taureaux?

— Attendez, répondit-il; je ne suis pas encore sorti de l'ivresse dans laquelle ce grand spectacle m'a plongé. Ma tête n'est pas encore entièrement à moi, et mon imagination exaltée me présente à la fois tous ces contrastes de l'homme et de la bête féroce, du plaisir et du sang, de la beauté et de la mort; je vois miroiter les blanches mains et les éventails des jeunes Andalouses; je les entends applaudir aux coups terribles qui éventrent les chevaux; mes oreilles tintent des mugissements du taureau et des hurlements de la foule, et je m'épouvante de la rage de la bête et de la violence des passions du peuple. Je sais seulement que j'ai senti l'horreur se mêler au sublime, le bien au mal; mais attendez que je sois calme, et j'analyserai mes impressions, je les jugerai sous le rapport moral.

— William, dis-je, un spectacle qui exalte à ce point et qui jette l'âme hors d'elle-même doit exercer sur le peuple, sur son caractère, une influence redoutable. Si votre raison éclairée, développée par l'habitude de la réflexion, est paralysée à un tel degré, quel ne doit pas être l'effet produit sur la foule des femmes, des jeunes gens, des hommes sans éducation! »

L'heure du dîner était venue. William se mit à table. Mais il s'aperçut que l'appétit lui manquait totalement; il essaya d'approcher de ses lèvres quelque aliment; il dut y renoncer. Les souvenirs du cirque, le sang, les entrailles balancées sous le ventre des chevaux, l'ébranlement que tout son être avait éprouvé et qu'il ressentait encore, l'obligèrent à se retirer.

La fraîcheur de la nuit et l'abattement qui succède d'ordinaire aux secousses nerveuses dissipèrent ce fâcheux état. Je retrouvai mon ami plus calme.

« Décidément, me dit-il, les courses de taureaux sont un spectacle qui aurait besoin de réforme pour n'être pas immoral.

— Qu'est-ce donc qui vous choque maintenant?

— Il n'est pas bien qu'on expose à une mort certaine, accompagnée de circonstances aussi cruelles que dégoûtantes, de malheureux chevaux dépourvus de moyens de défense. On ne devrait pas traiter ainsi ce noble animal. En vain dira-t-on que l'on ne conduit guère au combat que de vieilles rosses désormais inutiles. C'est une barbarie de récompenser ainsi leurs services; et il n'est pas moins triste de les voir se cabrer, les yeux bandés, sous l'éperon du picador, en présence du taureau, qui leur crève le ventre; c'est une barbarie de les forcer à combattre encore, lorsque leurs boyaux pendent et qu'ils marchent dessus. Si les Espagnols trouvent agréable de voir mourir de pauvres vieux chevaux, que ne suivent-ils l'équarrisseur à la voirie?

— Je ne connais pas un seul étranger témoin d'une telle scène, ajoutai-je, qui n'ait protesté de la répulsion qu'elle inspire. Des Arabes d'Algérie, se trouvant aux courses de taureaux de Malaga vers 1855, n'ont pu soutenir la vue de cette monstruosité; ils ont quitté l'amphithéâtre, donnant ainsi à un peuple catholique et civilisé une leçon qu'il ne devrait pas mériter. Un Français de mes amis, au cirque de Madrid, fut tellement révolté de la scène des chevaux éventrés, qu'il fut pris de vomissements et obligé de s'éloigner.

— Ainsi je vote la suppression des picadors dans les corridas de toros, et je soutiens que c'est une honte pour l'Espagne d'en tolérer le rôle au siècle où nous sommes.

— Vous avez beaucoup de chances de n'être pas écouté. Pour les Espagnols la course a d'autant plus de charme que le nombre des chevaux tués est plus grand : *Sint ut sunt aut non sint,* vous dira-t-on.

— Je sais que je suis en opposition avec des préjugés difficiles à extirper. Six à huit chevaux ont-ils été victimes, c'est peu de chose : *Regular, regular,* dit-on en nasillant ; y en a-t-il vingt, alors c'est parfait : *muy bien!*

— Mais, mon cher, pourquoi n'étendez-vous pas jusqu'à l'homme la pitié qui vous touche en faveur du cheval ?

— L'homme s'expose volontairement au danger ; il est armé ; il est tellement préparé à la lutte, que les chances de mort ou même de blessure sont pour lui très-diminuées. Le pauvre cheval est condamné à une mort à peu près fatale ; et je goûte à le voir succomber la même satisfaction que j'éprouverais à le voir sous le couteau de l'équarrisseur.

— Les accidents dont les toréadors sont victimes ne se comptent-ils pas chaque année par centaines en Espagne ?

— Non, certainement ; les blessures sont rares ; mais les cas de mort le sont bien davantage ; à tel point que les cirques ordinaires des autres peuples d'Europe sont peut-être aussi souvent attristés par ces malheurs que les arènes espagnoles. Un vieil *aficionado* me disait : « Dans l'espace de trente-six ans, j'ai assisté à plus de deux cents courses de taureaux ; j'en ai vu tuer plus de deux mille ; aucun toréador n'a perdu la vie sous mes yeux, ni, que je sache, par suite des exercices dont j'ai été témoin. Vous autres étrangers, vous ne connaissez pas les secrets de l'art, et les Espagnols, par une vanité outrée, mais qui se comprend, vantent quelquefois à l'excès les jeux héroïques dont nous pouvons être fiers d'ailleurs avec raison. Vous croyez sans nul doute que le toréador se met en face du premier taureau venu; il n'en est pas ainsi. Nous n'admettons communément au combat que de jeunes taureaux de quatre à six ans, dont le caractère est connu, et dont les mouvements peuvent être prévus du toréador. Les vieux taureaux seraient trop dangereux; ils ne se laissent pas abuser par l'écharpe qu'on agite à leurs yeux; ils vont droit à l'homme, et rien ne les détourne; les jeunes, au contraire, sont comme le petit chat que vous faites courir à l'objet suspendu par une ficelle, et qui ne voit ni la ficelle, ni la main qui le trompe. Les taureaux qui ont déjà été courus sont également éliminés comme fort à craindre, n'eût-on fait que les exercer à la poursuite de l'écharpe; ils ont alors une expérience qui les porte à se jeter directement sur le toréador.

— J'ai entendu effectivement, dis-je à William, des Espagnols parler de leurs courses de taureaux avec une certaine outrecuidance : à leur sens, les Espagnols seuls étaient doués au degré suffisant des qualités requises pour un bon toréador : le courage, la légèreté, la dextérité; sans parler des autres conditions qui s'acquièrent, l'amour illimité de l'art et une connaissance approfondie de ses règles. Si les Anglais, les Français critiquent ces jeux, c'est par jalousie; s'ils n'en ont pas, c'est par impuissance.

— Il y a là une illusion qui dénoterait un patriotisme quelque peu vantard. Il est évident qu'il existe partout des hommes courageux et de sang-froid, adroits et agiles, et qui bravent volontiers la mort. Mais l'Espagne, qui n'a d'ailleurs qu'un petit nombre de bons toréadors, formés de longue main et suivant des traditions séculaires, doit comprendre qu'une cuadrilla ne s'improvise pas, et qu'en dehors de la Péninsule, les mobiles faisant défaut à la création de semblables troupes, le courage et l'adresse se déploient sur un autre terrain.

— L'art de tuer les taureaux exige, en effet, des études théoriques et pratiques, des observations minutieuses. Dès l'abord et à l'entrée du taureau dans l'arène, le toréador distingue à quelle catégorie appartient son ennemi; s'il est de la classe des *boyantes,* dont les mouvements sont simples, francs, et répondent aux règles ordinaires de la tauromachie; s'il est de ceux qui *se cinen,* qui se rapprochent du corps (*bulto*) du jouteur; ou de ceux qui *ganan terreno,* qui cherchent à occuper le terrain de leur adversaire. Il y a le taureau *de sentido* ou fin, qui distingue son adversaire de l'écharpe trompeuse (*engano*); le *revoltoso,* très-ardent à se jeter sur l'engano, qu'il ne perd jamais de vue; l'*abanto,* qui se lance, mais s'arrête sans donner lieu à la *suerte* ou à l'attaque d'arriver à son terme; le *bravuco,* qui s'annonce par une fureur terrible, et se laisse décourager à la première blessure ou à la première déception; les *burri-ciegos,* dont la vue n'est pas régulière, les uns voyant bien de près et peu ou point de loin, les autres voyant bien de loin et peu de près; ceux-ci voyant peu de près comme de loin; ceux-là enfin mieux d'un œil que de l'autre. Le taureau est-il leste ou pesant, *de pocas* ou *de muchas piernas?* Y a-t-il dans l'arène un point qu'il préfère et où il se retire? Aime-t-il à s'acculer contre l'enceinte? Le toréador saisit tout, se rend compte de tout, et mesure en conséquence ses coups et ses manœuvres.

— Ainsi, d'après vous, William, l'art diminue singulièrement le péril de ces jeux?

— Oui; mais ils exigent néanmoins de merveilleuses qualités, surtout dans les matadors. Et c'est pourquoi j'estime que le spectacle des courses est de nature à inspirer à l'homme la bravoure, à lui faire comprendre les avantages du sang-froid, et envisager d'un œil serein le danger de mort. Ce serait, selon moi, une école militaire, à part toujours la scène des picadors irrévocablement condamnée. Du reste, je ne pense pas qu'il soit bon, qu'il soit avantageux de donner ces spectacles à la foule; il n'est pas bien surtout de les lui donner souvent, comme à Madrid, où ils ont lieu tous les lundis dans la saison favorable. N'est-ce pas votre avis?

— Je partagerais ce sentiment; les courses, en définitive, sont des spectacles sanglants et cruels. On hait le taureau parce qu'on le craint, et il y a une soif de vengeance dans les spectateurs. Un peuple ne peut que perdre quant à la douceur des mœurs à voir couler le sang; et je ne conçois pas qu'une femme, une mère de famille chrétienne conduise sa jeune fille à cette boucherie. Une jeune fille applaudir à de cruelles souffrances, et contempler d'un œil sec et indifférent les horreurs dont vous m'avez fait le tableau! cela est incroyable. Les Espagnols croient répondre en disant qu'en France et ailleurs les femmes assistent aux exécutions capitales, aux procès les plus affreux des cours d'assises. Mais ce n'est là qu'un argument *ad hominem*. Si les femmes qui recherchent ces émotions violentes ont tort en France, il ne s'ensuit pas qu'elles aient raison en Espagne. D'ailleurs les faits qu'on reproche à la France ne sont pas universels, et ne portent point sur toutes les classes de la société. Une autre différence, c'est qu'on blâme en France cette curiosité malsaine, tandis qu'en Espagne les courses de taureaux sont dans les mœurs publiques et approuvées partout. Vous-même, William, avez répudié les combats de coqs, bien que la cruauté en soit moins apparente; et surtout les excès de la boxe, plus grossière et plus barbare que les corridas de toros. Nous ne sommes pas en contradiction avec nous-mêmes. Quant aux écrivains espagnols qui se retranchent dans l'honneur qu'on accorde aux exploits militaires, ils ne font pas preuve ici de beaucoup de jugement. La guerre est un fléau, un mal, mais un mal nécessaire et dans les conditions de la nature humaine déchue. Rien de semblable ne justifie la coutume sanglante que nous critiquons.

— Nous rendons hommage l'un et l'autre au caractère espagnol, qui respire le courage, la noblesse, la probité; mais, on ne peut en disconvenir, l'homme du peuple en Espagne a souvent quelque chose de dur et de violent. Il sait souffrir avec une patience vraiment admirable; mais il n'est pas suffisamment sensible à la souffrance des autres; il est délicat sur le point d'honneur, mais un excès de susceptibilité le rend irascible; il brave la mort, mais il ne craint point assez de répandre le sang. A sa rudesse on le croirait à demi sauvage. Les courses de taureaux ne sont guère propres à adoucir les mœurs publiques; et je ne m'étonne point que le couteau figure si souvent dans les luttes entre les hommes de la populace.

— Quel étranger n'a remarqué les formes sinistres de certains couteaux fabriqués dans la Péninsule, et les inscriptions qu'ils présentent gravées à l'eau-forte : provocations qui habituent l'homme sans culture à la pensée d'user de telles armes? Vous ne pouvez traverser Albacete, par exemple, sans qu'on ne vous offre des *punales*, des *navajas*, des *cuchillos*, comme en portent à la ceinture ou suspendus à leur veste les arrieros et les contrebandiers. Sur ces couteaux à manche noir, incrustés d'ornements en cuivre, longs parfois de cinquante à soixante-dix centimètres, on lit des devises telles que celle-ci, tracées dans des intailles remplies de nielle rouge:

Si esta vivora te pica, no baias por ungüento à la botica.

Si cette vipère te pique, ne va pas chercher de l'onguent à la pharmacie.

En effet, cette lame aiguë, qui en s'ouvrant fait craquer son puissant ressort comme une batterie de pistolet, cette lame traverserait d'outre en outre le corps d'un homme.

— Dans l'ensemble des mœurs et de l'histoire des peuples tout se tient en quelque sorte; les mœurs réagissent sur l'histoire, l'histoire sur les mœurs, et l'on s'explique bien des traits du caractère d'un peuple lorsqu'on envisage cet ensemble d'un point de vue élevé. Sept à huit siècles de guerres continues, de 711 à 1492, pour reconquérir sa patrie sur les Maures; les guerres modernes, mais particulièrement les guerres civiles les plus récentes et les plus acharnées; les rigueurs de l'ancienne inquisition, ses supplices, destinés à agir fortement par la terreur sur l'esprit de la foule; les combats de taureaux; les tendances que nous avons signalées dans l'art espagnol à représenter crûment les tortures physiques, les scènes de mort et les sentiments les plus exaltés; tout cela compose un mélange de causes et d'effets qui ont contribué à donner au peuple espagnol le caractère ou le tempérament moral qui le distingue. En Espagne, la sensibilité qui fait couler les larmes est fort émoussée; les femmes elles-mêmes ne pleurent guère. On n'y comprend point cette alliance si remarquable dans le peuple français, dans nos soldats, par exemple, d'une exquise sensibilité de cœur, d'une extrême facilité à s'attendrir, et d'une bravoure que rien n'égale. Mais, en revanche, la volonté est de fer chez l'Espagnol, et ses indomptables passions ne reculent devant aucun obstacle. Il est taillé pour de grandes choses, et, puisqu'il est resté au fond le même à travers les révolutions, l'on peut prédire sans être prophète que son rôle dans le monde n'est pas terminé. »

L'heure avancée de la nuit, le chant mélancolique des serenos, et la fatigue que les émotions de la journée avaient causée à mon ami William, nous avertirent qu'il était temps de demander au sommeil un repos nécessaire.

CHAPITRE X

SÉVILLE. — LES MANUSCRITS DE CHRISTOPHE COLOMB. — L'INQUISITION D'ESPAGNE. — XERÈS ET LES VINS D'ESPAGNE. — CADIX.

Quien no ha visto Sevilla,
No ha visto maravilla.

Qui n'a pas vu Séville, n'a rien vu de merveilleux.

Pour ne rien exagérer, je demande aux Espagnols la permission de traduire : Il est une merveille que n'a pas vue celui qui n'a pas vu Séville. C'est, en effet, une ville enchanteresse et remplie d'agréments pour l'étranger. Elle unit les charmes de l'Orient aux avantages de la vie européenne, la forte et poétique empreinte de la religion catholique aux vestiges matériels de l'ancienne domination mauresque. Il est heureux que l'Évangile ait triomphé du Coran dans ces délicieuses contrées; une religion sensualiste comme celle de Mahomet eût dégradé là plus qu'ailleurs l'humanité entourée de toutes les séductions de la nature.

Quels abords souriants! Sous un ciel toujours pur, la campagne fleurit et répand ses parfums qui se mêlent, dans les rues de Séville, à ceux des orangers et des jasmins des frais patios. Car nous retrouvons ici la disposition mauresque ou plutôt grecque et romaine des maisons bâties en carré avec une cour au centre, cour à galeries pavée de marbre, ornée de fleurs et d'une fontaine, salon incomparable, le soir surtout, lorsque les lanternes vénitiennes jettent des lueurs magiques sur les colonnettes torses, à travers les feuillages des plantes tropicales, et sous les arcs variés en fer à cheval. Au dehors, sur les murs blancs, se détache en saillie la *reja*, cage de fer peinte en vert, et dont les barreaux, élégamment enlacés ou habilement contournés, font à l'ouvrier le plus grand honneur. A travers ce réseau l'on voit sans être vu, et l'on respire le courant d'air qui circule dans la rue étroite, fermée aux rayons du soleil.

Séville est belle au bord du Guadalquivir, dont la roue des bateaux à vapeur fait écumer les flots, tandis que, près de lui, la locomotive s'enfuit en sifflant à travers ces magnifiques oliviers qui donnent les *aceitunas de la Reina*, les olives par excellence. Elle est belle, pressée dans sa ceinture de murailles et ses cent soixante tours dorées, à créneaux aigus, aussi vivement découpés qu'au lendemain de leur construction.

La cathédrale apparaît de loin, semblable à un immense vaisseau de haut bord; elle vient la troisième de l'Europe, pour la grandeur des proportions, après le dôme de Milan et Saint-Pierre de Rome. Les cinq nefs intérieures sont d'une majesté écrasante, tant l'homme y sent sa petitesse devant Dieu. La puissance de cet effet tient, selon moi, aussi bien qu'à Milan et en d'autres églises d'Espagne, à la hauteur des nefs latérales, qui s'élèvent presque aussi haut que celle du centre, au lieu d'être basses et resserrées comme dans la plupart de nos cathédrales gothiques. Pourtant ces dernières l'emportent par l'harmonie des proportions et l'effet qui résulte de l'importance des vides, de la grandeur des fenêtres et des roses; cette grandeur est rationnelle dans les régions tempérées et à ciel gris ou brumeux; elle eût donné en Andalousie trop de lumière et de chaleur. Ici donc les voûtes ne sont pas assez profondes, et les lignes trop courtes des arceaux ne composent pas pour l'œil cette musique visible, que d'ailleurs le XVe siècle, époque où s'éleva la cathédrale de Séville, ne comprenait plus, même en France, la vraie patrie de l'architecture ogivale.

Il faut voir cette cathédrale à diverses heures du jour, comme une reine en divers costumes; le matin, par exemple, le retable gothique du maître-autel, finement sculpté en bois de mélèze et le plus grand que l'on connaisse, ne présente qu'un ensemble sombre et confus. Mais qui dira toutes les beautés, tous les trésors contenus dans le colossal édifice? « Le tenter, dit un voyageur artiste, ce serait une insigne folie; on est écrasé de magnificences, rebuté et soûl de chefs-d'œuvre; le désir et l'impossibilité de tout voir causent des espèces de vertiges fébriles. » Laissons donc ces chapelles, ce coro, ces sacristies et leurs milliers d'ouvrages en style *plateresque,* c'est-à-dire ciselés comme de l'orfévrerie, comme des objets d'argent (*plata* en espagnol). Laissons ces cent vingt-sept stalles, ce lutrin dû au ciseau de Bartolomé Morel, l'énorme chandelier de bronze qui porte un cierge pascal du poids de mille kilogrammes, la custodia ou tabernacle pour l'ostensoir, œuvre de Juan d'Arfé, haute de quatre mètres, et que vingt-quatre hommes portent aux processions; ces ravissantes peintures de l'école andalouse, entre lesquelles on distingue le *saint Antoine de Padoue* recevant dans ses bras l'enfant Jésus, toile dont la magie défie les peintres de toutes les écoles, et qui est le dernier terme atteint par Murillo.

Après le tombeau d'Alphonse le Sage et la châsse de bronze, d'argent, d'or et de cristal, où l'on vénère le corps de saint Ferdinand, qui enleva Séville aux musulmans l'an 1248, nous ne vîmes pas sans intérêt, au milieu des grandes dalles de marbre blanc et noir dont la nef est pavée, la pierre tombale du pieux et savant Hernando Colon, fils de Christophe Colomb, qui découvrit le nouveau monde. On y lit gravée en creux, entre des navires à voiles et à rames, la célèbre devise:

A Castilla y a Leon
Mundo nuebo dio Colon.

Colomb a donné un nouveau monde à la couronne de Castille et de Léon.

Le grand navigateur, suscité par la Providence, est venu, comme on sait, mourir à Valladolid en 1506, dans une disgrâce qui doit être un poids éternel sur le cœur de l'Espagne. Mais les manuscrits qu'il a laissés sont à la bibliothèque Colombine, fondée par son fils Hernando ; nous nous y rendîmes au sortir de la cathédrale.

Toutefois nous ne quittâmes pas cette église sans donner un coup d'œil à l'orgue gigantesque dont un buffet compte 5,300 tuyaux, les uns semblables à des coulevrines, les autres joliment parés de torsades et de rubans, comme des colonnettes de l'époque romane. La porte *del Lagarto* (du Crocodile) nous conduisit à l'ancienne cour mauresque, où jaillit encore la fontaine de la mosquée à laquelle le temple chrétien a succédé. Alphonse le Sage reçut du sultan d'Égypte l'énorme crocodile suspendu à cette porte, comme on en voit à la façade des principales maisons du Caire et de la vallée du Nil. De là, enfin, nous pénétrâmes dans la tour de brique de *la Giralda*, élevée vers l'an 1000, par l'Arabe Heber, à la hauteur de cinquante mètres; elle était alors surmontée d'un pilier de fer qui portait quatre grosses boules de fer doré. En 1568, elle fut exhaussée de trente-trois mètres, et terminée par le beffroi et par la girouette-statue qui représente la Foi, le labarum à la main. Ce morceau de bronze, sculpté par Barthélemy Morel, pèse quatorze cents kilogrammes et pivote au moindre vent : de là le nom de Giralda (*girar*, tourner) donné à cette tour fameuse. Elle est sous le patronage des saintes de Séville, Justa et Rufina, marchandes de poteries, martyrisées parce qu'elles refusèrent d'en vendre pour le culte des idoles. On vit ces saintes, dans l'ouragan de 1504, soutenir la statue; et, en 1843, lors du bombardement par Espartero, elles détournèrent les projectiles de la tour. Aussi les représente-t-on d'ordinaire de chaque côté de la Giralda aussi bien qu'avec des *alcarazas* ou vases de terre pour attribut.

La Colombine est contiguë à la cathédrale. Je ne dissimulerai pas l'émotion qui nous saisit lorsque nous eûmes entre les mains les manuscrits de Christophe Colomb. A la lecture de cette lettre à Ferdinand et à Isabelle, où il leur dit que l'Écriture lui révèle un monde inconnu, de ces passages de la Bible et des Pères, surtout de saint Augustin, qu'il a recueillis soigneusement, et où il entrevoit l'objet de ses rêves, pour ne pas dire de ses révélations, il nous semblait découvrir les angoisses, les espérances, les agitations de son âme, entendre les battements de son cœur. Il tressaille quand il voit sur les pages des saints livres ces mots mystérieux : « *Reges Tharsis et insulæ munera offerent.. Orbem terrarum et plenitudinem ejus tu fundasti... Laudate Dominum... in universa terra.* Les rois de Tharsis et les îles offriront des présents au Seigneur... Vous avez créé, Seigneur, le globe terrestre et tout ce qu'il renferme... Louez Dieu par toute la terre. » La vivacité, la clarté de ses pressentiments n'avaient d'égale que l'amertume des refus qu'il essuyait, quand il proposait aux puissances de leur donner un monde. Je surpris une larme à l'œil de mon ami William : il lisait une prière où Christophe Colomb, repoussé des hommes, exprimait à Dieu sa confiance, et cherchait en lui secours et consolation.

Colomb n'était pas seulement un homme de génie, c'était un saint. Ses manuscrits nous montrent que le but suprême de ses désirs était, quelque étrange que cela paraisse, la découverte d'une route vers l'ouest, pour atteindre en revenant Jérusalem et le tombeau du Christ. La Providence, qui n'est étrangère à aucun fait de l'histoire, et qui préside d'une manière plus sensible aux grands événements, lui soufflait de partout l'inspiration dont il semble divinement obsédé. Toutes ses lectures, toutes ses relations convergent à la même idée fixe. L'*Imago mundi*, l'Image du monde, de Pierre d'Ailly, l'Histoire universelle, *Historia rerum ubique gestarum* d'Æneas Sylvius que j'ai vues annotées de sa main, l'astronomie, toutes les sciences concourent, comme les auteurs païens eux-mêmes, à fortifier ses espérances, à aiguiser sa soif d'un voyage au delà des horizons inconnus, où le soleil disparaissait. A côté de quelques pages d'écriture tremblée, et qu'on dirait tracée en mer, on trouve ce passage étrange du poëte espagnol Sénèque, dans sa tragédie de Médée, écrit tout entier de la main de Colomb :

> Venient annis sæcula seris,
> Quibus Oceanus vincula rerum
> Laxet, et ingens pateat tellus,
> Tethysque novos detegat orbes,
> Nec sit terris ultima Thule.

Un temps viendra, dans le cours des siècles, où l'Océan élargira la ceinture du globe, pour découvrir à l'homme une terre immense et inconnue; la mer nous révèlera de nouveaux mondes, et Thulé ne sera plus la borne de l'univers.

Nous aurions voulu copier quelques-unes des paroles de Colomb; mais le chapitre des chanoines de Séville, par une mesure jalouse et qui n'est plus de notre temps, permet seulement de regarder et de lire; il n'a jamais permis de copier une page.

Les manuscrits de la Colombine nous avaient impressionnés de telle sorte, que nous apportâmes un esprit distrait à la *Casa Lonja*, où l'architecte Herrera nous parut le rival des maîtres de la renaissance italienne, et à la *Casa de Pilato*, palais du duc de Medina-Cœli, non moins remarquable, mais qui doit son nom bizarre à l'idée qu'aurait eue le marquis de Tarifa, en le faisant construire, de reproduire dans les dimensions celles de la maison de Pilate à Jérusalem, où il avait été en pèlerinage.

Au nouveau musée de Séville, une grande salle est remplie des seules toiles de Murillo; nous y passâmes plusieurs heures dans les douces et pures jouissances que procure la contemplation des chefs-d'œuvre de la peinture. Nous ne pouvions nous éloigner surtout de *Saint Thomas de Villeneuve donnant l'aumône aux pauvres*, et du *Christ se détachant de la croix* pour donner à saint François un mystique baiser. Murillo s'y est surpassé lui-même.

Quant à l'Alcazar, il défie toute description. Les arabesques, les feuillages, les ciselures, les fines colonnettes, les arcs élégants, les formes mauresques les plus pures de ce palais charmant, l'éclat de ses faïences vernissées, les vives couleurs de ses plafonds à poutrelles et de ses coupoles, les stalactites rocailleuses de leurs pendentifs, cette promenade qui vous fait passer de surprise en surprise, du salon de Charles-Quint au *patio de las Doncellas* ou cour des jeunes filles, pour aboutir à la grande salle des Ambassadeurs, dans laquelle brillent à profusion les richesses d'ornementation et où se déploient les grâces de l'art mauresque, tout cet ensemble commencé par les Maures, terminé par Pierre le Cruel (1350-1369), restauré par Isabelle II, séduit le regard, enchante l'imagination; mais, notez-le bien, sans élever l'âme.

De Séville à Jérès, nous fîmes dans un wagon la rencontre fortuite d'un jeune Français à l'œil vif, au verbe insolent, aux manières sans gêne et de mauvais goût, type égaré d'une espèce de commis voyageurs devenue heureusement fort rare, et qui a fleuri en France de 1830 à 1848; elle infestait alors les hôtels et les diligences et pouvait bien dégoûter des voyages. D'abord ce compagnon de route nous intéressa par quelques détails sur la fabrique de faïence du faubourg de Triana, à Séville, où cinq cents ouvriers produisent ces grands vases, ces aiguières, ces cuvettes de faïence blanche à dessins bleus qui inondent l'Espague; il nous apprit que les fabriques de jus de réglisse consomment annuellement, dans la vallée du Guadalquivir, cent mille quintaux de cette racine, dont le suc sert à préparer le tabac, la bière, la tisane, et il nous fit regretter de n'avoir pas visité la *fabrica de refrescos,* fabrique de rafraîchissements, où se font les *azucarillos,* petits pains de sucre poreux, et cent autres tablettes au suc d'orange, de limon, d'amande, de fraise, de coco, de raisin, de verjus, que l'on met dissoudre dans l'eau pour en combattre la crudité : raffinements salutaires dans un pays où l'on a toujours soif, et où l'eau froide est une boisson traîtresse.

Mais bientôt la conversation prit un autre tour. Oublieux du sage conseil : « *Ne sutor ultra crepidam;* savetier, ne vise pas plus haut que la semelle, » notre commis voyageur entama la question de l'inquisition d'Espagne avec l'ignorance et l'outrecuidance propres aux lecteurs comme aux rédacteurs de certains journaux français. Blessés de ses allégations injurieuses pour leur pays autant que fausses devant l'histoire, nos autres compagnons de voyage le remirent à sa place, et prirent la peine d'exposer ce qu'on peut dire de plus raisonnable, à mon sens, touchant ce tribunal : je résume leurs explications.

A la fin du XVe siècle, lorsque Ferdinand et Isabelle eurent définitivement chassé les Maures de la Péninsule, affranchi les chrétiens, et fondé ainsi la grande Espagne moderne, la nationalité espagnole se trouva mise en péril par des Maures et des Juifs hypocritement convertis au christianisme et demeurés sous le sceptre de Castille. Secrètement attachés à leur ancienne religion, ils furent surpris répandant l'erreur dans l'ombre, attaquant l'Église, ourdissant des complots avec les vaincus rejetés à la côte d'Afrique et toujours menaçants pour l'Espagne, dont ils fatiguaient le littoral par leurs pirateries. Les Juifs, outre qu'ils pressuraient le peuple par des usures sans frein, avaient réussi à introduire des affidés jusque dans le sanctuaire et dans des charges importantes. L'intérêt de la patrie et de la religion réclamait une grande vigilance et une sévère répression ; et le tribunal de l'inquisition fut établi, par l'initiative des cortès et aux applaudissements de tout le peuple, pour veiller au salut du pays, à la conservation de sa foi et de sa liberté, contre des ennemis dangereux, hypocrites et cachés.

Au milieu du XVIe siècle, sous Philippe II, l'inquisition d'Espagne devint plus vigilante et plus sévère encore, parce que le danger s'était accru pour l'unité religieuse et pour la paix publique. Le protestantisme avait suscité des troubles affreux, inondé de sang une partie de l'Europe. Il importait qu'il ne pénétrât pas en Espagne, et il employait tous les moyens imaginables pour y parvenir, jusqu'à faire passer dans des tonneaux de vin les écrits incendiaires de ses partisans. Et l'on conçoit ses efforts; car il avait rencontré partout l'Espagne, chevalier armé de l'Église et de la papauté, et rien ne lui eût coûté pour triompher de ce redoutable adversaire. Des précautions minutieuses furent prises, afin de lui barrer le passage et de faire disparaître les premières traces de sa présence au delà des Pyrénées.

Aussi, pendant que l'Europe était à feu et à sang, tandis que les guerres de religion ravageaient l'Allemagne, la France et l'Angleterre, la paix régnait en Espagne; la littérature et le théâtre florissaient; les arts et les sciences acquéraient le plus haut degré de splendeur. Le tribunal de l'inquisition condamna des coupables; mais il fit moins de victimes en un siècle que le protestantisme en un an. Supprimé en 1812, il n'appliquait plus, et depuis longtemps, la terrible législation créée pour un autre âge et pour d'autres circonstances.

On peut dire que l'Espagne lui doit en grande partie ce qui fait sa gloire et sa force, l'unité de croyance, la fidélité aux traditions religieuses et nationales. Que fût-il arrivé, grand Dieu! au sein de ce peuple espagnol ardent, passionné, enclin même au fanatisme par suite de sa longue lutte contre les musulmans, si les dissensions religieuses avaient éclaté dans son sein, elles qui ont si affreusement remué les lourds Allemands et les froids Anglo-Saxons?

Sans doute la procédure suivie par l'inquisition nous paraît aujourd'hui défectueuse; mais elle était cependant moins imparfaite que celle des tribunaux ordinaires, qu'on n'incrimine pas et qu'on fait semblant d'oublier. La torture, par exemple, était partout pratiquée pour obtenir l'aveu du coupable, et c'est Louis XVI qui l'a abolie en France; le juge, sans s'apercevoir d'une sorte de contradiction dans laquelle il tombait, croyait, tant il avait peur de condamner un innocent, ne pouvoir mettre sa conscience à l'abri que derrière l'aveu du coupable. Mais pourquoi donc reprocher à l'inquisition seule ce qui ne lui est pas propre, ce qui était un fait général dont on ne comprenait pas le mauvais caractère? Pourquoi encore ajouter à la peinture d'une réalité bien assez douloureuse une fantasmagorie propre à fausser le jugement en exaltant l'imagination? Pourquoi ne pas dire que devant l'inquisition l'aveu et le repentir sauvaient le coupable, ce qui n'a lieu devant aucun autre tribunal institué par les hommes?

On attaque beaucoup l'appareil lugubre des auto-da-fés : les Espagnols appelaient *auto-da-fé* ou acte (judiciaire) de foi l'exécution des jugements de l'inquisition, spécialement de ceux qui condamnaient au supplice du feu. Le peuple assistait à ce spectacle, où les condamnés à mort paraissaient vêtus de la *samarra* grise, ou scapulaire semé de flammes; les autres portaient le *san-benito,* ou chemise de toile jaune, avec une croix de Saint-André peinte en rouge. Ils étaient coiffés du bonnet de carton ou *carocha,* peint de flammes et d'images du diable, et ils s'avançaient tenant un cierge de cire jaune à la main. Ce n'était pas par dérision, ni pour aggraver la peine du condamné; mais on avait en vue de le convertir lui-même, de frapper l'esprit de la foule et de la détourner du mal plus efficacement.

La peine du feu est atroce, et n'est plus dans nos codes. Mais que savons-nous des souffrances que font endurer la guillotine, la potence, la hache, le garrot, usités maintenant chez les peuples les plus civilisés? Ignore-t-on que la variété des supplices pour la peine capitale est un legs fait généralement par les peuples de l'antiquité ou du moyen âge barbare aux siècles plus rapprochés de nous? L'inquisition n'a point imaginé le supplice du feu; il était au nombre de ces peines symboliques consacrées par les coutumes anciennes et universelles, peines cruelles aussi et en rapport avec la dureté des mœurs publiques : on brûlait l'incendiaire comme l'hérétique, qui semblait plus spécialement un suppôt de l'enfer; on perçait d'un fer rouge la main du faux témoin; on coupait celle du voleur; on enterrait vif le violateur des tombeaux; le pal punissait l'infanticide; on perçait la langue au calomniateur; on lapidait avec les pierres du sillon celui qui avait volé dans un champ. Les diverses législations anciennes expliquent la pénalité de l'inquisition, et lui ôtent ce caractère de cruauté et de barbarie exceptionnelle dont les hommes à préjugés la gratifient.

Je me permis d'ajouter à ces observations fort justes que c'est un autre tort d'imputer à l'Église les erreurs ou les abus qu'il est possible de signaler dans certains jugements de l'inquisition d'Espagne. Ce tribunal n'était pas infaillible, et l'Église ne garantissait pas la justice de ses sentences. Les papes ne désapprouvaient point que les rois défendissent l'unité nationale et la foi religieuse de leurs peuples par une institution, d'ailleurs très-populaire, contre l'invasion de funestes doctrines; mais ils ne sont pas responsables si la confiscation a été prononcée parfois contre des innocents dont on voulait ravir les biens. Depuis Philippe II, l'inquisition devient un tribunal beaucoup moins ecclésiastique que politique, t l'on voit dans son ressort des affaires de contrebande, par exemple, qui ne touchent pas à l'Église ni à ses doctrines. C'est donc au pouvoir civil, au bras séculier qu'il faut adresser des reproches, s'il en est de mérités, mais non point aux papes : ceux-ci ont tempéré les rigueurs de l'inquisition; jamais ils ne les ont aggravées.

Depuis longtemps l'agresseur auquel nous répondions avait cessé de pérorer; son ignorance des faits, des noms historiques et des dates avait éclaté d'une manière si humiliante, qu'il sentit la nécessité de faire sa retraite en bon ordre et de garder enfin le silence, seul rôle qui lui convînt en pareil cas.

Les immenses et riches vignobles de Jérès[1] commençaient à border la route, et je ne pus refuser à William de nous arrêter une journée dans cette ville si renommée en Angleterre. Car c'est en Angleterre surtout que s'exportent les vins fameux dont Jérès remplit annuellement cinq cent mille *arrobas*, c'est-à-dire environ huit millions de litres, seize litres formant une arrobe. Depuis quelque temps l'oïdium, ce fléau du raisin, a diminué la moyenne des récoltes. Elle se relèvera sans doute quand la Providence aura fait mourir ce microscopique

[1] On écrit en espagnol *Jeres* ou *Xeres*, car l'emploi des lettres J, X, et même G devant certaines voyelles, n'est pas soumis à une règle généralement adoptée. Aujourd'hui, dans bien des cas, on substitue volontiers à l'X le J (la *jota*). Il n'y a pas non plus de règle bien déterminée pour l'emploi du B et du V; on les écrit dans une foule de cas l'un pour l'autre : « *Aqui se bende buen bino*, pour : *Aqui se vende buen vino :* Ici on vend du bon vin. »

champignon, qui est venu rappeler à l'homme que Dieu seul a dans ses mains notre pain quotidien. Après six ans d'un règne désastreux, cette poussière corrosive commence à disparaître au moins des meilleures terres.

Les territoires de Puerto-Santa-Maria et de San-Lucar de Barameda produisent aussi le vin de Jérès.

Un travail de la nature, qui est encore inexpliqué, modifie le vin mis en pipes de telle sorte que, malgré l'identité du raisin, du pressurage, de la futaille, les qualités du vin diffèrent d'une pipe à l'autre. Le meilleur et le pire au bout de quelque temps se trouvent être parfois absolument les mêmes.

Les *bodegas* ne sont point des caves souterraines, mais de vastes constructions au-dessus du sol où la température est maintenue autant que possible à l'abri des grandes et brusques variations qu'elle subit au dehors. Là se déroulent, superposées l'une à l'autre, des files interminables de futailles, dont la valeur au total monte à deux, trois, quatre, cinq millions de francs pour une seule cave. Les vins y sont classés par qualités et mis en *soleras,* c'est-à-dire mélangés méthodiquement, les vins jeunes avec de plus vieux, de manière à prendre les qualités de ces derniers. Il faut de l'habileté, beaucoup d'expérience pour la direction des soleras. Le mélange doit avoir lieu selon les qualités des vins et entre les années qui se conviennent. Une grande différence de nature entre les vins les gâterait.

On n'ajoute jamais de sucre ni d'autre substance au vin de Jérès que de l'eau-de-vie faite avec le vin du pays.

Il faut aux Anglais cette addition ; car ils aiment l'alcool. De sa nature le Jérès est d'abord pâle; il brunit avec l'âge, ou bien on y mêle du vin coloré par la cuisson, comme c'est l'usage surtout à San-Lucar. Il n'est pas de vin qui flatte l'œil plus agréablement.

Nous visitâmes des bodegas à Jérès et au Puerto, où l'on nous donna avec une extrême courtoisie les notions que je viens d'exposer. Les voyageurs curieux ne manquent pas de faire ces mêmes visites. Mais elles présentent un écueil dont il faut se défier. On vous fait goûter successivement les différentes espèces de vin; on plonge dans la futaille une sorte de tube d'argent fermé par un bout et fixé à une baguette d'ébène, et l'on retire la séduisante liqueur pour l'offrir dans le cristal transparent, où elle brille de l'éclat des topazes. En passant ainsi du moscatel à l'*amontillado*, en constatant les différents états du vin aux diverses hauteurs d'une même futaille dans les soleras, on risque de s'y trouver pris.

Le magasin des *muestras* ou des échantillons n'est pas la partie la moins curieuse de ces établissements. On y conserve dans des milliers de fioles étiquetées le spécimen de chacune des expéditions faites pour le commerce, de manière que dix ans, vingt ans après, il suffit de demander à l'expéditeur le même vin qu'on a reçu autrefois, pour l'obtenir dans des conditions identiques de couleur et de qualités, obtenues par les mélanges en soleras. Il est des caves où l'on conserve des vins d'un siècle, des vins de fantaisie qui coûtent une *atrocidad de dinero,* comme disent les Espagnols, jusqu'à cinq cents livres sterling ou douze mille cinq cents francs la pipe de trois cent soixante litres.

Les plus grands consommateurs de jérès, nous ne disons pas connaisseurs, sont les Anglais, qui aiment à dépenser beaucoup en victuailles. Il fut introduit en Angleterre sous le règne de Henri VII (1485-1509) et devint à la mode sous Élisabeth, après que les Anglais eurent pris et pillé Cadix en 1596. En France, on n'apprécie pas assez le jérès et beaucoup trop le malaga, si l'on en croit les Espagnols : mais peut-être s'agit-il ici de goûts dont on ne dispute pas. Excellent pour les climats débilitants, le jérès n'a pas les mêmes avantages dans le Nord, bien que la Russie et les bords de la Baltique partagent à son égard la passion des Anglais.

Comme beaucoup d'autres vins capiteux, secs, ou doucereux, ou muscats que l'Espagne produit en abondance, mais qui sont inconnus à l'étranger, à cause de la difficulté des transports, on ne peut le boire en quantité ; l'usage espagnol est de mettre le vin dans un verre, l'eau dans un autre, et de les boire séparément ; le vin perdrait tout au mélange. Ce sont là de grands inconvénients. Franchement, sous le rapport des vins comme sous bien d'autres rapports, la France est la terre bénie du Ciel : un pays qui produit le bordeaux, le bourgogne, le champagne, sans parler des vins du Midi, est mieux partagé qu'aucun pays du monde.

William était satisfait. Mais Xérès nous intéressait encore autrement que par son vin. Elle avait à nous montrer les ruines de sa *chartreuse,* situées à quelque distance. Nous nous y rendîmes par des chemins poudreux, à travers les vignobles qui s'étendent à perte de vue sur les plateaux et les collines. La dévastation révolutionnaire n'a rien épargné que la façade dorique de la chapelle, chargée d'ornements, et quelques lignes des cloîtres non plus seulement silencieux, mais déserts, où passaient comme des ombres les enfants de saint Bruno. Les cellules et les petits jardins, qui étaient tous pourvus d'un filet d'eau et d'une baignoire de pierre, n'offrent plus que des débris, où croissent les plantes à fleurs pâles, amies des ruines. Je m'accoudai au parapet d'une terrasse, à l'endroit même où le prieur venait s'asseoir et où l'on remarque dans le mur une petite excavation destinée à recevoir sa tabatière. Et de là portant mes regards tantôt sur le cours sinueux du Guadalete, tantôt sur les pans de muraille prêts à s'écrouler, ou bien sur les verts coteaux qui doivent leur richesse au monastère, je pensai tristement à l'ingratitude des hommes, et aux excès dignes de bêtes sauvages qu'ils savent commettre au nom de la liberté.

Disons brièvement quels sont les mouvements révolutionnaires qui ont semé l'Espagne de ces ruines que nous avons tant de fois rencontrées sur notre chemin, symboles trop éloquents des ruines morales dont la nation se ressent encore aujourd'hui. Les monastères, les œuvres d'art, les monuments religieux ont énormément souffert durant la guerre de l'indépendance contre les Français (1808-1813). Mais les moines sacrifiaient tout pour la patrie, et se distinguaient par leur héroïsme dans la résistance à l'étranger. Toutefois ce n'est pas dans cette guerre, c'est dans les guerres civiles allumées plus tard par les libéraux espagnols, qu'il faut chercher les véritables vandales du XIXe siècle en Espagne. A la fin de 1813, Napoléon avait été forcé de rendre le trône d'Espagne à Ferdinand VII, qui d'abord gouverna suivant la constitution de l'État, publiée en 1812 par les cortès, assemblées du royaume chargées de discuter les lois et de voter l'impôt. Mais, en 1814, Ferdinand supprima les cortès et la constitution, qui lui paraissaient entraver l'action du pouvoir royal au détriment du bien public. A partir de ce moment, le pays fut divisé par les deux opinions opposées des royalistes et des libéraux. De là les luttes intestines, les insurrections et les guerres civiles qui ont ensanglanté la Péninsule, et dont le clergé régulier surtout a été injustement victime quand l'opinion libérale venait à triompher.

Il y avait division dans le clergé, comme dans les autres classes de la nation, sur la revendication du régime constitutionnel; malheureusement, les chefs et les meneurs du parti libéral, animés d'un esprit irréligieux, voulaient absolument des lois et des mesures attentatoires aux droits de l'Église, à la liberté et à la propriété des ordres monastiques. Rejetés ainsi du côté de l'absolutisme par l'instinct de la conservation et l'attachement à la justice, abstraction faite de la question purement politique, les moines furent considérés comme ennemis de la liberté constitutionnelle. On les supprima, on les massacra aux premières heures des divers triomphes du parti libéral; et les monastères avec leurs églises furent par centaines fermés et abandonnés aux causes naturelles de destruction, puis, durant les dernières guerres civiles, pillés, saccagés, renversés, brûlés dans toutes les provinces.

Le premier triomphe du parti constitutionnel eut lieu en 1820, à la suite d'une insurrection militaire qui contraignit le faible Ferdinand à jurer la constitution à Madrid, le 7 mars. Le parti qui était au pouvoir exigea des évêques qu'ils imposassent aux curés l'obligation d'expliquer la constitution du haut de la chaire à leurs paroissiens; il supprima les jésuites, força les clercs et les religieux, non revêtus du caractère sacerdotal, au service militaire. Poussé dans cette voie par des sociétés soi-disant patriotiques qu'il ne put dissoudre qu'à grand'-peine, il défendit aux ordres religieux d'admettre à la profession, ferma les couvents qui n'avaient pas vingt-quatre profès, c'était le cas pour plus de la moitié, et il appliqua à l'extinction de la dette publique leurs biens, qui furent dilapidés par les hommes qu'on chargea de les administrer. Tout cela date de 1820.

La guerre civile ne tarda point à éclater; et l'exil ou l'assassinat de prêtres, de religieux, d'évêques, marquèrent les années suivantes. Quelques prêtres ou moines, entre autres le chanoine Merino, parurent à la tête des guerrillas royalistes, qui voulaient soustraire le souverain à l'oppression des libéraux qui le gardaient à vue.

Cette situation critique du monarque Bourbon amena l'intervention de la France et le passage de la Bidassoa par le duc d'Angoulême, le 7 avril 1823. Les cortès se réfugièrent à Cadix, emmenant captif Ferdinand VII. La régence établie à Madrid par le duc d'Angoulême cassa les actes du parti libéral, et l'armée française, maîtresse du Trocadero et par conséquent de la baie de Cadix, après un combat où l'on perdit beaucoup de monde de part et d'autre, obligea les cortès à mettre Ferdinand VII en liberté.

Ce monarque régna encore dix ans, durant lesquels les plaies faites à l'Église commencèrent à se cicatriser. Les divers ordres monastiques et congrégations religieuses, que la tyrannie et la violence seules peuvent empêcher de fleurir au sein d'une nation aussi catholique que l'Espagne, comptèrent, vers 1830, environ 60,000 membres. Les colléges des jésuites rappelés de l'exil annonçaient à l'Espagne une régénération dont elle a bien besoin sous le rapport des études. Ces institutions brillaient surtout à Alcala, à Valence, à Palma, à Saint-Isidore de Madrid, au noviciat de la compagnie et au collége des nobles.

Mais de temps à autre des symptômes significatifs indiquaient que le duel terminé par le duc d'Angoulême recommencerait entre les royalistes et les libéraux. Ferdinand VII meurt en 1833. Son testament lègue la couronne à sa fille Isabelle, et nomme régente la reine Christine, tandis que la loi de succession appelait au trône don Carlos, frère du roi. Les partisans de ce dernier déclarèrent le testament invalide, parce qu'on l'avait surpris à Ferdinand affaibli et presque privé de ses facultés morales; puis, parce qu'il n'appartenait pas au roi d'abolir par sa simple volonté une loi fondamentale de la monarchie espagnole. Le soulèvement des carlistes en armes devait acquérir dans la suite des proportions terribles. Le parti libéral, qui dominait le gouvernement, sembla prendre à tâche d'en provoquer le développement et d'en justifier les agressions.

Il mit la main, dès 1834, sur les revenus de charges ecclésiastiques, et sévit contre des monastères qui avaient fourni des partisans à don Carlos. Tandis que le clergé régulier et séculier se dévouait à secourir les cholériques, les libéraux répandirent le bruit que les moines avaient empoisonné les sources. Ameutée par cette stupide calomnie, et conduite par des hommes d'une classe supérieure, une bande de sicaires se rua sur le collége de Saint-Isidore à Madrid, et y égorgea quinze religieux, entre autres un célèbre orientaliste, le R. P. Juan Artigas. Les cadavres traînés dans les rues reçurent les plus indignes outrages. A San-Francisco-el-Grande il y eut plus de quarante victimes. Saint-Thomas et la Merci furent de même inondés de sang. Ces atrocités impunies furent le signal d'autres aussi abominables qui déshonorèrent Saragosse et Murcie en 1835. Le gouvernement, concourant à l'œuvre des assassins, décréta la suppression de la compagnie de Jésus, puis de tous les monastères qui n'auraient pas douze profès, dont huit de chœur, mesure qui frappait neuf cents couvents; les biens en étaient confisqués. Un nouveau décret abolit, le 11 octobre de la même année, presque tous les autres monastères; et dans ce moment, au cri de *Mueran los frailes!* (mort aux religieux!) on massacrait à Barcelone des franciscains, des carmélites, et on les brûlait avec leurs couvents. A Murcie, les flammes dévorèrent les édifices des ordres de Saint-François, de Saint-Dominique, des Trinitaires et de la Merci. On entendait de tous côtés les fusillades dirigées contre des moines coupables de compter des confrères ou des amis dans les rangs des royalistes. Enfin, le 29 juillet 1837, les cortès déclarèrent supprimés les ordres religieux, qui en fait n'existaient déjà plus.

Ce fut un pillage général.

Les biens des moines furent vendus à tel prix que la rente de la première année payait l'achat du fonds. Les peintures, les livres, les meubles précieux et les objets d'orfévrerie étaient volés, adjugés pour des sommes minimes et dérisoires. On vit mettre en vente à Madrid, sur l'ordre des ministres, les joyaux de Notre-Dame d'Atocha. « A peine, dit l'historien don Vicente de la Fuente, à peine s'il est une capitale de province où ne se voient de superbes squelettes de pierre, témoins de l'ignominie d'une époque qui ne pourrait pas construire ce qu'elle a su ruiner. Détournons les yeux de ce spectacle hideux du moderne vandalisme, afin de ne pas nous laisser aller à des récriminations qui seraient inutiles, mais non pas tardives; car on n'a pas fini de démolir. »

Tels sont les souvenirs que je repassais dans mon esprit sur les ruines aussi grandioses que mélancoliques de la *cartuja* de Xérès, pèlerinage obligé des touristes qui traversent cette riche contrée. La *silleria* ou les lignes de stalles de l'église offrent de très-intéressantes sculptures qui achèvent de pourrir à l'humidité. Quant aux biens du monastère, qui autrefois préservaient de la faim les pauvres de tout le pays, ils appartiennent maintenant à un très-petit nombre de propriétaires et n'ont pas la même utilité publique.

Après de si attristantes considérations, l'esprit aime à se reposer et à fonder pour l'Espagne de douces espérances sur le concordat conclu en 1851 entre le saint-siége et la reine Isabelle. Puissent les hommes d'État appelés à diriger le gouvernement du pays comprendre tous les avantages d'une étroite union avec le souverain pontife en tout ce qui intéresse la religion, et repousser les traditions du jansénisme, du *régalisme*, qui tendent à réduire les droits de l'Église et à enchaîner sa liberté!

Nous allions quitter Xérès sans voir la *collegiata* ou église collégiale. Le *Hand-Book* de William nous la représentait comme une construction de mauvais style *churrigueresque*, où l'architecte semblait avoir pris à tâche de blesser le sens commun : *Is vile churrigueresque; the architect did not by accident stumble on one sound rule, or deviate into the commonest sense.* Mon Itinéraire disait de son côté : « L'église collégiale est lourde et de mauvais goût. » Bien nous a pris de ne pas nous en tenir à nos guides; car, sans parler des statues de Montanès, qui se voient dans la sacristie, ce monument, qui date du XVIIe siècle, offre un spécimen fort curieux des efforts faits à cette époque, en Espagne comme en France, pour allier les colonnes, les pilastres, les corniches et les ornements d'architecture grecque au plan général des églises du moyen âge et au système de construction des voûtes gothiques. Cette alliance est réalisée à Xérès avec une certaine pesanteur; les nefs sont étroites, la construction massive. Mais il y a pourtant de l'harmonie dans les lignes et du goût dans l'ensemble; si l'architecte n'a pas résolu le problème qu'il s'était posé, il a prouvé du moins que la fusion des deux styles n'est pas impossible. Déjà Saint-Eustache, à Paris, nous l'avait démontré.

Quant à la qualification de *churrigueresque,* elle nous donne occasion de parler d'un style particulier à l'Espagne, et qui a été inauguré dans la première moitié du XVIIIe siècle par l'architecte Churriga. C'est une déviation de l'architecture classique sous l'influence du caprice et du mauvais goût. Le marbre et le bois s'y prêtent à toutes les absurdités. Les lignes s'interrompent, se heurtent, se brisent, comme pour dérouter l'œil et le fatiguer; les détails d'ornement sont jetés au hasard, les moulures rondes, de grosseur inégale, sont accolées l'une à l'autre sans intermédiaire; c'est le mépris de toute règle et de toute proportion. Quand les dorures s'ajoutent aux ouvrages de ce genre, elles ne sont qu'une mauvaise plaisanterie de plus. Aussi les mots *el churriguerismo, churrigueresco* s'appliquent-ils dans le langage espagnol, comme le mot *rococo* en français, aux compositions et agencements sans grâce et sans dignité, baroques et ridicules. Du reste, nous ne prétendons pas que la conscience de Churriga soit chargée de toutes les laideurs et trivialités artistiques qui portent son nom. Il a eu seulement le malheur de donner le mauvais exemple, contagieux en architecture aussi bien qu'en morale.

Le style plateresque, ou de la renaissance fleurie, marque le règne de Charles-Quint, et on le désigne quelquefois par le nom du fameux Berruguete; le classique plus sévère régna simultanément sous Philippe II, et on le caractérise volontiers par le nom de Herrera, qui l'appliqua à l'Escurial. Le churrigueresque correspond au déclin de la monarchie.

Au sortir de Jérès, nous traversâmes un pays plat, des rivages déchiquetés par la mer et couverts de salines immenses. Nous laissons derrière nous Puerto-Santa-Maria, dont les eaux limpides vont abreuver Cadix, et qui doit son nom à l'image de la Vierge trouvée après le départ des musulmans dans les fouilles ordonnées par Alphonse le Sage (1264) pour la fondation de la ville nouvelle; le Trocadero, canal bordé de chantiers de construction, et que le duc d'Angoulême, comme nous l'avons dit, enleva en 1823; Puerto-Real, que le Trocadero met en communication avec le fond de la baie de Cadix; la Carraca, grand arsenal maritime; et nous entrons dans l'île de Léon, à l'extrémité de laquelle s'élève Cadix, une des reines de la mer.

La situation de ce port, entre l'Océan et la Méditerranée, entre l'Orient et l'Amérique, entre l'Europe et l'Afrique, est des plus avantageuses; et si l'histoire du commerce signale ces parages comme privilégiés dès la haute antiquité, l'avenir ne leur promet qu'un accroissement de fortune et d'activité. Cadix est très-andalouse, c'est-à-dire riche, belle, propre, religieuse, poétique, morale, quoi qu'en disent les étrangers, les Anglais surtout, qui confondent la population andalouse avec sa population flottante, et qui mettent, il faut le dire, à la charge de l'Espagne leur propre corruption, celle qu'ils inoculent à une fraction minime et perdue de ses habitants.

Un de nos meilleurs et plus poétiques souvenirs d'Espagne est celui d'une promenade du soir à l'*alameda de Apodaca,* bordée d'un côté par de riches habitations à balcons vitrés, de l'autre par la mer, qui va expirer au pied des collines de Rota et de Port-Sainte-Marie. Des jardins fleuris, des bancs de marbre blanc, où s'asseyaient les Gaditanes à la mantille noire, quelques palmiers au panache oriental, une douce brise de la mer glauque, un ciel si profond et si bleu, qu'il eût paru sombre sans l'éclat de ses étoiles d'or; c'était à ravir, lorsque des chants religieux et les accords de l'orgue, sortant d'une gracieuse église, ouverte sur l'alameda, s'élevèrent au ciel dans le silence de la nuit, comme une hymne de la nature et de l'homme reconnaissant envers le Créateur.

Une chose cependant nous blessa : car elle n'est en

harmonie ni avec les convenances ni avec le caractère et les habitudes de l'Espagne : ce sont les statues mythologiques et nues, que des édiles malavisés ont dressées là. A quoi pensaient-ils? Les dieux de l'Olympe sont bien petits et bien plats devant cette nature toute rayonnante du Dieu de l'Évangile! Ils sont bien ridicules au milieu de cette population andalouse, qui, je l'en estime, ne les comprend pas. « Voyez donc, me disait William, en me montrant dans l'ombre un Apollon sans vêtement qui soufflait dans une flûte; a-t-il l'air dépaysé ! »

Les édiles gaditains devraient se souvenir qu'ils sont membres d'un *ayuntamiento* (conseil municipal) andalou et chrétien, et suivre à ce titre l'heureuse habitude des Espagnols qui multiplient partout les statues de leurs saints et de leurs grands hommes, au lieu des sujets bien exécutés peut-être, mais si souvent niais, qu'on voit ailleurs, aux Tuileries, par exemple, et à Versailles. Ce que j'aurais voulu trouver à l'alameda de Cadix, c'est l'image de Christophe Colomb, qui s'est embarqué à deux pas de là, à Palos ou à Moguer, pour la découverte de l'Amérique, et qui n'a pas une statue en Espagne !

Foin de votre mythologie! Ce n'est pas ainsi que vos pères entendaient les choses, eux qui ont donné les noms chrétiens les plus harmonieux, les plus sonores et les plus doux aux nombreuses régions de la terre et du ciel qu'ils nous ont révélées : voyez, dans l'Amérique du Sud, San-Salvador, Santa-Cruz, la Trinidad, Santa-

Catarina, San-Pedro de Rio Grande, San-Francisco, Santiago. Dans les régions célestes de l'autre hémisphère, ils ont appelé la plus belle des constellations la *Croix du Sud,* ce qui vaut bien la Grande-Ourse, dénomination contre laquelle du reste le peuple a protesté, en l'appelant le *Chariot de David.* Certes, ce n'est pas une mince gloire pour les Espagnols d'avoir, par ces noms, marqué à jamais du sceau chrétien et catholique tant de points remarquables de la création. Écoutez donc le matelot, le pêcheur de Cadix et de Puerto-Santa-Maria : d'instinct espagnol, il nomme son canot, sa barque : San-José, San-Antonio, Purisima-Concepcion, Divina Pastora, un des plus doux vocables de la Vierge; et pour ma part, ne serait-ce qu'à raison du sentiment poétique, je trouve ce pêcheur mieux inspiré que toute une académie à la recherche d'un nom grec.

CHAPITRE XI

LES ANDALOUS. — LE DÉTROIT DE GIBRALTAR. — GIBRALTAR ET CEUTA.

Nous levâmes l'ancre par un temps superbe, et en peu d'heures la vapeur nous eut engagés dans le détroit de Gibraltar. Un gros navire à voiles, négligeant les courants latéraux du canal qui portent vers l'Océan, essayait vainement d'avancer contre le courant du milieu, qui va de l'Océan à la Méditerranée. Par ce temps de calme, les voiles déployées, mais flasques, retombaient sur elles-mêmes, et demandaient inutilement à tous les rumbs une brise secourable : aucun des trente-deux vents qui répondent aux divisions de la boussole ne ridait seulement la face de l'eau. Les barques de pêcheurs semées autour de nous semblaient elles-mêmes immobiles ; mais notre vapeur passait fièrement, frappant des palettes de sa roue triomphante la surface de la mer.

Ce n'était pourtant qu'un de ces petits bateaux pourvus d'un simple salon sans cabines, et qui vont de

Séville à Malaga. Ils descendent le Guadalquivir, aux rives plates et aux eaux terreuses, qui prend des airs de Nil à la marée haute, vers son embouchure. Bien que les journaux de Cadix les annoncent sous les titres pompeux de *hermoso, magnifico, lijero, muy acreditado,* beau, magnifique, rapide, très-estimé, ces bateaux, frêles coquilles, n'offrent pas en mer une grande sécurité par les mauvais temps, et ils laissent toujours à désirer pour le confort. Mais les épithètes ronflantes ne doivent jamais surprendre en Andalousie : c'est le pays de l'hyperbole; on la tient pour la Gascogne de l'Espagne.

Ne faut-il point attribuer simplement à l'influence des Orientaux cette tendance à l'emphase et à l'exagération? L'Andalousie est la province où les Arabes, les Maures, sont restés le plus longtemps, et leur sang se reconnaît encore dans la population d'aujourd'hui. Or l'hyperbole est naturelle aux races orientales.

Si les Andalous sont restés quelque peu Arabes sous ce rapport, ils ne le sont nullement par la gravité mélancolique du caractère et la répugnance à nouer des relations sociales. C'est le peuple le plus gai qu'on puisse voir; il aime les fêtes, les *ferias* qui ne finissent pas, ou qui ne finissent dans une ville que pour recommencer dans la ville voisine. Il est de bon ton en France de se tenir sur la réserve à l'égard des compagnons de route que donne le hasard. Dans les trains *express* surtout, on ne rompt pas volontiers le silence : nous avons peut-être emprunté ce genre-là des Anglais moroses et souvent orgueilleux. Mais en Espagne, en Andalousie surtout, on serait mal venu à s'isoler ainsi ; on semblerait *poser*. Les Espagnols qui prennent trop facilement, en Angleterre ou en France, nos manières et nos modes, affectent parfois des allures dédaigneuses et empesées. Nous avons entendu leurs compatriotes railler finement ces malades atteints d'*extranjerisme*.

Nous dirions encore, à en juger du moins par la classe élevée de la société, que les Andalous ont un caractère hospitalier, formé sans doute sous l'influence des idées chrétiennes, mais qui rappelle aussi les traditions d'hospitalité si remarquables chez les Arabes. Cependant nous ne voudrions pas insister sur ce rapprochement ; il s'agit d'un trait de mœurs général en Espagne. Les auberges de tous les degrés étaient rares et mauvaises, pour peu qu'on se reporte en arrière ; on conçoit cette facilité à offrir au voyageur ami une hospitalité complète. Cela va si loin, maintenant encore, que nous autres étrangers devons toujours craindre d'abuser.

Laissons de côté la phrase banale qui accompagne toutes les visites d'arrivée ou d'adieu : « *Usted es en su casa* (vous êtes chez vous) ; *toda mi casa a la disposicion de Vd* (toute ma maison est à votre disposition). » Je parle de cet usage assez commun de payer à tout propos les dépenses du voyageur ami ou recommandé, à l'hôtel, en voiture, etc., et aussi de l'habitude de lui offrir, de lui donner, de lui imposer les objets dont il a fait d'un mot l'éloge, ou qui ont paru lui plaire.

Nous prêtant à cette facilité du caractère andalou que

je signalais tout à l'heure, nous étions en conversation déjà très-animée avec plusieurs des passagers qui encombraient le pont. Le pont d'un bateau, c'est un microcosme, un abrégé de la société, qui semble y avoir député quelque représentant des diverses classes dont elle se compose. Un officier chargé de décorations et de médailles, qui transformaient sa poitrine en un casier de numismate, coudoyait un bourgeois costumé en majo; les senoras et senoritas jouaient de l'éventail avec cette vivacité et cette grâce que l'habitude donne à toutes les femmes espagnoles, marquises ou paysannes; et un jeune fashionable, dont les vêtements décelaient une coupe parisienne, parfumé, pommadé, les cheveux séparés depuis le front jusqu'à l'occiput, nous donnait le type de cette jeune aristocratie efféminée qui s'étiole à Madrid, et que l'on n'a point vue à sa place, à Castelfidardo.

Une prononciation défectueuse du castillan trahissait l'origine andalouse de la plupart de nos interlocuteurs. Le Castillan prononce toutes les syllabes distinctement, *ore rotundo;* l'Andalou glisse sur les mots, au point qu'il est souvent difficile de l'entendre; le *z* et le *c*, devant plusieurs voyelles, doivent se prononcer à peu près comme le *th* anglais, en mettant le bout de la langue entre les deux rangées de dents; mais en Andalousie, on les prononce comme l'*s* sifflante, et, ce qui est plus désagréable pour nous, on supprime le *d* à la fin des mots qui finissent en *do* ou en *da : No ha ganao na,* pour *no ha ganado nada;* il n'a rien gagné; *tô los dias,* pour *todos los dias;* tous les jours. On entend dire : *lo mimmo*, pour *lo mismo; tré realé*, pour *tres reales*.

Quoi qu'il en soit, l'entretien roulait entre nous sur le détroit où voguait le navire et sur la position maritime de l'Espagne. Les deux mers qui l'entourent; les bois de construction et les houilles du nord; la pointe et le port du Ferrol; Cadix et la haute importance du détroit, importance croissante par le percement de l'isthme de Suez, qui fera passer la grande route de l'Inde, même pour les Américains, sous le feu de Tarifa; les ports de la Méditerranée susceptibles d'amélioration, comme celui de Carthagène, et dont le gouvernement actuel comprend la valeur, si l'on en juge par les travaux de défense qu'il y poursuit; l'avantage qui résulte pour l'Espagne de la possession des Baléares, et en particulier du port de Mahon, ce chef-d'œuvre de la nature, qui peut abriter commodément de grandes escadres: toutes ces circonstances réunies rendent la position maritime de l'Espagne très-digne de remarque, et lui assurent de nouveau un rôle sérieux dans l'avenir du monde. Sa position, d'ailleurs excentrique par rapport à l'Europe, la rattache forcément à nous, d'autant plus que, abandonnant les plans de Ximenès et de Charles-Quint, elle a négligé de s'étendre et de se fortifier en Afrique. Mais plaise au Ciel que l'Espagne, la France et l'Italie, ces trois sœurs de race latine, sœurs par la religion, par la langue, par le génie, soient amenées par leur situation géographique elle-même, c'est-à-dire par la Providence, qui a conformé le globe, à se donner la main! Qu'elles le fassent, et la prééminence dans l'humanité leur est acquise.

A gauche nous laissions Tarifa, son îlot et son phare environné d'un cercle de batteries neuves, casematées; Tarifa, que ses toits en terrasse, ses maisons blanches et ses femmes voilées feraient croire encore musulmane. A droite se cachait, dans un coude du littoral, Tanger la marocaine, dont on apercevait à l'aide des longues-vues les minarets carrés. Le détroit n'avait plus que seize kilomètres de largeur; mais cette courte distance sépare les antipodes du monde moral: l'Évangile et le Coran, la civilisation et la barbarie, Notre-Seigneur et Mahomet.

Devant nous grandissent les deux colonnes d'Hercule, Gibraltar et Ceuta, Calpe et Abyla. Le navire double la pointe Carnero; et le prodigieux rocher de Gibraltar, taillé à pic, nous apparaît dans toute sa hauteur de quatre cent soixante-six mètres. La mythologie païenne, j'en conviens, a imaginé de jolies choses; mais qu'elle est stupide en face des grandes œuvres du Créateur! Dites-moi quelle pauvre cervelle, en présence de Gibraltar, de cette masse énorme qui écrase l'imagination, quelle pauvre cervelle a pu penser à Hercule? Et que peut faire votre Hercule, eût-il le torse de l'Hercule-Farnèse, si on le rapproche de sa prétendue colonne? Ah! laissez-moi donc adorer Dieu, et ne rapetissez pas ces ouvrages du Tout-Puissant à la mesure des pygmées de votre ridicule Olympe.

Jesus! Maria!

— *Maria purisima!* exclamèrent à la fois les dames effrayées par l'éclat d'une bombe, que les artilleurs anglais venaient d'envoyer non loin de notre navire. Il est peu de jours, durant la bonne saison, où canons, obusiers, mortiers ne retentissent des heures entières dans cette grande école de l'artillerie et du génie anglais, qu'on appelle Gibraltar. On dirait d'une raillerie amère, d'une incessante provocation lancée par l'Angleterre à l'Espagne silencieuse, dont elle fait trembler le sol.

Il nous fallut attendre dans le port d'Algésiras le départ du steam-boat qui va chaque matin de cette ville à Gibraltar.

Les heures de la nuit, marquées par la cloche des navires à l'ancre, furent abrégées par la contemplation des mystérieuses profondeurs du ciel au-dessus de la masse noire du rocher. Un cordon de lumières brillait à sa base, comme un collier de perles et de diamants au cou d'une négresse. Il indiquait la position de la ville et des habitations de la Pointe-d'Europe. Vu du côté d'Algésiras, Gibraltar ressemble à une île; on aperçoit à peine l'isthme, de trois mètres de hauteur, qui le rattache au continent et qui est caché par les barques et les navires ancrés dans la baie. La crête du rocher, souvent couverte de nuages au matin, surtout par les vents d'est, présente trois sommets d'une élévation à peu près égale, du moins au simple coup d'œil. La tour de la vigie, ou *acho,* est établie sur celui du milieu. La direction de la montagne est du nord au midi, sur huit à neuf cents mètres de long, quatre à cinq cents de large, et quatre cent cinquante de hauteur.

La face du levant est à pic, et par endroits suspendue sur la mer. Celle du nord qui fait face à l'Espagne est également à pic, et l'on ne peut la regarder sans une sorte de frayeur. Celle du sud forme la Pointe-d'Europe, qui se compose de plusieurs plateaux en retraite, dont le premier sur la mer offre un escarpement d'une trentaine de mètres. La face de l'ouest, vis-à-vis la baie, présente à son pied une lisière relativement plane, où l'on voit s'étendre la ville, puis des promenades, et enfin, au midi, les constructions de la Pointe-d'Europe.

Mais ce qui frappe davantage les regards, dans les détails qui se révèlent à mesure qu'on approche du rocher, ce sont les fortifications formidables qui l'entourent de toutes parts et dont il est en quelque sorte hérissé. Les maisons, peintes en blanc, en jaune, en gris, ne sont plus que des maisonnettes, diminuées par les proportions écrasantes de la montagne et par les triples lignes de remparts qui défendent le vieux môle.

Partout les gueules béantes des canons : aux créneaux des bastions, à fleur d'eau dans les casemates. C'est un appareil à épouvanter le touriste pacifique, armé d'un parapluie et d'un sac de nuit, mais nullement disposé à livrer l'assaut.

Rassurez-vous. Nous voici le pied sur le môle, et l'on n'exige pas même un passe-port ni la présentation de notre bagage à la douane. On nous demande seulement, pour la forme, si nous n'apportons pas de spiritueux : car Gibraltar est port franc. Un agent de police très-poli nous remet un billet d'entrée dans la ville ou plutôt dans la forteresse, qui nous autorise à y rester jusqu'au coup de canon du soir. William, comme Anglais, est admis sans cette formalité; pour moi, suspect en qualité de Français, je dois échanger ce billet contre un permis de séjour.

Nous traversons la rue principale, *Water-Port street,* encombrée de monde, et quel monde! Un mélange singulier de tous les types; puis des types très-dessinés : des Espagnols bruns; des juifs crasseux, en bonnet noir, vêtus d'une longue lévite bleu sombre et chaussés de savates; des Anglais blonds ou roux; des Maures obèses, à joues flasques, à l'œil faux et reluisant, le front ceint du turban; des soldats et des civils, dont la coiffure est enveloppée aussi d'une espèce de turban blanc, comme en portent les troupes de l'Inde; des cavaliers en frac rouge et des ladies en amazones; l'encombrement se complique des lourds chariots du génie et du commerce, de vieilles voitures jaunes, fiacres espagnols dont les limons s'élèvent au-dessus du cheval, de cabs, d'américaines et d'équipages qui feraient bonne figure aux Champs-Élysées; car la vie opulente, *high life,* est connue aussi à Gibraltar.

La population de cette ville est de 14,000 habitants, indépendamment des 5 ou 6,000 hommes de garnison. L'on compte à peine, parmi les chrétiens, un millier de protestants; les autres sont catholiques. Gibraltar et le groupe des maisons de la *Caleta,* qui s'élèvent dans une anse, à l'opposé, c'est-à-dire au pied de la face orientale du rocher, composent le vicariat apostolique gouverné aujourd'hui par Mgr Scandella, évêque d'Antinoé, né à Gibraltar même. L'église principale, dédiée à la Vierge de l'Assomption, Santa-Maria *la Coronata,* rappelle les églises espagnoles. San-José, qui s'élève en dehors de la ville, à la Pointe-d'Europe, est un monument neuf dont le style roman ressemble à une plante exotique, transportée de la vieille Angleterre.

On n'entre guère dans ces églises sans y trouver à genoux quelque vieux loup de mer bronzé par tous les soleils, ou des soldats irlandais récitant à haute voix le rosaire.

Sur la place de New-Mole Parade, nous aperçûmes, dans des groupes d'écoliers, la guimpe blanche de religieuses françaises, des sœurs de Bon-Secours de Troyes. Là est le collége Saint-Bernard, fondé par l'évêque, et où des jeunes gens de la ville, mais surtout des fils de famille venus d'Andalousie, reçoivent une brillante et solide éducation.

A Gibraltar, les enfants du peuple, les malades et les pauvres sont comblés des bienfaits de la charité catholique.

Le protestantisme, presbytérien surtout, s'est beaucoup agité pour y faire des conquêtes sur le catholicisme; il ne réussit pas, et perd même chaque année du terrain. Une des principales causes qui le font échouer, c'est qu'il met en avant et décore même du titre illusoire de *pasteurs* certains apostats étrangers qui ne sont recommandables à aucun titre, et qui par leurs antécédents, leur ignorance et leurs déclamations n'inspirent à tous les catholiques, pour ne pas dire à tous les honnêtes gens, que le mépris et un profond dégoût.

William retrouvait à Gibraltar des parents et des amis, quelques-uns haut placés. Aussi nous fut-il aisé de visiter les fortifications en détail, sauf ce qu'on appelle *les Lignes*, sortes de tranchées creusées sur le flanc escarpé du rocher, en avant de la porte de terre, et qui défendent l'étroite chaussée par laquelle seule Gibraltar communique avec le continent. Ces lignes mystérieuses, disposées pour la fusillade et l'artillerie, pourvues de casemates et se reliant par des chemins invisibles, croisent leurs feux sur la chaussée avec ceux du vieux château des Maures et des terribles remparts, précédés de fossés et d'estacades, qui dominent ce passage entre la mer et une lagune artificielle. Deux cents canons peut-être arment ce côté de la place.

Au-dessus des Lignes et dans la face nord du roc, on nous fit voir les vastes galeries creusées dans la pierre vive, et où s'ouvrent sur la mer et sur l'isthme des embrasures par lesquelles de grosses pièces d'artillerie tendent leurs gueules de bronze. C'est là un ouvrage militaire unique dans le monde. Ce sont là les vrais travaux d'Hercule, comme le disait William, lorsque nous fûmes parvenus à l'immense salle Saint-Georges, pratiquée sur un plan circulaire dans un saillant du rocher, et qui a des jours sur l'Espagne et sur les deux mers.

Durant notre séjour, nous allâmes à pied, à cheval et en voiture, nous promener jusqu'à l'arête supérieure de la montagne. Une bonne route mène à l'acho, où nous fîmes un déjeuner confortable, arrosé de porter à prix modéré. Nous vîmes au piton du nord, nommé *Rock-Mortar,* trois ou quatre batteries dont on ne soupçonnerait pas la présence à cette prodigieuse hauteur. Le sommet du sud porte les ruines de la tour dite d'O'Hara parce que le gouverneur de ce nom la fit bâtir. Il avait pour but de découvrir la mer jusque dans les parages de Cadix. Mais le gouvernement anglais arrêta la construction.

Un escalier vertigineux nous permit de redescendre par le flanc oriental de la montagne, et là je signalai à mes compagnons un grand fait géologique en preuve du déluge : c'est un glacis rapide de sables jaunâtres, qui s'élève de deux cent soixante à trois cents mètres au-dessus du niveau de la mer, contre les flancs abrupts du rocher. Ces sables, n'étant pas de la nature de la pierre qui les porte, n'ont pu être déposés à cette hauteur que par le cataclysme diluvien. Ils sont justement placés selon la direction du grand courant du déluge, qui venait du nord-est, comme le prouve en Europe la ligne des blocs erratiques qu'il charriait dans sa marche. Pour corroborer ce sentiment, il faut ajouter qu'on a trouvé dans les cavernes naturelles et dans les crevasses de la montagne des ossements agglomérés d'animaux de races différentes, et des brèches osseuses liées par un dépôt calcaire.

La plus remarquable de ces cavernes est *la Cueva* de San-Miguel, située à la hauteur de plus de trois cent trente mètres. Elle se compose de vastes salles successives, dont les voûtes très-élevées sont soutenues par des colonnes semblables à des tiges de palmiers, et qui résultent de la réunion des stalactites avec les stalagmites. Des concrétions de même nature sont suspendues en culs-de-lampe au-dessus de nos têtes; elles tapissent les parois humides, où elles figurent des draperies, des montres d'orgue et d'autres sujets fantastiques. Ces souterrains, qui plongent par des puits tortueux à des profondeurs inconnues, revêtaient des aspects d'autant plus féeriques qu'on nous les faisait voir à la lueur des feux d'artifices et des flammes de Bengale.

Au nord, le rocher est triste et dépouillé de verdure; mais ailleurs il est orné de mille plantes diverses, d'aloès, de mousses vertes et de palmiers nains. On dirait des sourires sur le visage d'un vieillard. Au-dessus de l'alameda et de l'amphithéâtre de Buena-Vista, il y a même de grands arbres et de frais ombrages, puis des arbustes choisis qui portent des fleurs, des fruits, des parfums. Et cependant, de la baie, on croirait ne voir que de maigres buissons. Il paraît qu'autrefois les flancs du roc étaient boisés de chênes-liéges dans toute sa hauteur; mais durant les siéges on autorisa les soldats à y prendre du bois, et l'on n'ignore pas ce que le soldat sait faire en pareil cas. La montagne est habitée par des singes, des lièvres, des aigles et de grandes couleuvres. Le singe ne se trouve pas ailleurs en Europe.

En 1704, alors que les Anglais vinrent en aide au prince Charles, archiduc d'Autriche, pour enlever la couronne d'Espagne au Bourbon Philippe V, ils s'emparèrent de Gibraltar comme par surprise, sur une garnison de cent cinquante hommes. Leur roi, Georges Ier, promit de restituer cette conquête; mais il viola la parole donnée en se retranchant derrière l'opposition du parlement anglais. L'Espagne, aidée de la France, revendiqua ses droits, et elle ne les regarde pas encore comme anéantis, malgré les traités qui les supposent perdus. Vainement a-t-elle essayé, en 1704, 1720 et de 1780 à 1783, de les reprendre par les armes; le dernier siége, fameux dans l'histoire militaire, et où la France et l'Espagne réunies déployèrent toutes les ressources du génie de la guerre à cette époque, échoua contre la belle défense du gouverneur Eliott.

En face de Gibraltar, les Espagnols avaient construit des ouvrages de fortification d'une grande importance, et connus sous le nom de *Lignes espagnoles*. Elles barraient le passage aux Anglais du côté de terre, et menaçaient la ville en cas d'hostilités. Pendant la guerre de l'Indépendance, quand l'Angleterre donnait à l'Espagne contre Napoléon un concours intéressé, le gouverneur de Gibraltar, sans en avoir reçu de Madrid l'autorisation, fit sauter les lignes, sous le prétexte que les Français pourraient s'en emparer!

Cette place, clef des possessions anglaises dans la Méditerranée, paraît en état de résister désormais à toute espèce d'attaque, sauf le blocus et la famine; mais le blocus suppose détruite la flotte anglaise, et c'est pourquoi Napoléon disait : « Les clefs de Gibraltar sont à Londres. » Il faudrait que l'Angleterre fût bien affaiblie pour sacrifier cette forteresse qui lui coûte plus d'un milliard, et sur laquelle elle veille d'un air jaloux et ombrageux. Pas un point qui ne soit sous le regard des sentinelles, pas une des mille pièces en batterie qui n'ait près d'elle ses projectiles en monceaux et sa poudrière bien pourvue, de manière qu'en une heure ces mille pièces toutes ensemble pourraient vomir la mort.

Le protestantisme, ici comme partout, a profané et détruit les églises, sans aucun respect pour l'art et les traditions, pas plus que pour la religion elle-même. Le barbare! il a ruiné, entre autres sanctuaires, *Nuestra-Senora de Europa*, qui s'élevait à la Pointe-d'Europe, et dont les lampes allumées devant l'image de Notre-Dame servaient de phare au marin, tout en élevant son âme aux pensées d'espérance et de foi. De l'autre côté du détroit, au pied du mont Abyla, et dès le temps de Justinien, on avait érigé une autre chapelle, que les Portugais rétablirent à la conquête de Ceuta, au xve siècle, et que les Espagnols entourent d'une vénération extraordinaire : c'est *Nuestra-Senora de Africa*, Notre-Dame d'Afrique. Quoi de plus touchant que ces deux sanctuaires! La Vierge, l'Étoile de la mer, couvrant de sa protection ces deux rivages, bénissant les navigateurs dont les nombreux vaisseaux sillonnent perpétuellement ce passage fameux, saluée elle-même par les pavillons et les prières de tous les peuples chrétiens, et constituée reine des deux vastes continents!

William prévint l'expression de mes désirs, en me proposant de faire un pèlerinage à Notre-Dame d'Afrique, à la faveur du voyage quotidien des vapeurs qui vont d'Algésiras à Tétouan, depuis que les Espagnols occupent cette dernière ville. Nous franchîmes en quelques heures les vingt-quatre kilomètres qui séparent Gibraltar de Ceuta, et nous allâmes nous prosterner devant la sainte image, placée au-dessus du maître-autel de la riche église qui porte son nom. La Vierge est assise, somptueusement habillée, le front ceint de la couronne royale et du nimbe. Elle porte sur ses genoux le corps de son divin fils descendu de la croix, et tient suspendu à sa droite un bâton d'olivier.

Lorsque don Juan Ier de Portugal prit Ceuta, en 1415, sur les émirs Mérinides du Maroc, il proposa la garde et le gouvernement de la place à plusieurs officiers, qui hésitèrent à accepter. Il s'adressa alors au brave Pedro de Menesès, qui, ayant en ce moment un bâton d'olivier sauvage à la main, répondit : « Je me charge, avec ce bâton, de tenir en respect toute la canaille maure. » Cette branche d'olivier est celle que tient Notre-Dame d'Afrique. Devenue le signe du commandement pour les successeurs de Menesès, elle fut offerte à la Vierge, pendant la peste cruelle de 1744, par don Pedro de Vargas Maldonado, alors gouverneur de la ville. Elle sert à donner l'investiture aux gouverneurs nouveaux.

Ce n'est pas d'hier que fleurit à Ceuta le culte de Marie. En 542, peu après que Bélisaire eut reconquis l'Afrique sur les Vandales, le préfet grec Salomon bâtit à Septa, en l'honneur de la Mère de Dieu, une église, monument de la piété de l'empereur Justinien.

Nous nous retirâmes, emportant comme souvenir l'image de Notre-Dame d'Afrique, imprimée sur un voile de soie bleue, que nous offrit le chapelain; et William, à la pensée de la terre barbare de l'Afrique, que nous foulions en ce moment, écrivit au bas d'une autre gravure ces vers de Manzoni :

> In che lande selvaggie, oltre quai mari,
> Di sì barbaro nome, fior si coglie
> Che non conosca de' tuoi miti altari
> Le benedette soglie?
>
> Ne le paure de la veglia bruna,
> Te noma il fanciulletto; a te tremante,
> Quando ingrossa ruggendo la fortuna,
> Ricorre il navigante.

« En quelles landes sauvages, au delà de quelle mer, si barbare qu'en soit le nom, se cueille-t-il une fleur qui ne connaisse pas les gradins bénis de tes doux autels?

« Dans les peurs de la nuit sombre, le petit enfant t'appelle; et quand la tempête se lève en rugissant, le navigateur tremblant recourt à toi. »

Une heure fut consacrée à visiter l'église profanée de Saint-Jean-de-Dieu, devenue magasin à fourrage; puis les hauts remparts, auxquels ce grand saint travailla comme manœuvre, et où le poëte portugais Camoëns, l'auteur des *Lusiades,* perdit un œil en combattant contre les Maures. Avant de quitter Ceuta, le moins triste des quatre *presidios,* ou forteresses-prisons, que l'Espagne possède sur cette côte du Maroc, nous fîmes l'ascension de l'acho, c'est-à-dire du sommet de la colonne d'Hercule, où s'élèvent la citadelle et la vigie de Ceuta.

La vue est plus belle encore, à mon avis, que de l'acho de Gibraltar. On voit presque aussi nettement que de ce dernier point les montagnes de Ronda; mais tout le détroit se découvre avec une clarté merveilleuse; on croirait avoir sous les yeux une de ces cartes géographiques en relief, où l'on embrasse d'un coup d'œil une vaste contrée prise à vol d'oiseau; et puis, mieux qu'à Gibraltar, on a les plans rapprochés de chaînes imposantes : c'est, à gauche, le sinistre contrefort du Rif, auprès de Tétouan; à droite, l'abrupte montagne des Singes; en face, les cimes de la sierra Bullonès, qui s'élèvent comme une barrière sauvage, infranchissable, pareille à celle que ce pays oppose à la civilisation. Et tous ces tableaux sont dessinés sur un ciel d'azur ou de feu, avec une vivacité de trait, une immobilité de formes qu'on n'observe qu'au sein des atmosphères chaudes et lumineuses, comme celles d'Afrique et d'Orient.

Le panache de fumée du navire qui devait nous ramener à Gibraltar, se distinguait à peine, et à l'aide des lunettes d'approche de la vigie, vers le cap Nègre. William profita de notre loisir pour herboriser sur les flancs de la montagne, à travers les figuiers de Barbarie et les oliviers. Je l'attendis en me reposant à l'ombre d'un de ces arbres séculaires. Devant ce panorama de la côte africaine, je me laissai aller aux rêveries, et j'eus, bien qu'éveillé, un songe étrange. Il me fit assister aux luttes prochaines que le christianisme, représenté par la France et par l'Espagne, doit soutenir encore au sein de l'Afrique, pour achever de l'arracher à la tyrannie et à l'abrutissement.

Je retraçai ce rêve sur mes tablettes, je dirais sur mon calepin, s'il ne s'agissait de poésie. William à son retour s'en empara de vive force, et il lut :

O pays du Magreb, et vous, frontière extrême
Où la soif fait mourir la gazelle et le diss,
Touât et Tafilet, lointaines oasis,
Vous lutteriez en vain : voici l'heure suprême.
Pourquoi vous soulever? vous pouvez nous haïr,
Mais nous vaincre! Êtes-vous plus forts qu'Al-djezaïr?
Non, non, vous n'avez pas d'assez haute muraille
Pour braver nos assauts, la sape et la mitraille.
A peine vos chérifs s'arment-ils contre nous,
Qu'ils viennent tour à tour se mettre à nos genoux :
Abd-el-Kader lui-même a bien dû s'y résoudre :
Savez-vous mieux que lui faire parler la poudre?

Maure, lance sur nous tes chevaux ombrageux,
Qu'abrité par des murs ton orgueil se pavane,
Que ta smala s'éloigne en lente caravane,
Fuis, gravis de l'Atlas jusqu'aux sommets neigeux,
En dépit des chérifs, prêcheurs de guerre sainte,
Tu sentiras partout notre invincible étreinte.

Ce n'est pas d'aujourd'hui, superbes musulmans,
Que vous êtes vaincus, malgré vos talismans.
Demandez aux tholbas, ils l'avoueront peut-être :
Dans les siècles passés le Franc s'est rendu maître
De Damas, de Solyme, où régnait le croissant;
Mais lorsqu'en son pays vos aïeux s'avancèrent,
Les champs d'orge et de blé pour longtemps s'engraissèrent
De leur chair en lambeaux, des ruisseaux de leur sang.

L'oncle du grand sultan de France et d'Algérie
A porté son drapeau plus loin qu'Alexandrie.
Son astre s'est levé pour la seconde fois :
En suivant les rayons dont il nous illumine,
Nous irons, s'il le veut, jusqu'aux murs de Médine,
Arborer l'étendard de Napoléon Trois.

Près de l'astre nouveau, quelle étoile scintille?
La reconnaissez-vous? Dans les champs de Castille,
Sur la rive africaine, à Tarife, à Téba,
Elle éclaira jadis plus d'un sanglant combat,
Dont le seul souvenir faisait trembler le Maure.
Comme aux feux du matin l'ombre noire s'enfuit,
Puisse-t-elle éclipser, étoile de l'aurore,
Votre pâle croissant, symbole de la nuit!

Bientôt luira ce jour, où la croix triomphante,
En place du croissant resplendira partout.
La vie et le progrès que la croix seule enfante
Envahiront Stamboul, Maroc et Tombouctou.
Le Christ affranchira l'esclave qu'on assomme,
Aux peuples rachetés il dictera sa loi,
La Vierge ennoblira la femme... Honte à toi,
Musulman! tu n'en fais qu'une bête de somme.
Ah! ne redoute pas l'approche de ce jour :
En relevant la femme, il t'apprendra l'amour.

Sous un souffle inconnu, le Sahara secoue
Son stérile sommeil qui dura six mille ans;

Et le génie humain sous l'œil de Dieu se joue
Dans les flots fécondés de ses sables brûlants.
Les puits artésiens, dans les déserts numides,
Font jaillir l'eau du roc. Les norias humides
Arrosent les palmiers et font pousser le blé,
Où l'on ne voyait rien qu'un sol jaune, ensablé.
L'industrie au désert, comme d'ardentes ruches,
Élève des cités et de riches comptoirs;
Et le rail-way franchit le pays des autruches,
Portant la liberté jusqu'au fleuve des Noirs.

Oh! c'est plaisant à voir, des ingénieurs nègres!
Point de front, un museau qui s'allonge, on dirait
Des singes habillés. Mais j'entends leurs voix aigres :
« Tombouctou! Tombouctou! vingt minutes d'arrêt! »

La nuit est dissipée; au jour qui lui succède
Il faudra bien qu'enfin tout fanatisme cède;
Sachez-le donc, sultans, chefs de tribus, imans,
Nous voulons le redire aux derniers musulmans,
Plaise au Ciel que ce soit sans leur couper la tête :
« Dieu c'est Dieu; Mahomet n'était point son prophète. »

« Je ne sais pas si on vous les pardonnera, me dit en souriant William.

— Ami, soyez indulgent; je vous ai prévenu : ce n'est qu'un rêve. »

CHAPITRE XII

LE TÉMOIGNAGE D'UNE AME.

William me raconta ainsi une entrevue qu'il eut avec sa cousine, miss Clara ***, la veille de notre départ pour Malaga.

« Nous nous assîmes, miss Clara et moi, dans le salon qui a emprunté son ameublement et ses décorations de fantaisie à Paris, à Londres, à Florence, à l'Inde, au Maroc, à l'Espagne, à l'Amérique. Les Anglais aiment à s'entourer ainsi des objets qui leur rappellent des souvenirs de voyage. A la fenêtre ouverte, des lianes à fleurs violettes pendaient en draperie et en guirlandes; sous nos yeux, la mer tranquille s'étendait jusqu'aux montagnes de la côte d'Afrique, dont les feux du couchant creusaient les flancs sauvages.

« Le calme et le silence de la nature portaient au recueillement, et me prédisposaient à écouter l'histoire d'une âme.

« — William, dit miss Clara, c'est par la science et de profondes études que le Seigneur vous a conduit à son Église. J'y suis arrivée par la simple observation du culte catholique et des mœurs religieuses en Espagne.

« — Pour ceux qui recherchent sincèrement la vérité, Clara, tous les chemins mènent à Rome.

« — Vous le savez, mon père était planteur en Virginie. Une catastrophe, qui laissait son honneur parfaitement intact, ruina sa fortune. Il en recueillit quelques débris à peine, et il émigra, pour la refaire, dans les solitudes de l'Arkansas, sur la lisière de Green-Wood (la Forêt-Verte), où nous ne voyions plus que de rares voyageurs et quelques missionnaires de passage, se rendant au milieu des tribus indiennes. Ma mère, déjà frappée au cœur, ne put s'accoutumer à la tristesse de notre pauvre demeure, du log-house autour duquel, la nuit, rôdaient en rugissant les animaux féroces. Elle succomba, et sa mort fut pour moi un coup terrible. J'ai pu sourire encore, William, depuis cette époque; mais la joie s'est envolée de mon cœur, et le rire de mes lèvres. Mon père vit bien que le mal me consumait; il ne voulait pas d'ailleurs se contenter de l'éducation imparfaite que j'avais reçue à Richmond. Quoiqu'il m'aimât tendrement, il m'obligea à me séparer de lui pour venir ici, auprès de son frère, qui a pour moi des sentiments paternels. J'y suis depuis cinq ans, et j'ai vécu en Espagne ces deux dernières années.

« — Mais dans quelles circonstances la grâce de

Dieu, chère cousine, a-t-elle donc éclairé votre esprit et touché votre cœur?

« — Le monde où j'ai vécu n'était guère composé que d'Anglais protestants. Mais j'ai rencontré parfois des convertis et des converties du protestantisme à la vraie foi, et nous étions en contact avec les populations et la société espagnoles.

« — Il me semble que cette dernière circonstance n'avait rien de favorable à votre propre conversion; car les protestants, presque sans exception, haïssent, méprisent le caractère religieux des Espagnols; ils travestissent et bafouent leurs usages et leurs croyances; or vous deviez vous trouver naturellement sous l'influence de ces discours et de ces préjugés?

« — Il est vrai, William; mais je sentais dans le secret de ma conscience la fausseté et l'injustice des jugements portés par mes coreligionnaires. La nature protestait en moi contre le protestantisme, et donnait raison à la religion de l'Espagne. D'abord j'hésitais à écouter cette voix intérieure, car je savais qu'en nous la nature a été viciée. Je ne tardai pas cependant à distinguer, dans la plupart des circonstances, la voix de la nature demeurée droite et saine et la voix de la nature corrompue. Les jugements portés par la première laissaient mon âme dans la plénitude de la paix, dans le repos de la certitude, dans la joie de la charité; rien ne me disait ensuite: Tu as tort contre Dieu, et tu prends le parti du mal. Et je comprends maintenant que la grâce agissait alors en moi. Les appréciations émanées de l'autre source étaient accompagnées d'aigreur et de sarcasme; elles ne détruisaient pas le doute au fond de mon esprit, et elles y semaient l'inquiétude; la langue parlait, le cœur n'approuvait pas; elle parlait au nom de la pureté des doctrines et des saintes Écritures; mais l'accent de ma prétendue dévotion avait quelque chose de faux à l'oreille, et l'Écriture mal comprise semblait s'élever contre Dieu, qui prononce aussi par la conscience.

« — Oh! Clara, ce n'est pas votre confession que vous faites, c'est la mienne.

« — La première fois que la nature condamna en moi le protestantisme, c'était auprès du cercueil d'une amie protestante. Éclatante de jeunesse et de beauté, mais trop attachée aux plaisirs du monde, dont elle effeuillait les roses tout en veillant sur son cœur, elle avait été surprise par la mort sans penser que le Seigneur était proche; le Seigneur, qu'elle ne voulait pas offenser, mais que peut-être elle n'avait point assez servi et aimé. Aussi sa mère était là, plongée dans un morne désespoir; elle voulait croire au salut de sa fille, et ne pouvait pas en conserver l'espérance. Le paradis! Sa fille n'était pas une sainte; elle ne pouvait donc pas y entrer. L'enfer! oh! l'enfer pour cette enfant presque innocente!... Et cette pauvre âme de mère était ainsi agitée entre l'enfer et le ciel! Que pouvais-je dire, William? je tremblais moi-même pour le sort éternel de mon amie. Mais près de nous, sous son voile noir, priait une femme, une pieuse Espagnole, liée d'amitié à cette mère désolée. Il nous était défendu, à nous, de prier pour la défunte.

« — Ayez courage, dit la pieuse dame.

« — Je ne puis avoir de courage, répondit la mère toute tremblante; je n'ai pas l'espérance.

« — J'espère et je prie, moi, reprit l'Espagnole; votre enfant est en purgatoire.

« — Oh! dit la mère en se levant avec un long soupir, si cela pouvait être! » Et elle se retira, étouffée par les sanglots.

« — Vous entendez, William: Oh! si cela pouvait être! Cette parole, prononcée avec un accent indéfinissable, me pénétra comme un glaive, et porta ma pensée sur ma mère à la fois et sur mon amie. En ce moment, j'ouïs la voix intérieure qui me disait: Cela peut être; et l'espérance et la charité me répétaient tout bas: Cela est. Comme le dogme du purgatoire, enseigné par l'Église, nié par le protestantisme, est conforme à la raison, à la nature! et qu'il est doux de pouvoir, avec l'Église, espérer du salut même de pécheurs qui n'ont pas donné, avant la mort, toutes les marques extérieures et désirables de conversion; de pouvoir, avec elle, ouvrir les portes du ciel aux âmes demeurées protestantes par une ignorance et une bonne foi invincibles, mais qu'au dernier jour le Seigneur ne trouve pas perdues par le péché mortel!

« — Assurément, dit William, il répugne à la raison de croire que la moindre tache damne éternellement, ou que l'âme qui est encore souillée, qui n'a point expié entièrement ses fautes, entre néanmoins au ciel sans passer par une purification. Et c'est pourtant ce que nous avait enseigné le protestantisme en niant le purgatoire !

« — Maintenant suivez-moi en Espagne, cher William, là où le lien spirituel qui unit l'Église militante à l'Église souffrante se manifeste par tant de signes extérieurs et touchants : peintures, chapelles des âmes du purgatoire, confréries particulières. Partout, dans les églises, nous voyions ces grands tableaux qui représentent, à la partie supérieure, la sainte Trinité et la cour céleste; au milieu de la toile, des âmes sous la forme de corps transparents et vaporeux montent au ciel, en compagnie des anges gardiens; au bas, des flammes, une fournaise, où les démons, naïvement figurés, mais enfin de manière à rappeler leur dégradation et leur méchanceté, s'efforcent de retenir dans les tourments les âmes qui regardent et invoquent le Ciel, toutes rayonnantes d'espérance; partout nous remarquions, au nombre de ces troncs que la piété et la charité attachent à l'intérieur et même à l'extérieur des églises d'Espagne, ceux qui portent pour inscription : *Animas benditas;* quelquefois nous nous trouvions au milieu des services et des prières solennelles que font célébrer si fréquemment les confréries, pour le soulagement des âmes du purgatoire; parfois encore de pauvres femmes, des jeunes filles à la physionomie candide, nous arrêtaient dans les rues, sans soupçonner guère à qui elles s'adressaient, et, nous présentant quelque image grossièrement gravée, elles nous demandaient une aumône, afin de faire dire une messe pour le repos d'une âme qui leur était chère... A la vue de ces peintures, de ces cérémonies, de ces quêteuses, les plaisanteries, les malédictions pleuvaient parmi mes compagnons et mes compagnes, mes frères et sœurs en protestantisme. Je me taisais, car j'entendais toujours cette parole : « Oh! si cela pouvait être! »

« Lorsqu'il plut à Dieu de me remettre à la conduite du prêtre qui devait achever en moi l'œuvre de la grâce, comme ses explications, comme les enseignements de l'Église et de l'Écriture par l'Église me semblèrent faciles et lumineux! Oui, oui, disaient ma raison et mon cœur, vibrant dans une entière harmonie avec les paroles de la foi. Et maintenant je m'agenouille heureuse, à côté des pauvres gens, dans l'église des plus humbles *pueblecillos* d'Espagne, devant ces mauvaises peintures qui rappellent pourtant de si grandes et si consolantes vérités.

« Je crains, William, de vous fatiguer à ces détails...

« — Non, mille fois non, protestai-je; dites, Clara; je vous écoute avidement. Vous me révélez des choses que j'ai senties autrefois, que j'ai senties en Espagne et ailleurs, sans m'en rendre compte.

« — Peu après, nous étions à Séville pour la fête du *Corpus Domini*. Il paraît que nulle part dans le monde catholique, pas même à Rome, la fête du Saint-Sacrement ne revêt autant de pompe et de magnificence.

Les étrangers paient fort cher une place aux fenêtres des rues où doit passer la procession, et, dans les contrats de louage des maisons situées dans ces rues, le propriétaire stipule souvent qu'il retient le droit de louer ce jour-là les fenêtres, ou une partie des fenêtres de sa maison. Mes compagnons tournaient à l'avance en dérision et accusaient de paganisme ce qu'ils brûlaient de contempler. Les descriptions qu'on nous faisait des splendeurs du culte catholique en cette fête ne provoquaient parmi nous que la répétition du vieux thème protestant sur l'esprit et la lettre, sur l'intérieur et l'extérieur de la religion, sur l'adoration de Dieu en esprit et en vérité, comme s'il y avait opposition entre la lettre et l'esprit, entre la puissance des manifestations extérieures et la sincérité des sentiments qu'elles traduisent. Je ne parlai point à l'unisson; car je voyais bien que le peuple espagnol, par caractère, exprime vivement et même avec emphase tout ce qu'il ressent, et je ne concevais pas pourquoi il y aurait une exception quand il s'agit des sentiments religieux. Je le savais nerveux, impressionnable, passionné pour l'éclat de ses fêtes et de ses réjouissances nationales; et les exigences protestantes, couvertes du prétexte de la simplicité, me semblaient exagérées, condamnant ce qui n'est pas mal, ce qui n'est que l'épanouissement spontané de la pensée d'un peuple qui croit et qui aime.

« La procession parut et déploya le spectacle le plus imposant. Nul ne saurait calculer ce qu'elle nous montra d'or, d'argent, de pierreries, de croix et de bannières, de dentelles et de fleurs, d'étoffes précieuses de soie et d'or, de riches broderies et de draperies étincelantes, d'encensoirs et de cierges artistement peints, durant ce long défilé des écoles, des communautés, des chapitres des paroisses, des confréries d'artisans costumés à la façon des anciens chevaliers, des chœurs de chantres, des membres de l'ayuntamiento avec l'étendard de la ville; des enfants aux robes flottantes, aux ailes d'ange, portant l'encens et les corbeilles fleuries; puis venait le saint Sacrement, comme enveloppé de la lumière du Thabor. Il était escorté de soldats d'élite. Le cardinal, avec tous les insignes de sa dignité, le capitaine général et les magistrats chargés de rendre la justice marchaient derrière; puis un corps de cavalerie; puis la foule. Et ce long défilé passait entre les lignes brillantes de l'armée, entre les maisons décorées de tapisseries rares et des plus belles étoffes; le soleil par moment faisait ruisseler tous ces trésors, et semblait un regard de Dieu sur l'hostie consacrée et sur le peuple fidèle. Les chants liturgiques, les salves de l'artillerie, la musique militaire, montaient au ciel avec la fumée de l'encens.

« Les critiques se taisaient autour de moi; ils avaient assez à faire de se défendre des impressions sous l'empire desquelles cette foule, à un moment donné, se prosternait sur le sol, et semblait bien, je vous l'assure, adorer en esprit et en vérité. Et moi, j'écoutais la voix intérieure; elle me disait : N'est-il pas naturel que l'homme offre à Dieu l'hommage de ses propres dons;

qu'il l'honore en lui consacrant les œuvres du génie, tout ce qu'il possède de plus beau, de meilleur, de plus parfait? On t'a dit que Dieu n'a que faire de ces offrandes de l'homme. C'est une mauvaise parole. Dieu ne dédaigne pas l'homme; il l'aime, et il aime par conséquent tous les tribûts d'amour qu'il reçoit de nous. Ils ne connaissent et n'aiment pas vraiment Dieu, ceux qui ne comprennent pas cela.

« Le soir, à l'alameda, une de mes amies, plus discrète, me l'avouait ingénument : ses préjugés contre la convenance et l'utilité d'un culte pompeux, comme celui que l'Espagne rend à Dieu, s'étaient bien affaiblis; et, de ses bras tendus vers le ciel, me montrant les splendeurs de la nature et des nuits andalouses, elle me dit avec une sorte de transport : « Voilà aussi un temple que Dieu s'est bâti à lui-même, et dont l'homme est constitué le prêtre; le Créateur y a-t-il épargné les richesses et la beauté? S'il est permis à l'homme d'élever aussi des temples, pourquoi serait-il mesquin et avare, lorsqu'il a les mains pleines des dons de Dieu?

« — C'est bien vrai, dis-je, et le protestantisme, ici comme en bien d'autres cas, arrête sans raison l'élan naturel de l'homme. L'Église sait que le Dieu né dans une étable n'exige pas la richesse pour son culte là où elle n'est pas possible; l'Église ne condamne ni la simplicité ni même la pauvreté des autels; mais elle approuve que nos trésors servent à orner la maison de Dieu, et il sied mal à ceux qui vivent dans l'opulence, et peut-être dans un luxe scandaleux, de se plaindre ensuite de la magnificence du culte divin. Permettez-moi, Clara, de vous le faire observer, à la procession de Séville, la nature protestait en vous contre les préjugés de ceux qui, à l'origine de la réforme, ayant dépouillé et volé les églises, renouvelé avec les vases d'or des temples catholiques le festin de Balthazar, déclarèrent que le temple devait être nu et glacé. Mais vous ne m'avez pas encore parlé de la foi en la sainte Eucharistie.

« — Alors, William, j'avais à peine une vague notion de ce mystère sublime, le chef-d'œuvre de l'amour de Jésus. Mais, à mesure que j'entrais dans l'esprit du christianisme, à mesure que je comprenais mieux les anéantissements et la mort du Sauveur, et de quel désir ardent il brûle de s'unir à nous comme il est uni à son Père, je sentais l'insuffisance du symbole et de la cène vide du protestantisme pour répondre à la charité divine, à l'Écriture et à mon cœur. Quoi! Jésus ne serait pas réellement sur nos autels? me disais-je; mais les égarements mêmes de l'humanité dans les ténèbres de l'idolâtrie indiquent assez que nous avons besoin de cette présence réelle de notre Dieu sous un signe sensible. Les aspirations de mon être vers lui étaient comme une faim et une soif, que la sainte communion a pu seule apaiser. O pieuse Espagne! de quels secours d'édification n'ont pas été pour moi les exemples populaires de ta foi profonde en la divine Eucharistie!... Je ne sais, William, si par hasard vous avez assisté, durant votre voyage, à l'administration du Viatique : les parents du malade se réunissent dans sa maison ; ils attendent l'arrivée du saint Sacrement, et tiennent à la main de gros cierges allumés ; le prêtre vient portant le saint ciboire ; du premier poste militaire qui était sur son chemin, deux soldats et un sous-officier se sont détachés pour l'escorte d'honneur ; la première voiture qu'il a rencontrée dans la rue s'est arrêtée, et les personnes qui s'y trouvaient, quelles qu'elles soient, en sont descendues pour y faire monter le saint Sacrement, et l'ont dévotement suivi ; au son de la clochette, qui annonce le passage de *Su Maestad,* de Sa Majesté, car c'est l'expression par laquelle on désigne en Espagne la divine Eucharistie, on s'est agenouillé pour l'adorer, dans la rue et dans les maisons. Elle est reconduite à l'église par les parents du malade, leurs cierges à la main. Au viatique général de Pâques, la sainte Eucharistie est portée le même jour aux infirmes, pauvres et riches ; le clergé, les corps de musique de la garnison et des paroisses l'accompagnent, ainsi que les parents des malades, au retour à l'église. Alors tous les rangs de la société se trouvent réunis dans la manifestation d'une foi commune. Sept à huit cents cierges brillent dans les mains de ces croyants, vive image de la lumière de l'Évangile qui les éclaire, et aussi de la lumière et de la charité de notre Sauveur. Croyez-moi, William, la foi du peuple espagnol, de ses hommes les plus instruits, les plus braves et les plus haut placés, comme celle du simple ouvrier et du paysan, paraît si franche et si profonde, si facile et si heureuse, qu'elle est contagieuse, vraiment, et ferme la bouche ou du moins embarrasse la langue de l'impie.

« — Depuis longtemps, Clara, j'avais remarqué les vains efforts de nos frères égarés dans les erreurs anglicanes et calvinistes, pour retenir quelque vertu, quelque force morale et imposante dans le pain stérile de leur cène. Ils lisent les paroles claires et brûlantes de l'Écriture sur la présence réelle ; mais, quand ils s'approchent de la table prétendue de la cène du Seigneur, le froid les gagne invinciblement. Ce n'est pas de cela que parle l'Écriture ; et ils sont guindés le plus souvent jusque dans leur démarche.

« — Que vous dirai-je encore, William? vous voyez tout tracé le chemin de ma conversion. Le protestantisme me défendait d'honorer la Vierge, pour laquelle il a je ne sais quelle aversion, comme s'il était lui-même la tête du serpent que la femme prédestinée doit écraser du pied ; et la nature me disait que ne pas honorer la mère, c'est outrager le fils : l'Espagne, si dévouée à Marie, avait raison.

« Le protestantisme m'interdisait le culte des images ; et moi qui pleurais devant les *Pietà* de Moralès, moi qui baisais chaque soir les portraits de mon père et de ma mère, je répondais au protestantisme : Tu mens au cœur humain ; tu blesses ce qu'il y a de meilleur en nous. L'Espagne, encombrée d'images et de chefs-d'œuvre ; l'Espagne, où tant de pauvres gens, que les révolutions ont empêchés d'apprendre à lire, s'instruisent du moins en présence de tableaux, si peu artistiques qu'on le voudra, l'Espagne a raison.

« — Ainsi, sur tous les points où la malheureuse réforme contredit les croyances catholiques, vos observations, Clara, seraient une page à ajouter au livre de Tertullien : *de Testimonio animæ,* du Témoignage de l'âme, où il montre au païen que l'âme est comme naturellement chrétienne. Par l'ordre surnaturel, Dieu nous élève infiniment au-dessus de notre seule nature; mais elle est néanmoins créée par Dieu, et ses dispositions sont telles, que la grâce et la révélation ne peuvent rien choquer de ce qui est bon en elle. Au contraire, il s'établit entre elle et la grâce une union et un accord parfaits.

« — Je trouvais la réforme constamment en défaut, desséchant le cœur, ne laissant pas à nos sentiments les plus légitimes une libre expansion, empêchant arbitrairement les âmes de servir Dieu selon leur attrait dans la vie monastique, et sous les formes si variées de dévouement absolu qui se produisent au sein de l'Église, détruisant l'esprit de pénitence, de mortification de la chair, qui est l'esprit de l'Évangile, et dont le souffle ramène le pécheur à la vie et à la paix, ne faisant nul cas de la chasteté virginale et vouée à Dieu; puis, par une contradiction singulière et une complète inintelligence du joug léger de Notre-Seigneur, condamnant comme péché les récréations du dimanche les plus innocentes et les plus évidemment compatibles avec les œuvres de religion et avec le repos que ce jour nous prescrit. Croiriez-vous, William, qu'à Gibraltar les hommes de police interviennent parfois si un enfant joue à la toupie le dimanche; que le son d'un piano scandalise; et que, depuis la guerre de Crimée seulement, et par suite sans doute du mauvais exemple donné par les Français, la musique militaire a reçu l'autorisation de se faire entendre ce jour-là?

« — Je ne m'étonne de rien, répondis-je, car le protestantisme n'a pas de règle certaine ni d'autorité reconnue pour résoudre les cas de conscience et délimiter le bien et le mal, ce qui est permis, ce qui est défendu, pas plus qu'il n'en a pour savoir ce qui est de foi, ce qu'on doit admettre, ce qu'on peut admettre ou rejeter, ce qu'il faut rejeter. Il abandonne chacun à son jugement, aux tendances relâchées comme au rigorisme outré.

« — Le dimanche en Espagne est fidèlement observé. Pourtant, excepté à Madrid, les courses de taureaux ont lieu ce jour-là même. Et j'en suis surprise, parce que j'ai vu que ces jeux violents éloignent forcément la pensée religieuse.

« — Aussi est-il certain que la religion, et l'autorité qui la représente, n'approuvent pas cet usage; mais telle coutume est souvent plus forte que les lois. Ce que j'aurais craint pour vous davantage, c'est la manière peu charitable, et même, dit-on, rebutante avec laquelle les protestants sont traités par la société espagnole.

« — Détrompez-vous, William, il n'en est rien. Le contraire est la vérité. Les Espagnols ont, sans nul doute et avec raison, une horreur instinctive du protestantisme; le socialisme qui menace la vieille Europe ne leur inspire pas plus d'aversion. Mais, croyez-le, j'en ai fait l'expérience, et d'autres ont rendu ce témoignage, la société espagnole n'exclut pas lès Anglais, les protestants; elle leur porte un intérêt très-vif; elle a pour eux des attentions, une charité toute particulière; vous lisez dans les yeux qui vous regardent qu'on vous aime, et qu'on voudrait vous attirer à l'Église. Combien de fois, déjà catholique dans le secret de mon cœur, n'ai-je pas entendu ces jeunes filles de Séville ou de Grenade, si attachées à leur foi, m'inviter d'un air suppliant, de leur voix la plus douce et en tenant mes mains pressées dans les leurs, à me rendre et à me faire catholique! Que de rosaires n'ont-elles pas récités pour m'obtenir ce bonheur, et que d'actions de grâces à Notre-Dame, une fois leurs vœux exaucés!

« — Je sais, en effet, que la conversion même d'un Maure ou d'un juif est un événement et un sujet d'allégresse publique en Espagne. Les journaux en parlent, on s'en émeut dans le grand monde, à la cour, et de hauts personnages descendent des marches du trône, afin d'accompagner à son entrée dans l'Église le plus humble catéchumène.

« — Ainsi l'Espagne a été pour moi une terre de bénédiction, un port de salut. Je ne doute pas que chez une autre nation catholique je n'eusse éprouvé des impressions analogues; mais on m'a dit, et je crois, que la religion prend ici dans le langage, dans les habitudes et les mœurs publiques, un relief qu'elle n'a pas ailleurs, en Italie même, à pareil degré.

« — Je conviens que, sous certains rapports, c'est encore le pays catholique par excellence. L'Espagne est l'unique pays du monde où la véritable religion seule possède des temples et pratique son culte, à l'exclusion de toute fausse religion et de toutes les sectes hérétiques. »

« En ce moment le vieux capitaine, oncle de miss Clara, interrompit notre conversation en entrant au salon. Il baisa le front de sa nièce, après avoir échangé avec moi quelques paroles, et, souriant, il nous demanda pardon d'interrompre ainsi nos confidences. Nous lui en exposâmes le sujet. Ce n'était pas lui être désagréable; car, peu satisfait lui-même du protestantisme, il n'avait, pas plus que le père de Clara, mis d'obstacle à sa conversion. La prédication silencieuse des exemples de la jeune fille, et sans doute aussi l'influence des prières de la convertie, faisaient ressentir au vieux soldat le besoin d'une religion plus positive. Mais il se butait encore contre des obstacles, que plus tard, comme tant d'autres, il reconnaîtra pour des toiles d'araignée, dont l'habileté du diable fait d'inextricables liens.

« Il réprouvait la pratique des Espagnols de toutes classes, ecclésiastiques, nobles, soldats, marchands, ouvriers, qui s'administrent la discipline, en carême, dans certaines églises, pendant la récitation du *Miserere mei, Deus*. Pourtant il n'insista pas, quand je le priai de considérer que ces exercices de pénitence, vraiment salutaires, sont des actes volontaires et que l'Église ne prescrit pas.

« Le brave capitaine, comme tous les protestants *éclairés* de Gibraltar, était persuadé que les Espagnols adorent les statues, la matière même, qui serait, à leurs yeux, inséparable du saint qu'elle représente; « ils les regardent, disait-il, comme l'Indien regarde son idole, qu'il croit habitée par la divinité et identifiée avec elle, une fois que, retirée des mains de l'ouvrier, elle a reçu une certaine consécration. » Clara lui fit lire, pour toute réponse, une page de catéchisme.

« Il découvrait partout des superstitions. Ainsi, à Malaga, quand le chef d'une maison est mort, on enlève, en signe de deuil, les persiennes de la demeure qu'il habitait, et la famille y reste exposée aux intolérables chaleurs de l'été. Je convins que cet usage est fort incommode, mais le capitaine chercha en vain à préciser ce qu'il aurait de superstitieux.

« Du moins, jeune homme, vous avouerez, me dit-il, qu'il y a de la superstition dans la croyance au *mal de ojos*, à l'influence du mauvais œil, croyance commune en Andalousie.

« — Je sais, répondis-je, que ce préjugé existe en Espagne; mais je doute qu'il soit aujourd'hui aussi répandu que vous paraissez le croire. En tout cas, ce n'est pas l'Église qui enseigne aux Espagnols que le regard de certaines personnes louches, dont la prunelle est affectée de mouvements spasmodiques, ou de cette tache que les médecins appellent dragon, a une influence pernicieuse, qu'il porte malheur, engendre la consomption, et fait mourir surtout les enfants.

« Ce préjugé de la *gettatura,* comme l'appellent les Italiens, qui en sont encore plus imbus que les Espagnols, est quasi universel. Je l'ai retrouvé dans l'Inde, sur les bords du Danube, en Afrique, surtout au Maroc. Plusieurs ont pensé qu'il avait été répandu en Espagne par les Gitanos ; mais ces Bohémiens n'auraient fait sans doute que l'y raviver, car il appartient à l'antiquité. Ne lisez-vous pas dans Virgile cette plainte du berger :

Nescio quis teneros oculus mihi fascinat agnos ;

Je ne sais quel œil ensorcelle mes tendres agneaux ?

« Il est à croire, capitaine, ajoutai-je, que cette erreur disparaîtra bientôt ; on dit que l'on ne remarque plus trace d'un préjugé correspondant, autrefois populaire, et qui reconnaissait aussi des *saludadores* ou des hommes doués de la propriété de guérir certaines maladies, et des *ensalmadores,* dont l'occulte mais bienfaisante influence les prévenait. On voyait ces hommes parcourir les bourgs et les villages, portant sur la poitrine une croix que baisaient les malades, ou une roue de sainte Catherine, qui en imposait au vulgaire. »

« Le capitaine parut satisfait de mes explications. Mais nous ne pûmes nous empêcher de rire quand il nous raconta, d'après le témoignage d'un ministre du saint Évangile, et pour nous prouver que les Espagnols rendent leurs hommages à une foule de saints imaginaires, qu'on célèbre à Jérès la fête de *sainte Aguardiente,* sainte Eau-de-vie. C'est encore, en effet, une des persuasions pieuses et charitables des protestants *éclairés* de Gibraltar. Or voici l'explication que le capitaine reçut hier soir après mon départ. A une époque de l'année où les travaux des vignes sont pressants, on fait à Jérès une procession très-matinale, celle peut-être des Rogations, et les vignerons attendent avant l'aube l'ouverture des portes de l'église. Ils stationnent ainsi par groupes devant les débits de *Refrescos y licores* les plus rapprochés, comme font à Paris les ouvriers aux coins de rue; et ils prennent, en attendant, le petit verre d'anisette. L'anisette coule donc ce jour-là plus qu'à l'ordinaire, bien que nul ne fasse d'excès. Mais les vignerons, à raison de la circonstance, ont appelé cette procession matinale *Procesion del aguardiente,* ce dont les protestants ont fabriqué une sainte Aguardiente.

« Le capitaine, à son tour, ne put comprimer un éclat de rire, et rougit presque d'avoir digéré cette bourde. Elle n'est pas plus indigeste que mille autres, dont les estomacs anglo-protestants ne sont nullement incommodés. Ces messieurs passent fiers avec cela, comme s'ils ne portaient rien.

« — Convenez-en, mon oncle, dit Clara en profitant de ce moment de bonne humeur, s'il y a une sainte Aguardiente, c'est dans les pays protestants; et si elle est honorée quelque part d'un culte spécial, c'est par la garnison de Gibraltar. Vous avez dit souvent qu'une des institutions les plus utiles de la place, c'est la patrouille spéciale qui se promène gravement tous les soirs, à l'heure de la retraite, pour ramasser les ivrognes. »

William finit en m'avouant qu'il avait grand espoir d'apprendre bientôt la conversion du brave capitaine. Et je partageai très-vivement cet espoir quelques heures après, dans une promenade que nous fîmes à la Caleta, en compagnie de miss Clara et de son oncle; car ce dernier, me prenant à part, me confia, dans des termes qui mettaient à nu la droiture de son cœur, le travail mystérieux de la grâce qui ruinait ses préjugés et l'attirait doucement au catholicisme.

Nous avions pour guide le jeune curé de la Caleta, mon compatriote et ami, l'abbé Delacroix, professeur de langues vivantes au collége Saint-Bernard. Il nous conduisit par un sentier sablonneux, suspendu sur la mer, à son humble paroisse, nichée dans une petite anse où l'on n'a pour horizon que le rocher à pic et la mer sans bornes. Entre les écueils, près de la plage étroite, des enfants qu'un tel site a rendus amphibies pêchaient à la main, à demi nus et les cheveux au vent, les crabes et les oursins, tandis que leurs parents démêlaient de grands filets ou triaient sur le sable une multitude de poissons frétillants.

Ces bonnes gens, pour la plupart Génois d'origine, conservent à Gibraltar, cette Babel où les langues se confondent, le patois de leur pays. Vous les entendriez dire : *Aié iu del eiu*, pour *avete voi dell' olio*, Avez-vous de l'huile? — *Gho la casa pina*, J'en ai plein la maison, pour *ho la casa piena*. — *Scha veu darmene un peu* (*Scha* est *l'Usted* des Espagnols) pour *volete darmene un poco*, Voulez-vous m'en donner un peu?

Nous aurions voulu nous agenouiller dans la petite église de la Caleta ; mais elle venait d'être écrasée par des blocs de rocher que la mine avait précipités. Les Anglais prétendaient prévenir ainsi une catastrophe menaçante ; au vrai, il s'agissait de rendre encore plus impossible l'escalade d'un escarpement haut de mille pieds : serait-ce que la possession d'un bien volé ne paraît jamais assez sûre au voleur ?

CHAPITRE XIII

MALAGA. — GRENADE. L'ARCHITECTURE MAURESQUE. — ALICANTE. FABRIQUE DE TABAC. — VALENCE. PROCESSION DU ROSAIRE. POÉSIE POPULAIRE.

Le navire cinglait depuis longtemps vers le nord-est, et le rocher géant montrait encore sa tête au-dessus d'une blanche collerette de nuages. A la proue, nous apercevions le Gibralfaro qui domine Malaga.

A Malaga, l'on comprend très-bien que notre activité moderne s'arrange assez mal du genre de construction des anciennes villes mauresques. Les voitures, à tout bout de rue, dans les vieux quartiers, sont menacées par des inscriptions de M. le maire (alcade), qui leur annonce une amende si elles y entrent par une extrémité tandis qu'un autre véhicule arrive à l'opposé. Au point de vue des coutumes ou des monuments, cette grande ville n'offre qu'un médiocre intérêt à ceux qui connaissent l'Andalousie. Sa cathédrale, œuvre de Diégo de Siloé, possède une très-riche silleria ou *stallerie;*

elle est imposante, surtout à l'extérieur et vue à distance, par exemple du bord des navires en rade. C'est alors un colosse qui semble couvrir de son ombre la cité. William Rose, amateur des grands panoramas autant que des ruines, m'entraîna à l'*alcazaba* et au *castillo* de Gibralfaro; du haut de leurs vieilles tours de briques et de leurs remparts crénelés, le regard embrasse la mer, la vega et les monts fertiles où mûrit le raisin.

Il n'est pas un voyageur que n'ait surpris l'aspect insolite de ces hautes cheminées d'usines qui fument nombreuses à deux pas de la ville : c'est chose rare que les usines en Andalousie. Ces grands établissements où l'on fabrique le fer, où l'on file le coton, méritent d'être visités; et l'on salue volontiers, à leur entrée, la statue curule de D. Tomas Heredia, le promoteur d'un mouvement industriel et commercial d'une incalculable portée pour le pays, mouvement que ses enfants perpétuent. Lorsque à cet esprit de fécondes entreprises s'ajoutent des traditions de foi et de charité au sein de telles familles, elles deviennent la seconde providence d'une ville ou d'une province.

De la mer, on croirait que les montagnes voisines sont nues et stériles; mais nous les traversâmes en nous rendant à Grenade, et nous vîmes alors avec quel labeur et quels soins elles sont cultivées. Les ceps courts et isolés ressemblent de loin à des touffes d'herbe, et rien ne fait soupçonner la présence des trésors que leur feuillage abrite. Voici des chiffres éloquents. Malaga exporte par an un million de litres de vins, dix millions de kilogrammes de raisins secs muscats, environ moitié de raisins longs, *pasas largas*. Elle y ajoute autant de figues et cerises sèches, dix millions de litres d'huile, quinze cent mille citrons ; sans parler des olives, des grenades, des oranges, et de cent autres produits qu'elle attire, il est vrai, d'une bonne partie de l'Andalousie. Dans les environs, on cultive la canne à sucre, le tabac, le coton, le mûrier; tandis que la *Sierra Nevada* ou chaîne de montagnes neigeuses, et celles de Ronda et d'Antequera, où se faisait autrefois la contrebande par Gibraltar, produisent les arbres et les fruits du nord. C'est donc ici une terre favorisée du ciel.

Mais le mot s'applique surtout à la vega de Grenade, aux vallons et aux coteaux des Alpujarras. En vain demanderais-je à ma pauvre palette les couleurs nécessaires pour peindre la région qu'arrosent le Darro et le Genil. Le peintre le plus habile serait tenté de briser ses pinceaux, en présence de ces divins paysages. La nature est si belle à Grenade, que l'Alhambra, le Généralife, ces monuments mauresques dont le nom seul excite les plus doux rêves, lui doivent autant qu'à l'art leurs charmes et leur célébrité.

Vous retrouvez à Grenade, mais très-accusée, la physionomie mauresque des principales villes de l'Andalousie. Toutefois l'animation générale, la gaieté, les promenades, qui supposent des mœurs douces et un caractère sociable, les peintures d'ornements en grisaille sur fond rose ou vert-pomme à la façade des maisons révèlent hautement l'influence chrétienne. La vie s'épanouit, au lieu de se concentrer derrière des murailles égoïstes et muettes, comme dans les villes musulmanes, où règnent, en dehors des bazars, le silence morose et un implacable ennui.

Nous visitâmes successivement l'*Albaycin*, quartier maintenant misérable, où se réfugièrent autrefois (1227) les Maures de Baeza, qui lui ont donné son nom; la *Churra* ou *Mauror*, l'ancien quartier des porteurs d'eau; l'*Antequeruela*, qui, en 1410, fut l'asile des fugitifs d'Antequera prise par les chrétiens; et, dans la ville nouvelle, près la place *Bibarrambla*, la cathédrale et le *Zacatin*.

La place, célèbre dans les romanceros comme théâtre des tournois et des fêtes publiques, a échangé son nom contre celui de *Plaza de la Constitucion*, si répété en Espagne qu'il dégoûte du système constitutionnel au lieu de le faire aimer. Quelle maladresse et quelle folie d'effacer tant de vieux noms historiques et populaires! La cathédrale, construite par Diégo de Siloé (1529-1560), est vaste et à cinq nefs, comme la plupart des grandes églises d'Espagne. Nous y remarquâmes surtout le sanctuaire ou *capilla mayor*, avec ses colonnes corinthiennes qui portent les statues colossales des douze apôtres, ses verrières historiées et ses belles peintures d'Alonzo Cano et de ses élèves. Parmi de somptueuses chapelles, on distingue la *capilla real;* là sont les tombeaux de Ferdinand et d'Isabelle, qui ont enlevé Grenade aux Maures et mis fin à leur domination en Espagne (1492); là aussi reposent le roi Philippe Ier et sa femme Jeanne la Folle, mère de Charles-Quint.

Le Zacatin est une vieille rue arabe qui suffirait à elle seule pour captiver l'antiquaire, si l'Alhambra ne l'appelait à étudier le chef-d'œuvre, le dernier mot de l'architecture mauresque.

Prenez dans leur ensemble les monuments des Maures en Espagne, et vous y reconnaîtrez, avec un artiste qui les a soigneusement dessinés, trois styles correspondant à trois périodes. La première embrasse l'intervalle du VIIIe au XIe siècle; elle est représentée surtout par la mosquée de Cordoue, et a pour caractères des procédés et un système de construction empruntés aux Romains, comme les colonnes et d'autres matériaux enlevés à leurs ouvrages; l'arc à voussoirs de diverses couleurs et à cintre outre-passé; l'encorbellement de l'archivolte; la coupole byzantine, portée sur des pendentifs très-simples; les mosaïques de verre ou de pâtes colorées; des ornements sobrement sculptés en marbre ou en stuc, et les inscriptions en lettres arabes, larges, carrées, dites coufiques, employées comme bordures et décoration des frises.

Une seconde période, correspondant aux XIIe et XIIIe siècles, a pour caractères : l'arc ogival substitué peu à peu au cintre, mais conservant toujours, comme caractère fondamental, l'encorbellement de l'archivolte sur l'imposte; puis les lobes qui dessinent de petits arcs sous l'arc principal; les sculptures fouillées du chapiteau et de la base des colonnes; le système des pendentifs, formé de petites coupoles superposées, raccordant les angles des salles carrées avec les grandes coupoles qui les dominent; la substitution d'une décoration plus élégante à l'ornementation byzantine, qui s'efface peu à peu; les petites pièces de faïence émaillée, qui remplacent le marbre aux soubassements et y composent des figures géométriques. La chapelle Villa-Viciosa de Cordoue, la Giralda et la façade de l'ancienne mosquée de Séville sont des spécimens de cette période.

« La troisième et dernière, que résument complétement les constructions de Grenade, dit M. Girault de Prangey, est parfaitement déterminée : comme dans notre architecture ogivale des XVe et XVIe siècles, l'art de la construction disparaît sous la profusion des décors; la richesse des détails, le caprice des formes, semblent le but principal, on dirait presque unique, qu'on se propose; les pendentifs, en stalactites, habilement combinés, les applications des ornements, en stuc, variées à l'infini, envahissent partout les parois, les coupoles, les plafonds même des arcs; les soubassements des salles offrent d'éblouissantes mosaïques de faïence; les arcs des galeries ne sont plus que draperies en stuc, découpées à jour, suspendues en festons entre les colonnes. »

Tels sont les caractères qui vous frappent de toutes parts, lorsque vous parcourez les diverses parties de l'Alhambra : les corridors, la salle des Ambassadeurs, dont le plafond de bois de cèdre offre les combinaisons de lignes les plus curieuses, et dont les murs disparaissent sous des ornements si multipliés qu'on en compare l'effet à celui de guipures placées l'une sur l'autre; la cour des Deux-Sœurs, celle des Lions, *patio*

L'ALHAMBRA, COUR DES LIONS.

de los Leones, où les arcades et les colonnettes les plus élégantes encadrènt la fameuse fontaine soutenue par douze lions grossièrement sculptés, mais d'une tournure pourtant un peu égyptienne, rare exemple de la sculpture arabe appliquée aux êtres vivants, et qui, interdite par le Coran, n'apparaît guère que là où les croyants ne pouvaient pas la considérer; la salle des Abencerrages, où tombèrent, dans le grand bassin de marbre rempli par un jet d'eau, les têtes de trente-six princes de cette famille, rivale de celle des Zegris qui l'extermina dans les dernières années de la domination des Maures (1480-1492). Le nom de l'Alhambra vient du mot arabe *El-Ahhmer,* féminin *El-Hhamra,* rouge, à cause du ton des murs de briques de la forteresse, ou bien du nom même des Alhamarides qui ont régné à Grenade, et bâti le somptueux palais que renferme cette citadelle.

En face d'elle, sur la colline opposée, s'élève le Généralife, où l'on arrive par un ravin, à travers les cactus et les lauriers-roses. Les eaux, les arbustes, les ombrages, les fleurs font encore de cette maison de campagne un séjour de délices, bien que les constructions et les fines sculptures qui les décorent aient beaucoup souffert du temps et des badigeonneurs.

Au risque de choquer vivement certains préjugés, je dirai franchement ma pensée sur le mérite de ces monuments. Après les avoir vus, on n'est ni plus grand ni meilleur; on en sort enchanté. Mais qu'est-ce qu'un homme enchanté? Je proclame les Égyptiens, les Romains, les Grecs, les Gothiques, les peuples chrétiens modernes bien supérieurs aux Arabes comme constructeurs et comme artistes, surtout si l'on prend l'art dans l'acception la plus élevée. L'Alhambra ne rappelle pas un peuple, mais des tyrans jaloux, égoïstes, voluptueux. Tout est petit dans ses proportions; la cour des Lions est longue d'une trentaine de pas (elle a trente-trois mètres sur dix-sept), et ses galeries n'ont que la hauteur de celles des patios ordinaires. Les Maures bâtissaient communément en pisé ou en matériaux d'un appareil mesquin; leurs arcs sont généralement en bois recouvert de stuc, et les ornements presque toujours coulés. On s'étonnera moins de la variété des arcs mauresques, si l'on fait attention qu'ils sont pour la plupart de simples décors, encadrés dans un carré qui donne raison de la construction réelle. Ne cherchez donc en général dans les ouvrages mauresques ni grandeur, ni hardiesse, ni science des constructions puissantes; contentez-vous d'admirer des proportions élégantes, un goût délicat et fin dans les détails d'ornementation, et encore des procédés de conservation qui ont assuré la durée de matières pauvres et fragiles; mais le secret de ces couleurs, de ces dorures, de ces enduits, de ces plâtres durcis n'est-il pas un héritage des peuples qui ont précédé les Maures en Espagne?

« Je suis d'avis, me disait William, que l'Alhambra perdrait singulièrement de sa renommée comme de ses charmes, s'il était dans un site vulgaire, et si nos yeux n'étaient pas surpris par la nouveauté des formes insolites de l'architecture arabe. A envisager les choses dans leur mérite intrinsèque, je préfère le palais en ruine, bâti par Herrera sous Charles-Quint et Philippe II, en avant de l'Alhambra et dans l'enceinte du même alcazar. Un tel édifice respire la force et la grandeur; il annonce, par son extérieur, l'expansion de la vie au dehors, vie sociale constituée par les relations entre simples citoyens comme entre les souverains et les peuples. On conçoit que les Espagnols aient promptement répudié le genre des constructions mauresques : elles ne sauraient pleinement répondre aux aspirations d'un peuple chrétien.

— En résumé, ajoutai-je, si les ouvrages arabes dénotent une véritable puissance, c'est dans les tours, dans les constructions militaires, où l'esthétique a peu de chose à voir : je citerai les murailles de l'alcazar de Grenade, la partie mauresque de la Giralda, les minarets carrés du Maroc, l'enceinte et la tour de Mansoura, près Tlemcen. On chercherait vainement l'alliance imposante des savants procédés et des lignes architecturales habilement combinées; en un mot, les compositions profondes où la science et l'art se donnent la main sous les ailes du génie. Moi qui ne suis point arabophobe, mais simplement arabophile, je trouve un peu béate l'extase des arabomanes en présence des arabesques, de ces méandres et de ces entrelacs où il n'y a pas une idée. Étrangers par obligation religieuse à la statuaire et à la peinture, les artistes maures n'avaient à poursuivre ni l'idéal sublime ni l'imitation de la nature : quelle merveille si, tout entiers voués à l'agencement de dessins linéaires, ils sont enfin parvenus à d'heureuses symétries et à des combinaisons géométriques gracieuses! quelle merveille de les avoir multipliées par le facile usage du moule, qui requiert non pas un artiste, mais un manœuvre! »

L'alcazar nous attirait malgré tout par un charme irrésistible. Nous aimions ses remparts en ruine, l'ombrage épais de ses beaux arbres; nous allions de l'Alhambra à l'opulente demeure, aux magnifiques jardins des Calderon, d'où l'on découvre si bien la ville aux toits gris, la verte vega et les champs de maïs, les cimes roses et blanches de la sierra Nevada, tout cet horizon de montagnes qui se parent de teintes nouvelles à chaque heure du jour.

Là William se plaisait à redire *mezza voce* la romance rêveuse :

Mon doux pays des Espagnes,
Qui voudrait fuir ton beau ciel,
Tes cités et tes montagnes,
Et ton printemps éternel!

Ton air pur, qui nous enivre,
Tes jours moins beaux que tes nuits,
Tes champs où Dieu voudrait vivre
S'il quittait son paradis!

Autrefois, ta souveraine,
L'Arabie, en te quittant,
Posa sur ton front de reine
Sa couronne d'Orient....

Un soir nous rentrions à la ville, quand une scène de mœurs captiva mon ami. Moins passionné que lui pour

LE VITO, DANSE DE BOHÉMIENS.

la couleur locale et complétement étranger à la chorégraphie, je le laissai observer seul à son gré une danse de Gitanos. Sous une tonnelle riante, aux castagnettes agaçantes et bavardes du gitano répondait le tambour de basque frémissant et railleur de la gitana. Groupés au hasard, mais à souhait pour un artiste, plusieurs caballeros animaient sans le savoir la scène de leurs poses, et ils marquaient eux-mêmes du cliquetis de leurs castagnettes, aux accords détachés et monotones de la mandoline, les mouvements rhythmés du couple bohémien. Drapé dans sa mante éclatante de laine rayée, commodément appuyé sur sa mule, un arriero regardait la danse en vrai philosophe. William en paletot brochait sur le tout. Je me retournai, et je le vis prendre son album et ses crayons.

« Singulier peuple que ces Gitanos, » me dit-il quand il m'eut rejoint et en me montrant un délicieux croquis.

Ce peuple vagabond est peut-être un reste des invasions barbares du moyen âge. Plusieurs historiens le croient venu de l'Égypte ancienne dans les montagnes de l'Inde septentrionale, d'où il aurait émigré par bandes dans tout l'Occident et au nord de l'Afrique. Les Gitanos, nommés en France *Bohémiens,* en Portugal *Ciganos,* en Angleterre *Gypsies, Zigeuner* en Allemagne, *Zigans* en Valachie, *Zingari* en Italie, passaient pour de grands magiciens, et on leur prêtait surtout la puissance du mauvais œil. Ils sont nombreux en Espagne, où ils s'arrêtèrent devant l'Océan, *ubi defuit orbis,* et ils attirèrent, au commencement du XVIIe siècle, l'attention soupçonneuse de l'inquisition. En 1610, plusieurs, coupables de grands crimes, furent brûlés à Logrono en Castille, et les bandes vagabondes durent se fixer dans les faubourgs de quelques villes, où on les reconnaît encore à leur teint jaune ou olivâtre, à leur figure sèche, à l'éclat de leurs yeux noirs, et les femmes à la régularité de leurs traits, finement mais hardiment dessinés. Du reste, ils font profession d'être aussi catholiques que les *cristianos viejos* de la Péninsule. Nous avons remarqué cette race depuis Ciboure, près de Saint-Jean-de-Luz, jusqu'à Algésiras, mais spécialement au Triana de Séville et dans les faubourgs de Grenade.

Nous ne pouvions quitter la patrie de Suarez, ce grand disciple de saint Thomas, dont les œuvres théologiques, aussi sûres et plus étendues que celles de son maître, embrassent vingt-deux volumes in-folio, sans visiter l'école où nous espérions retrouver son souvenir. Mais, à la suite des révolutions dont l'Espagne a souffert, la science a singulièrement baissé. L'organisation des études ecclésiastiques n'impose pas, comme en France, la même somme d'études à tous ceux qui se préparent au sacerdoce. Les règlements n'exigent, de ceux qui n'aspirent pas aux grades académiques, que trois années de latin et d'humanités, une année de philosophie et deux de théologie! Mais ceux qui veulent recevoir les grades théologiques sont soumis à sept années d'études spéciales, et trois sont requises pour le droit canon ou la législation de l'Église.

Il en résulte, sous le rapport de la science, deux

classes distinctes dans le clergé espagnol, l'une fort instruite, et l'autre qui l'est beaucoup moins. Les étrangers, qui ignorent cette organisation, jugent souvent par cette dernière du niveau commun de l'instruction cléricale dans la Péninsule, et conséquemment ils se trompent. Toutefois il nous est permis de souhaiter que l'état général de l'Espagne permette bientôt d'imposer des études plus complètes à ceux mêmes qui suivent la carrière abrégée. Les prêtres de talent, les docteurs occupent précisément les canonicats, qui sont presque des sinécures, tandis que le ministère pastoral aurait besoin de leurs lumières. On doit aussi être édifié de la piété des nombreuses familles qui ont leur aumônier particulier. Mais ces aumôniers, qui composent une catégorie de prêtres appelés en Espagne *de misa y olla* (de la messe et du pot-au-feu), ne seraient-ils pas nécessaires dans les paroisses rurales? Ce n'est point à nous de résoudre une telle question.

La difficulté d'atteindre Alicante par Murcie nous obligeait à revenir de Grenade à Malaga, où nous prîmes place à bord d'un des bateaux de la compagnie Lopez, comparables, pour la tenue et la rapidité, à ceux des messageries impériales de France. Alicante nous offrit l'occasion d'examiner l'une des huit grandes manufactures de tabac établies dans la Péninsule : les autres sont à Séville, Cadix, la Corogne, Gigon, Santander, Madrid et Valence. Les cigarières, au nombre de plusieurs milliers, sont divisées par centaines. Chaque centaine est sous la surveillance d'une maîtresse nommée par le gouvernement; et chaque rang, composé de huit femmes ou filles, a une *ama de ranjo,* ou chef de file. Elles sont reçues depuis l'âge de treize ans. Les plus habiles font de quinze à dix-huit cents cigares par jour, et le mille des plus grands se paie dix réaux, environ deux francs cinquante centimes. Chaque ouvrière fait le cigare entier; elle prend une poignée de feuilles de tabac, choisit les plus belles pour la *capa* ou enveloppe extérieure, qui vient ordinairement des Philippines, et elle y renferme *las tripas* ou feuilles intérieures, communément composées de havane, kentucky ou virginie. On voit surtout avec intérêt les gracieuses enfants qui roulent entre les doigts la cigarette, les *papelitos* préparés avec la réglisse. L'ouvrière, de l'un de ses doigts, armé d'un petit dé en fer-blanc et muni d'une pointe, replie le papier aux extrémités, et ferme ainsi le léger cylindre. Un peu de gomme au bout, et le voilà prêt pour les lèvres du fumeur. Tout cela se passe en moins de temps que je n'en mets à vous le raconter. On ne peut qu'admirer l'ordre, la décence, le silence presque complet qui règnent entre ces jeunes filles. Elles sont organisées en confrérie ou association de secours mutuels. Après déjeuner, elles récitent le rosaire. La journée, commencée à six heures du matin, n'est close qu'à la chute du jour.

On ne s'étonne plus des énormes monceaux de tabac en feuilles réunis dans les magasins, si l'on pense à la prodigieuse consommation de cigares et de cigarettes qui se fait en Espagne, où presque tous les hommes fument, ecclésiastiques et laïques. L'immonde pipe est relativement d'un usage assez rare. Les ouvriers qui coupent le tabac en feuilles font un ouvrage des plus pénibles, et ils travaillent presque nus; beaucoup y contractent des maladies de poitrine. Il y a lieu de s'étonner qu'on n'ait pas encore substitué ici aux bras de l'homme les rouages d'une machine.

Alicante nous fit goûter son vin doucereux et sucré, et maudire ses rues, qu'elle ne pave qu'à regret. Une longue averse les avait transformées en bourbier profond, mais systématiquement ménagé pour fournir à l'amendement des jardins de la Huerta! On ne peut nier qu'ils ne soient fertiles comme un paradis terrestre; seulement l'engrais est acheté trop cher. Une excursion à Elché nous mit à même d'apprécier la richesse commune du sol. Le voyageur se croit transporté subitement dans les oasis du Sahara, ou plutôt dans les campagnes de la vallée du Nil. Elché cultive une grande forêt de palmiers, qui lui donnent chaque année quatre-vingt mille branches enlevées à leur couronne, et cent quarante mille arrobes de dattes mûres, d'une valeur de trois cent cinquante mille francs. Et pourtant nous ne récoltons de dattes en Algérie qu'au delà du versant sud de l'Atlas, à Laghouat, à plus de quatre cents kilomètres au sud d'Alger; à Biskra, qui est à deux cent quarante kilomètres du littoral. Plus au nord, elles ne mûrissent pas, ou mûrissent mal. C'est d'Elché que se répandent, dans l'Europe entière, ces palmes aux feuilles artistement tressées, que l'on a fait blanchir sur l'arbre en les pliant, après les avoir relevées et serrées en forme de cônes. Les Espagnols, le jour de la bénédiction des Rameaux, enlacent ces palmes aux balcons de leurs demeures pour être préservés de la foudre, comme nous l'espérons en France du buis bénit.

D'Alicante à Valence, nous préférâmes le chemin de fer aux navires, qui offrent les chances de l'affreux mal de mer. Valence est encore un vrai miroir de l'Espagne; une transition du nord au midi, mais qui tient plus de l'Andalousie que de la Catalogne, si ce n'est pour la langue. Le jour du Rosaire, nous fûmes témoins de l'esprit profondément religieux de la population, et de ses usages encore empreints des caractères du moyen âge. A l'aube, à la lueur des torches luttant avec l'aurore, les sérénades commencèrent devant les madones posées au-dessus des portes des maisons, et décorées pour la fête dans tous les quartiers; les musiciens allaient de l'une à l'autre, et le peuple venait en procession sans le concours du clergé.

Nous suivîmes nous-mêmes une de ces processions dans une rue des plus pauvres. Il n'y avait point de prêtres, mais seulement des confrères du Rosaire et les gens du quartier. Deux musiques se faisaient entendre alternativement: l'une, simple fanfare de cuivres et de tambours; l'autre, composée de tambours et de hautbois, semblable à celle des Maures d'Afrique, lorsqu'ils se promènent avec un drapeau à leur tête, en l'honneur de quelque marabout. J'ai vu de près et touché de vieilles bannières, qui doivent dater du XVIe siècle, et où les broderies d'or et d'argent sont épaisses comme la main.

Les rues étaient tapissées d'anciennes étoffes de soie des fabriques célèbres du pays. Les hommes, en rang, tenaient un gros cierge penché, pour éviter de recevoir la cire fondue sur les mains ou sur les habits. D'autres marchaient à côté des rangs, fumant la cigarette. Sur les balcons, qui règnent partout, les enfants sautent et dansent à la mesure de la musique; les cloches s'en mêlent, et le bruit devient confus, étourdissant, sans être désagréable. Aux fenêtres, on ne voit que têtes en groupes, puis des milliers d'étendards de diverses couleurs, de soie, de laine, d'indienne, de papier, portant les noms des filles et des femmes de la maison : Dona Maria del Rosario, Dona Dolores, Dona Carmen, Dona Pilar, et les autres synonymes ou qualifications propres du nom de Marie. Toute cette procession précédait une image de la Vierge, portée par quatre muchachos, haute de vingt centimètres, affublée de la manière la plus bizarre, avec des robes, des pompons, des rayons d'argent, et tenant sur le bras un enfant Jésus gros comme le pouce, et aussi en robe. Quand l'image passait, on disait des fenêtres: « *Mira! mira! que bonita!* Regarde, vois comme elle est belle! » Après avoir tourné dans un labyrinthe, nous ramenâmes la sainte image au carrefour et à la niche d'où on l'avait descendue. Des lanternes vénitiennes étaient préparées, pour le soir, au milieu des draperies et des feuillages. Nous rencontrâmes dans la ville d'autres processions, aussi simples ou plus relevées. Parfois des messieurs fort bien vêtus offraient aux spectateurs des images de la Vierge sur papier, et l'on mettait en échange une légère offrande dans de grands plats de cuivre, portés par des confrères. Des enfants formant partie du cortége nous présentaient aussi des dragées et des gâteaux. C'était naïf et gracieux.

Mais aucune de ces processions ne fut aussi curieuse que celle du soir, à Sainte-Claire en Jérusalem, dans un des faubourgs habités par les portefaix et les jardiniers. Après les diverses confréries, les pèlerins de Saint-Jacques, etc., on distinguait les douze apôtres, hommes robustes et de haute taille qui me rappelaient ceux de la Cène de Léonard de Vinci. Ils étaient revêtus de magnifiques manteaux de velours violet, rouge, aurore, à grands ramages de paillettes d'or et d'argent. Ils avaient des robes de soie et les pieds chaussés de cothurnes écarlates. Des perruques, des barbes postiches couvraient leur poitrine et leurs épaules. Un nimbe en cuivre doré portant un nom d'apôtre entourait leur front; et ils tenaient à la main, outre l'instrument de leur martyre, un livre ouvert où on lisait un des articles du Symbole. En tête marchaient les hérauts des rois de Castille et d'Aragon, avec la couronne d'or et vêtus de la dalmatique. Ils portaient la bannière semée de tours, et celle où des pals de gueule sur champ d'or rappellent la main blessée et sanglante de don Jayme *el Conquistador*, roi d'Aragon, qui reconquit Valence, reprise par les Almoravides après la mort du Cid. Cette procession historiée causait dans le peuple une évidente allégresse, et pourquoi pas? J'aurais voulu le demander à deux étrangers, qui seuls la regardaient avec l'air plus niais que moqueur des disciples de Voltaire.

Valence, nous l'avons dit ailleurs, est une des anciennes villes du Cid. Ses tours, ses murs à créneaux du XIVe siècle, ses ponts monumentaux ne démentent pas son histoire; ses clochers nombreux, ses coupoles à tuiles noires vernissées répondent bien à son caractère religieux. Nous entendîmes à la cathédrale un éloquent sermon, dont les grandeurs de la sainte Vierge étaient l'objet. William me dit avec raison : « La langue espagnole, vibrante et sonore, n'est dans toute sa beauté qu'à l'église. Elle perd beaucoup à la simple conversation; son *j* (ou sa jota, c'est le nom de la lettre), qui se prononce à peu près comme le *ch* allemand ou le *rhaïn* grasseyé des Arabes, y paraît dure; en chaire, elle n'est qu'un moyen d'accentuation solennelle; les terminaisons si fréquentes en *os* et en *as*, se prolongeant sous les voûtes, prêtent aux discours une singulière majesté. Charles-Quint disait : « Je parlerais français à mon ami, anglais aux oiseaux, allemand aux chevaux, italien aux dames; » il ajoutait : « espagnol à Dieu. »

William ne pouvait se décider à quitter Valence, qu'il aimait comme Grenade, Cordoue, Cadix, Séville et Tolède, ses villes de prédilection. Dans une dernière flânerie à la place San-Francisco, il fit une collection de ces poésies populaires, essentiellement dramatiques, qui s'étalent partout sur les murs des villes espagnoles, et que l'on vend un sou la feuille. Elles sont, dis-je, essentiellement dramatiques, et conséquemment elles ne viennent pas des Arabes, qui n'ont point connu le drame; elles sont, comme la plupart des pièces du *romancero* castillan dont nous avons parlé à propos du Cid, en vers assonants ou négligemment rimés de huit syllabes, mesure qui est dans l'oreille des Espagnols au point qu'on la surprend très-souvent dans les phrases de la conversation. La prodigieuse facilité de ce rhythme pour les poëtes castillans explique les innombrables productions de Calderon, chanoine de Tolède, qui, de quatorze ans à quatre-vingts (1615-1681), composa plus de mille tragédies, comédies et pièces sacrées, analogues aux *mystères* joués en France durant le moyen âge : on appelle ces dernières en Espagne *autos sacramentales,* actes religieux. Ainsi encore Lope de Vega, qui entra de même dans l'état ecclésiastique, écrivit dix-huit cents pièces de ce genre. Il est impossible de parcourir ces compositions, le *romancero* et ces pauvres feuilles populaires, illustrées d'une mauvaise gravure sur bois, sans être frappé du génie national qui éclate de toutes parts, sous des formes littéraires d'un mérite très-divers.

Dans la collection de William formée au hasard, je vois, par exemple, *la Desgraciada Jacinta,* la malheureuse Hyacintha, de Logrono, punie miraculeusement pour une malédiction qu'elle a proférée; la *Renégate* de Valladolid, qui reconnaît son frère prêtre parmi ses esclaves, et s'enfuit à Rome pour demander avec lui pardon au saint-père; ce sont les exploits du Cid ou des généraux O'Donnell, Echague, Prim, dans la guerre récente avec le Maroc. Une autre pièce raconte un combat singulier entre un chrétien et un Maure. Le premier défend la pureté de la sainte Vierge; les deux adversaires sont en présence; au-dessus d'eux est l'image de l'immaculée Conception. Ils échangent des arguments théologiques mêlés de provocations, puis :

Sacan ambos las espadas
Y luego dice el Moro :

Ya, cristiano, me apercibo;
Y te responderá ahora
Esta fuerte cimitarra. (*Pelean.*)
Este campeon de Mahoma,
Aqueste rayo de Alá.

Crist. Habla menos, y obra mas;
Que me enojan tus razones.
Moro. Hablar y obrar, porque soy
Rayo en las ocasiones....
Mas; ay de mi, que la tierra
Que pisaba me ha faltado!
(*Cae el Moro en tierra.*)

Tous deux tirent leurs épées, et aussitôt le Maure dit :

« Allons! chrétien, je suis prêt; voici que ce terrible cimeterre te répondra. (*Ils combattent.*)

« C'est le champion de Mahomet, c'est la foudre d'Allah.

« *Le Chrétien.* Agis donc et parle moins; car tes raisons m'ennuient.

« *Le Maure.* Je sais parler et agir. A l'occasion, je suis la foudre, quand....

« Ah! pitié de moi, la terre se dérobe sous mes pas! »
(*Le Maure tombe.*)

La discussion continue; enfin le Maure s'écrie :

Basta, valiente cristiano,
Que dos veces me has vencido,
Ahora con el argumento,
Y antes con tu acero limpio.

« C'est assez, vaillant chrétien; deux fois tu m'as vaincu : d'abord avec ta lame brillante, puis par la force de tes preuves. »

Le Maure reçoit le baptême. On ne peut rien de plus espagnol.

CHAPITRE XIV

LA CATALOGNE. — CAUSES DE LA DÉCADENCE DE L'ESPAGNE. — L'ESPAGNE ET L'ANGLETERRE.

Une route ombragée d'arbres d'une belle venue nous conduisit au Grao, port de Valence. Les passagers étaient nombreux à bord; le ciel était serein, et l'on se promettait une douce traversée pour Barcelone. Nous voulions voir cette capitale de la province la plus riche et la plus industrieuse de l'Espagne. La prospérité de la Catalogne date de loin; ses habitants ont toujours eu, plus que ceux des provinces méridionales, l'activité, l'amour du travail et l'intelligence des affaires.

Les Catalans ne méritent donc pas ce reproche général de paresse qu'on adresse aux Espagnols. La Biscaye, le royaume de Valence, sont aussi des contrées laborieuses; et, si l'on ne peut pas en dire autant des Castilles, de l'Estramadure, des royaumes de Murcie et de Léon, il faut se souvenir qu'on rencontre partout une classe d'hommes livrés avec ardeur aux plus pénibles travaux : tels sont les voituriers et les arrieros, les agriculteurs de la Manche au sud de Tolède, les vignerons de Xérès et de Malaga, les gens de la Galice et des Asturies qui émigrent comme portefaix et domestiques.

La sieste, qui fait perdre deux heures de travail au milieu du jour, est peut-être nécessaire dans les plus chaudes provinces, à la saison d'été. Nous avons éprouvé nous-même que la meilleure volonté du monde s'épuise à lutter alors contre l'influence du climat; et, si la paresse ne cesse pas pour cela d'être un péché capital, il faut convenir que l'indolence est excusable. L'accroissement d'activité et d'application au travail, qui est un fait général en Europe, tend d'ailleurs à modifier le caractère espagnol. Le pays manquait de chemins et de débouchés, l'industrie était sans aiguillon; cette cause d'apathie disparaît à mesure que les chemins de fer se construisent, et qu'on multiplie ou qu'on perfectionne les autres moyens de communication par terre ou par eau. Les canaux malheureusement et les rivières navigables feront toujours défaut à une grande partie de l'Espagne. On doit regretter aussi que ses principaux cours d'eau n'aient pas la direction la plus favorable au développement de ses intérêts. Le Minho, le Douro, le Tage, la Guadiana, le Guadalquivir, s'en vont à l'Océan; et plusieurs traversent le Portugal, qui divise très-mal à propos la Péninsule, si bien constituée pour être sous un sceptre unique. Il vaudrait mieux pour l'Espagne avoir son versant principal et l'embouchure de ses fleuves du côté de la Méditerranée : ses produits auraient pris une tout autre extension. L'Èbre et le versant de la Catalogne ont précisément cette direction exceptionnelle, et la province doit en partie à cet avantage physique sa supériorité relative, au point de vue de l'activité industrielle et commerciale.

Au moyen âge, les Catalans, navigateurs hardis, pleins d'initiative, étaient, dans la Méditerranée, ce qu'étaient les Basques sur l'Océan. Au XIIIe siècle, ils rivalisaient avec les Pisans à la côte d'Afrique, puis ils les dépassèrent dans la carrière commerciale. L'esprit que j'appellerai provincial s'est conservé parmi eux à un très-haut degré. Ils se ressentent de la faiblesse du lien politique qui les rattacha longtemps au trône des rois de Castille, considérés comme simples comtes de Barcelone ; et le souvenir de leurs anciens *fueros*, ou statuts particuliers, survit dans l'unité constitutionnelle qui les absorbe aujourd'hui. Les Catalans ont leur langue propre, qui cède difficilement la place au castillan. L'idiome catalan n'est autre que l'ancienne langue limousine, provençale ou langue d'oc, qu'on parlait autrefois dans le midi de la France, et qu'on y parle encore, altérée et mélangée de français. Son introduction au delà des Pyrénées date sans doute des conquêtes de Charlemagne, qui rejeta les Maures sur la rive droite de l'Èbre. Elle pénétra même au royaume de Valence, où elle est encore l'idiome populaire ; mais elle y a plus de douceur et d'agrément que dans la bouche des Catalans. J'ai vu parmi les manuscrits des bibliothèques d'Espagne bon nombre d'ouvrages en langue limousine, dont plusieurs sont inédits.

En devisant sur ce sujet, William Rose et moi nous avions fixé l'attention d'un compagnon de bord, médecin français, qui achevait un voyage d'agrément. Il avait lié lui-même conversation avec un Barcelonais, que nous reconnûmes bientôt pour un homme instruit, et qui, tout en prononçant le *nosotros* (nous autres) des Espagnols avec l'emphase particulière à ses compatriotes, appréciait d'une manière judicieuse l'histoire et l'état présent de son pays. Le docteur, d'un caractère pacifique et loyal, était cependant imbu contre l'Espagne ancienne des préjugés qui ont cours aujourd'hui parmi nous; et s'il voulait bien reconnaître que l'Espagne contemporaine est en progrès, il attribuait, comme on le fait trop souvent, sa décadence passée à des causes qui ne sont pas réelles : au maintien de la foi catholique et de l'unité religieuse du royaume, aux mesures prises pour abriter l'Espagne contre l'agression de la prétendue réforme protestante.

Son interlocuteur, don Lopez Orobitg y Davila (Orobitg est le nom du père, Davila celui de la mère; les Espagnols réunissent volontiers ces deux noms) lui montra et nous fit, pour ainsi dire, toucher du doigt les causes véritables, les causes historiques de cette décadence, qui se manifeste depuis le règne de Philippe III (1628), et dont l'Espagne se relèvera si toutefois elle reste fidèle à ses traditions religieuses, préservatrices de la révolution.

« Souvent, disait don Lopez, les causes qui déterminent dans une nation l'affaiblissement de la force politique ou de la prospérité matérielle n'appartiennent pas à la religion, non plus que celles qui les augmentent. Cependant il est juste de dire que la vraie religion et l'unité d'un peuple dans la vraie religion procurent de grands avantages à ce peuple, diminuent les maux qui lui viennent d'ailleurs, et lui conservent toutes les espérances de l'avenir. Aussi ne craindrais-je point, après m'être expliqué sur les causes de la décadence de l'Espagne, d'établir un parallèle entre mon pays et l'Angleterre, que monsieur le docteur a, selon moi, beaucoup trop vantée.

« L'Espagne de Charles-Quint, la France de Louis XIV ont eu en Europe la prépondérance politique, alors qu'elles étaient très-fermement attachées à l'Église, et nul autre pays n'offre de plus grande époque dans l'histoire moderne. L'Espagne déchut de cette prééminence politique, parce que c'est le sort des empires trop étendus, formés d'États dispersés, où s'agitent des peuples de différent caractère. Dans ces conditions, l'on ne voit pas qu'un royaume de plus de 35 à 40 millions d'habitants puisse longtemps se soutenir. Un jour l'Espagne gouverna, indépendamment de ses immenses colonies, Naples et la Sicile, l'Autriche et les Pays-Bas, Malte et les principaux ports de Tripoli à Ceuta.

« Remarquez ensuite une décadence de race, depuis Philippe II, chez les héritiers de Charles-Quint; Philippe III, Philippe IV, Charles II, en qui finit la branche aînée de la maison d'Autriche, étaient incapables de soutenir le poids de leur couronne, et des guerres désastreuses désolèrent le règne de ces deux derniers. Lorsque Philippe V, petit-fils de Louis XIV, et choisi comme héritier par Charles II mort sans enfants, commença en Espagne la dynastie des Bourbons (1700), ce pays pouvait espérer la fin de ses malheurs; mais alors s'alluma la guerre connue sous le nom de *guerre de Succession,* soutenue par l'Espagne et la France contre l'Autriche, l'Angleterre, la Hollande, la Prusse et le Portugal. Sous Ferdinand VI (1746-1759), successeur de Philippe V, l'Espagne se ranime, travaille efficacement à sa restauration; Charles III (1759-1788) s'efforce de marcher sur les traces de son frère; mais il prend une part coûteuse aux guerres de la France contre l'Angleterre. Une ère nouvelle de calamités et de ruine s'ouvre avec le règne de son fils Charles IV, prince faible et incapable, jouet de Napoléon, qui l'engage à combattre le Portugal et l'Angleterre: la marine anglaise anéantit la nôtre à Trafalgar, près de Cadix. Ferdinand VII, fils de Charles IV, fut à son tour victime de la politique de Napoléon Ier, contre lequel l'Espagne soutint, de 1808 à 1813, la fameuse *guerre de l'Indépendance.* Son règne fut ensuite troublé par la lutte du parti constitutionnel, dont il triompha en 1823, aidé de Louis XVIII, qui envoya à son secours un corps d'armée sous les ordres du duc d'Angoulême. Ferdinand VII, dix ans plus tard, légua par testament la couronne à sa fille, l'infante Isabelle, sous la tutelle de sa mère, la reine Christine;

mais don Carlos, frère du roi, avait de nombreux partisans, qui excitèrent une nouvelle et sanglante guerre civile. On comprend que l'Espagne devait s'user et s'affaiblir dans de pareilles convulsions politiques, dont on ne saurait faire un reproche à la religion, qui y est étrangère. Les nations amies elles-mêmes travaillaient à nous perdre, en nous vendant trop cher leur secours; les Anglais surtout ont ruiné systématiquement notre commerce et notre industrie durant la guerre de l'Indépendance; Wellington, leur général, en a fait l'aveu. Sully calculait que, sous Philippe II, nos dépenses extraordinaires de guerre et d'action politique en Europe s'étaient élevées à 4,956,000,000 francs, somme énorme, malgré les mines d'Amérique.

« Mais je ne saurais rougir de l'amoindrissement de mon pays par le sang qu'il a versé dans les batailles, quand je songe qu'il a combattu en Europe deux puissances ennemies de l'Évangile : le protestantisme et le mahométisme. C'est contre les nations qui menaçaient de substituer partout en Europe l'hérésie à la véritable Église de Jésus-Christ, la barbarie du Coran à la civilisation chrétienne, qu'il a déployé le plus d'héroïsme et s'est imposé les plus grands sacrifices. Où en seraient aujourd'hui l'Europe et la civilisation, si l'Espagne, entrant seule dans les vues admirables de la papauté, n'avait pas envoyé ses flottes à Lépante, sous les ordres de don Juan d'Autriche, qui anéantit la marine ottomane, le 7 octobre 1571?

« Ceux qui insultent l'Espagne affaiblie insultent un

vieux soldat, criblé de blessures, victime de sa bravoure et de son dévouement à la meilleure des causes.

« Une autre source de dépopulation pour la Péninsule ce fut la colonisation du nouveau monde, qui nous a coûté 20 millions d'habitants. On nous reproche amèrement les cruautés, les iniquités de toutes sortes commises dans l'Amérique du Sud par les premiers conquérants. Mais elles sont généralement le fait d'aventuriers comme il y en a toujours au début de semblables entreprises; et l'Espagne, qui ne pouvait les prévenir, ni souvent même les connaître, ne doit pas être à ce point responsable. Songez d'ailleurs qu'au lieu de refouler et d'anéantir les races conquises, comme les Anglais des États-Unis ont fait des Indiens, nous nous les sommes assimilées par le baptême et la civilisation.

— Vous ne dites pas, interrompit le docteur, que les Juifs et les Maures ont été bannis d'Espagne en 1609, sous Philippe III, au nombre de plusieurs centaines de mille, et que des branches d'industrie et de commerce ont été paralysées, presque détruites par cette mesure.

— J'en conviens, répondit don Lopez; et ce fut un malheur, un incalculable sacrifice que les économistes, en l'envisageant à leur point de vue étroit de production et de consommation, ne pardonneront jamais à l'Espagne catholique. Mais il n'est pas évident que ce fut une faute politique; les révoltes des Maurisques, alliés naturels des Juifs qui ne haïssaient pas moins qu'eux les chrétiens, avaient démontré le danger auquel la monarchie et l'indépendance de la nation se trouvaient exposées, si l'on nè prenait cette mesure inouïe, mais absolument nécessaire.

— C'était pour l'Espagne, ajouta William, la question « *To be or not to be* (être ou n'être pas). »

— On oublie souvent, dis-je à mon tour, que les bannis eurent du moins la liberté de réaliser leur fortune en espèces et de les emporter. L'État fournit des navires à ceux qui voulurent se retirer en Afrique; et si des cruautés furent exercées contre ces infortunés, ce sont leurs féroces et cupides coréligionnaires qui s'en rendirent coupables, au Maroc et sur les rivages de l'Algérie actuelle.

— En résumé, reprit don Lopez, l'Espagne grande comme la France n'avait plus guère, sous Charles II (1665-1700), que de 6 à 7 millions d'habitants. Elle en a aujourd'hui 15 millions; et depuis longtemps nous avons oublié le proverbe : l'alouette qui veut traverser la Castille doit porter son grain.

« On a attaqué la grande propriété comme contraire aux intérêts de l'agriculture, et l'on a dit : « Les monastères d'Espagne étaient trop riches; ils négligeaient la culture de leurs terres. » La grande propriété n'est pas contraire par elle-même au développement de la richesse agricole; car elle existe en Angleterre; le sol y est absorbé par un petit nombre de propriétaires, et l'agriculture n'en est pas moins florissante. Elle devient funeste si le propriétaire la délaisse, et l'on pourrait reprocher ce fait à bien des familles espagnoles; mais cela serait moins vrai des ordres religieux, qui ont exécuté à leurs frais, en Espagne, une partie notable des travaux d'utilité publique : églises, hospices, ponts, fontaines, routes, aqueducs, qui sont aujourd'hui à la charge des gouvernements. C'est à quoi les revenus de leurs terres étaient consacrés, et les monastères ne pouvaient porter ces lourds fardeaux en laissant leurs biens-fonds improductifs. Les moines ont peut-être eu le tort de ne pas presser et pressurer leurs fermiers : ce tort n'est pas un crime.

— Qu'on veuille bien, interrompit William, regarder le clergé anglican. Il est plus riche que ne furent jamais le clergé et les moines espagnols; et, au point de vue des sacrifices et des travaux qui se rapportent à l'utilité publique, il est d'un égoïsme rare et d'une presque complète inutilité.

— Mais j'ai hâte, continua don Lopez, d'assigner d'autres causes directes qui ont ruiné l'agriculture, le commerce et l'industrie en Espagne. A la dépopulation et aux guerres séculaires ajoutons certains préjugés nationaux et de faux calculs en économie politique, et l'on verra clairement que la décadence de l'Espagne n'est pas imputable à sa religion.

« Ainsi, par exemple, le privilége de la *mesta*, ou de la corporation des propriétaires de troupeaux, a porté à l'agriculture un coup fatal, depuis le XIIIe siècle jusqu'au XVIIe, et même plus tard. En vertu de ce privilége, les propriétaires de troupeaux, les bergers avaient le droit de conduire librement ces troupeaux à travers l'Andalousie, l'Estramadure, les Castilles, la Galice, et il était, à cause de cela, défendu aux cultivateurs d'enclore leurs propriétés de haies et de fossés. Vous concevez que les vignes, les oliviers, les moissons, les jeunes pousses d'arbres souffraient de ce régime; on négligea la culture pour l'élève des troupeaux. D'ailleurs, la guerre incessante détruisait les plantations et les récoltes; et c'est précisément pour cela qu'on favorisait la vie pastorale; car les bergers ramenaient leurs troupeaux à l'approche de l'ennemi, auquel on ne pouvait soustraire les moissons. Or, comme la guerre contre les Maures a duré sept siècles, durant lesquels la frontière chrétienne fut toujours flottante, la destruction a passé successivement sur une immense étendue de territoire, et le privilége de la mesta s'est tellement enraciné, qu'on n'a pu l'amoindrir que difficilement et non la supprimer tout à fait.

« D'ailleurs les troupeaux de mérinos rapportent de beaux revenus, et, grâce à la mesta, qui leur assurait les pâturages, ils dépensaient très-peu, ils exigeaient peu de travail, et l'on s'est tourné de ce côté en dédaignant l'agriculture.

« L'industrie, déjà profondément blessée par l'expulsion peut-être nécessaire des Maures et des Juifs, souffrit encore des préjugés des Espagnols contre les arts mécaniques. On les dédaignait précisément parce qu'ils étaient le partage des Maures, des Juifs, des *Pecheros* ou chrétiens autrefois soumis aux Maures. Chacun voulait être hidalgo, ou du sang de ceux qui avaient affranchi la patrie. Un métier ne convenait point à l'hidalguia (noblesse), et l'on aimait mieux vivre, comme hidalgo, dans une misère mal dissimulée que de gagner sa vie ou de faire fortune comme artisan ou commerçant. Les métiers de tanneur, de corroyeur, de boulanger, d'hôtelier et quelques autres étaient spécialement méprisés. Les ouvriers étrangers, charpentiers, maçons, cordonniers, ainsi que les produits des manufactures étrangères, affluèrent donc au sein de l'Espagne, et lui soutirèrent les flots d'or de l'Amérique, qui d'ailleurs s'écoulaient déjà dans les grandes guerres que nous avons mentionnées.

« Les observations que je viens de présenter ne s'appliquent pas également aux provinces du nord; celles-ci ont été plus laborieuses et mieux inspirées.

« Le luxe et l'oisiveté se développèrent outre mesure. Voici comment notre satirique Quevedo peint une des plus nombreuses classes de la société espagnole : « Notre viande est d'ordinaire celle des caméléons, et nos estomacs ne se repaissent parfois que de vent. Réduits à nous contenter d'un oignon, nous faisons mine, avec un cure-dent à la bouche, d'avoir mangé un chapon. Si quelqu'un vient nous visiter, et qu'il trouve notre chambre pleine d'os de mouton ou d'oiseaux, la porte jonchée de plumes ou de peaux de lapin que nous amassons la nuit dans les rues pour nous en honorer le jour, nous faisons semblant de nous indigner et de nous écrier : Est-il possible que je ne puisse gagner sur mes gens qu'ils s'accoutument à plus de propreté? Pour ce qui est de nos vêtements, nous connaissons l'usage de la friperie et l'art de raccoutrer. Il n'y a point sur nous de pièce d'habillement qui n'ait servi à maint usage, et dont on ne puisse faire la généalogie. Voyez ce manteau que je porte; il descend en ligne directe d'une couverture de mulet, qui était fille d'un tour de lit en housse. Nous sommes tenus d'aller à cheval une fois tous les mois, et en carrosse une fois l'an. Alors nous avons soin de nous placer à la portière, afin de nous faire voir à toutes les personnes de notre connaissance que nous rencontrons par les rues. »

« La ruine de l'industrie porte atteinte au commerce, qui devient en quelque sorte passif, et tombe aux mains de l'étranger. L'État, appauvri, n'en augmente pas moins les impôts; les douanes intérieures, maintenues de province à province, ou à la frontière des anciens royaumes réunis à la Castille, découragent les négociants et donnent naissance à la contrebande et au banditisme, qui prirent en Espagne d'effrayantes proportions. La France, sous Louis XIV, l'Angleterre, la Hollande, se substituent peu à peu, sur les mers et sur les marchés, à l'Espagne déchue, et déchue pour des causes honorables, mais aussi par suite de fautes politiques, de faux calculs économiques sur des points que l'Espagne eut à résoudre la première entre les grandes nations modernes; par suite encore de travers dans le caractère national, de préjugés et de circonstances qui n'ont rien à démêler avec le *credo*. Ceux qui s'imaginent avoir tout dit, quand ils ont rappelé que l'Espagne avait dans son sein l'inquisition et beaucoup de moines, sont des ignorants ou des esprits superficiels, qui répètent niaisement les assertions de gens mal intentionnés envers nous, et peu au courant de notre histoire.

— Vous venez de faire une confession méritoire, dis-je à don Lopez; vous n'avez pas dissimulé les torts ni les défauts de votre nation; laissez-nous ajouter qu'elle avait et conserve encore les qualités morales les plus précieuses; ses défauts sont, comme on dit, les défauts de ses qualités. La classe de vos gentilshommes, de vos hidalgos est orgueilleuse, mais noble et digne; elle préfère la pauvreté au travail, mais elle est sobre; elle fait parade de ses vieux parchemins, mais elle conserve les saintes traditions de patriotisme et de foi; elle est excessivement délicate sur le *pundonor* (point d'honneur), mais elle identifie son honneur à celui de la nation, et ne recule pas devant le devoir. On a pu rire de don Quichotte, cette désopilante caricature de l'Espagne; mais il a des travers et non des vices; au fond, il est honnête, dévoué, brave, loyal; on ne le méprise pas.

— Mais, enfin, interrompit le docteur, il faut convenir que l'Espagne catholique, comparée à l'Angleterre, n'en fait pas moins une pauvre figure, et qu'il est difficile de ne point attribuer à sa religion son infériorité.

— Vous venez de voir, répondit don Lopez, que les causes de la décadence de l'Espagne sont étrangères à la vérité des doctrines religieuses et à l'organisation de l'Église. Maintenant la prospérité actuelle, récente, et qui pourra bien être éphémère, de la Grande-Bretagne, ne tient pas davantage au protestantisme.

« La stabilité du gouvernement anglais s'explique par

une organisation politique dont les bases ont été posées avant que le protestantisme n'existât; ces bases sont dans la *Grande-Charte* ou *magna charta libertatum*, souscrite en 1215 par Jean sans Terre, et que le passage de quelques rois absolus n'a pas détruite. Elle s'explique encore par la position géographique des Anglais, que la mer protége de toutes parts, et dont il est moins facile d'envahir le territoire que celui des peuples continentaux : aussi n'ont-ils presque pas eu besoin d'armée; elle s'explique par le caractère positif, flegmatique et peu logique du peuple anglais, dont une grande partie à peu d'activité d'esprit et encore moins d'imagination; par son aptitude aux affaires de commerce, qui l'intéressent plus que celles de l'ordre moral.

« Mais, à tout prendre, la position actuelle de l'Espagne est telle que nous ne sommes pas jaloux de l'Angleterre. Que Monsieur me pardonne, continua don Lopez en souriant à William, nous ne sommes pas en butte au mépris et à la haine des étrangers pour le cynisme de notre politique extérieure et des principes proclamés et soutenus au dehors par des hommes d'État sans conscience; nous ne traînons pas à notre pied un boulet déshonorant, comme est l'Irlande pour la nation anglaise; le peuple espagnol n'est pas scindé en deux parties, dont l'une, manquant de tout, est consumée par la faim et la misère, et dont l'autre, regorgeant de tout, est minée par l'ennui : le protestantisme a ajouté le spleen au catalogue des maladies humaines.

— Si mon amour-propre national, dit William,

n'entend pas volontiers toutes vos assertions, je dois convenir que l'Espagne, et en général les peuples catholiques, semblent plus heureux que nous. Avant que le protestantisme ne vînt exciter en Angleterre de sanglantes révolutions, faire perdre à l'Écosse son indépendance, asservir en Irlande le faible au fort, déraciner par des lois draconiennes l'antique Église de nos pères, éteindre en même temps que la foi la vraie charité dans les cœurs, on disait : *Merry England* (la joyeuse Angleterre). Quelle amère ironie, aujourd'hui! Sous de brillants dehors, quelle tristesse! Nous fuyons de notre île pour demander aux pays catholiques leurs beaux-arts et leurs fêtes, comme l'azur de leur ciel. Je ne connais pas d'Espagnol qui soit jamais venu se désennuyer au bord de la Tamise. En Espagne, la population, surtout la plus humble, rit, chante, danse, s'épanouit au soleil, dans les églises, aux pèlerinages, aux processions; elle respire je ne sais quel bonheur, qui perce dans les allures et la physionomie. En Angleterre, un lourd fardeau semble peser sur les consciences; pas de ces allures vives et franches; le bas peuple se grise, se soûle en d'immondes tavernes; et, il faut bien le dire, la haute société n'est pas exempte de cette honteuse habitude. En Espagne, je n'ai pas rencontré jusqu'ici, parmi les hommes du peuple, un seul cas d'ivresse.

— Il est encore bien d'autres choses, reprit don Lopez, que nous ne pouvons envier à l'Angleterre : son paupérisme, sa taxe des pauvres, taxe de cent cinquante millions par an, établie par une loi de désespoir et de salut public, mais qui n'empêche pas le gouffre de se creuser toujours; ses émigrations annuelles de 300,000 habitants, saignée non pas des veines, mais des artères, comme le prouve la dépopulation de l'Irlande; le scandale d'un clergé marié et parasite, qui dévore deux cent quarante millions de revenus pour sept millions d'âmes, dont il ne se soucie guère; votre loi qui autorise le divorce, malgré l'Évangile, et qui dissout la famille; vos divisions religieuses, tant publiques qu'intestines, qui réduisent peu à peu le christianisme à néant et préparent les voies à l'impiété la plus complète.

« Vous êtes riches de la richesse des peuples que vous écrasez dans l'Inde, que vous abrutissez d'opium en Chine; riches des avantages d'un pays plat, bien arrosé, où les communications sont faciles; riches d'un commerce favorisé par l'abondance des houilles, que vous ne devez pas, je pense, au protestantisme, et qui sont un de vos principaux avantages sur nous; mais votre richesse, en grande partie mal acquise, par des moyens que l'honneur et la religion réprouvent, et aux dépens de la classe ouvrière, que vous abrutissez dans les mines et les manufactures, votre richesse est mal répartie, puisqu'elle est compatible avec le paupérisme le plus effrayant. L'Espagne est pauvre comparativement, et pourtant elle se passerait mieux que vous de l'étranger; elle peut à la rigueur se suffire à elle-même, et vous ne le pouvez pas; vous êtes, et non pas elle, à la merci de l'importation du coton et des céréales. Prenez garde; ce prétendu monument de votre richesse publique n'est peut-être qu'un château de cartes, ou du moins une construction peu solide, et dont les étais, posés en dehors de votre territoire, peuvent être ébranlés, renversés par quelque accident de la fortune. »

Je craignais que l'Espagnol, sans sortir de la vérité, mais en s'échauffant, n'en vînt à froisser mon ami William Rose, qui convenait à peu près de tout cela, mais qui, je le voyais à l'expression de ses traits, n'aimait pas à se l'entendre dire publiquement par un étranger. C'est pourquoi je pris la parole, et dis à don Lopez qu'il avait surabondamment prouvé que la religion catholique n'a pas causé la décadence de l'Espagne, ni le protestantisme la prospérité ou plutôt la force matérielle de l'Angleterre, et je fis aussi l'éloge du caractère anglais sous divers rapports.

« En résumé, ajoutai-je pour clore cette discussion, il n'est rien de bon, de vraiment bon dans la civilisation anglaise, que l'Église catholique empêche ou condamne; il n'est rien de mauvais dans le passé ou dans l'état actuel de l'Espagne, que l'Église ait à se reprocher. Aucune découverte scientifique certaine ne contredit son dogme; aucune mesure saine et utile n'est combattue par sa discipline ou sa morale. Elle est vraiment amie de tous les progrès. Mais souvenons-nous que sa mission, son but propre n'est pas de procurer directement aux nations la richesse matérielle ni la puissance politique; elle a pour mission de sanctifier et de sauver les âmes, d'éclairer le pouvoir et les sujets sur leurs obligations réciproques, et de faire fleurir au sein des sociétés les vertus toujours favorables au véritable progrès. »

J'en étais là, quand un mouvement insolite parmi les officiers du navire et les hommes de l'équipage vint nous distraire. Nous ne savions d'abord nous l'expliquer. Le bateau filait tranquillement ses sept ou huit nœuds, et la mer n'était pas agitée. Nous avions devant nous un cap, le cap Tortose, aux embouchures de l'Èbre. Mais le capitaine nous fit remarquer l'aspect différent de la mer à la hauteur du cap, et il nous annonça un coup de vent du nord-ouest, un coup de mistral. En effet, ce vent furieux arriva bientôt, et il fallut nous réfugier sous le pont, dans nos cabines; on ferma toutes les ouvertures extérieures, car les lames impétueuses ne tardèrent pas à embarquer. Puis le fracas de la tempête devint tel, que nous ne distinguions plus le tumulte des vagues des hurlements du mistral. La voix du capitaine se perdait dans la tourmente. Presque tous les passagers, les femmes surtout, faisaient entendre les râles, les gémissements et les hoquets du mal de mer. Plusieurs, dans la grande salle entourée des cabines, se tordaient comme des épileptiques, et roulaient avec les chaises et les banquettes, qu'on n'avait pas encore eu le temps d'attacher. Je ne tardai pas à faire ma partie dans ce triste et douloureux concert; mais William était trop bon Anglais pour nous imiter. Il m'avouait même, ce qui m'indignait, que, sans les scènes qu'il avait sous les yeux, roulis et tangage n'auraient fait que stimuler son appétit. Pourtant il fut un moment où chacun se dressa avec stupeur : au milieu du bruit assourdissant des lames qui déferlaient contre le flanc du navire, un éclat comme d'un coup de canon retentit sur le pont; c'était un mât qui tombait, cassé par le mistral. Ce furent alors des cris de femmes, des prières jaculatoires à Dieu et à la sainte Vierge. Je continuai à prier mentalement pour notre salut; ma confiance devint entière et ma crainte s'évanouit.

Oh! que la nuit fut longue! Qu'est-ce donc que l'éternité?

La tempête ne se calma qu'au jour. Elle nous avait portés vers l'est de gré ou de force, et le capitaine nous déclara que l'état du navire l'obligeait à rentrer directement à Marseille. Là nous nous rendîmes, William et moi, au sanctuaire de Notre-Dame-de-la-Garde, bénie des voyageurs et des matelots. J'y célébrai avec bonheur une messe d'action de grâces, durant laquelle mon ami fit brûler un cierge, symbole de notre amour pour Notre-Dame, qui nous avait protégés dans notre voyage.

FIN

TABLE

CHAPITRE I

CHAPITRE II

CHAPITRE III

CHAPITRE IV

CHAPITRE V

CHAPITRE VI

CHAPITRE VII

CHAPITRE VIII

CHAPITRE IX

CHAPITRE X

CHAPITRE XI

CHAPITRE XII

CHAPITRE XIII

CHAPITRE XIV

TOURS. — IMPRIMERIE MAME.

www.ingramcontent.com/pod-product-compliance
Ingram Content Group UK Ltd.
Pitfield, Milton Keynes, MK11 3LW, UK
UKHW020128220726
13923UKWH00001B/52